Wiebke von Thadden

Philipp zwischen Kaiser und König

Die Autorin:

Wiebke von Thadden, in Tübingen geboren, wuchs in Württemberg und in der Mark Brandenburg auf. Sie lebt mit ihrer Familie in Göttingen. Bei dem Studium der Geschichte und klassischen Philologie lagen die Schwerpunkte in Arbeiten zur Geschichte des Mittelalters. Die Darstellung historischer Ereignisse und Epochen hat die Autorin schon früh gefesselt. Die eigenen vier Kinder gaben den Anstoß zu Geschichten auf diesem Gebiet.
Der vorliegende Band ist das dritte geschichtliche Jugendbuch der Autorin. Er spielt in der Stauferzeit. Die beiden vorangegangenen Titel – ›Brun, Geisel des Königs im Reiche der Franken‹ und ›Tiza im Königsbann‹ – behandeln die Zeit Karls des Großen und der Ottonen. Hiermit liegen drei Erzählungen über die Zeiten großer Kaiser bei dtv junior vor.
Wiebke von Thadden schrieb auch das Jugendsachbuch ›Judith, die junge Priorin. Klosterleben im Mittelalter‹.

Wiebke von Thadden

Philipp zwischen Kaiser und König

Ein Ritterleben zur Stauferzeit

Deutscher
Taschenbuch
Verlag

dtv

Mit einer Karte von Steffi Habermeier

Von Wiebke von Thadden sind außerdem bei dtv junior erschienen:
Brun, Geisel des Königs im Reiche der Franken. Vom Königreich der Franken zum Kaiserreich von Aachen, Band 79021
Tiza im Königsbann. Unterwegs im Reiche der Ottonen, Band 79014

Originalausgabe
1. Auflage November 1989

Umschlaggestaltung: Celestino Piatti
Umschlagbild: Alexander Schütz
Gesetzt aus der Aldus 10/11·
Gesamtherstellung: Kösel, Kempten
Printed in Germany · ISBN 3-423-70184-6
2 3 4 5 6 · 94 93 92 91 90

Den Freunden

Deutschland und Italien zur Zeit Friedrichs II. (1212-1250)
Römisch-Deutsches Kaiserreich
Königreich Sizilien
Kirchenstaat
Gebiete des Deutschen Ordens
Venedig
Schwarzenstein
km 100 250
Lübeck
Hamburg
Bremen
Römisch-
Magdeburg
Rhein
Oder
Weichsel
Meißen
Eisenach
Altenburg
Erfurt
Köln
Aachen
Marburg
Wart-
burg
Boppard
Frankfurt
Mainz
Bamberg
Deutsches
Worms
Würzburg
Nürnberg
Donau
Hagenau
Konstanz
Kaiserreich
Rhône
Aquileja
Mailand
Po
Venedig
Ravenna
Rimini
Pisa
Kirchen-
staat
Rom
König-
Foggia
Bari
Neapel
Brindisi
Salerno
Otranto
reich
Palermo
Sizilien

INHALT

Zu diesem Buch

Als Kaiser Friedrich Barbarossa auf dem dritten Kreuzzug in einem kleinen türkischen Fluß ertrank und nur wenige Jahre später sein Sohn, Kaiser Heinrich VI., in Sizilien an der Malaria starb, hatte man in Deutschland allen Anlaß, sich über die Zukunft Gedanken zu machen. Denn der Frieden im Reich war von nun an ständig bedroht.

Die Menschen am Anfang des 13. Jahrhunderts hofften deshalb auf einen neuen Herrscher, auf den jungen Staufer Friedrich II., den Sohn Kaiser Heinrichs und Enkel Barbarossas. Er lebte zwar in Sizilien, wo er geboren war, das wußten die Leute; aber irgendwann einmal, so hofften sie, würde er kommen und auch für Deutschland Zeit haben, so wie Barbarossa ja auch stets aus Italien zurückgekommen war.

Kaiser Friedrich II. von Hohenstaufen war ein Herrscher, der große Hoffnungen auf sich zu ziehen vermochte; nicht von ungefähr hat eine alte Volkssage ihn (und nicht Barbarossa) in den Kyffhäuserberg in Thüringen versetzt. Seine Zeitgenossen nannten ihn »stupor mundi«, »Das Staunen der Welt«, und noch heute werden sein Buch über die Falkenjagd und die Überreste seiner Bauwerke in Apulien bewundert. Aber das fremdartig schöne Castel del Monte wurde nur noch zum lebenslangen Kerker für seine Enkel, und der einzige überlebende Erbe seiner Herrschaft, Konradin, starb sechzehnjährig auf dem Schafott Karls von Anjou in Neapel. Damit hatten alle Hoffnungen, die sich einmal auf Friedrich II. gerichtet hatten, ein Ende gefunden.

Für den letzten Stauferkaiser waren, ebenso wie für alle späteren Kaiser des Mittelalters, die großen und kleinen Fürsten und Herren des Reiches die Partner seines politischen Alltags. Einer von ihnen steht im Mittelpunkt dieser Geschichte. Freilich hat Philipp, der Ritter aus Thüringen, nicht wirklich gelebt; in ihm sind vielmehr eine Reihe von Personen und Elementen der Zeit zusammengefügt.

Er lädt zum Mitreiten ein: in eine fremde Zeit, ins Mittelalter; denn dieses Zeitalter stand am Anfang des 13. Jahrhunderts auf seinem Scheitelpunkt. Gerade diese Zeit liebte es, die Welt als eine Bühne zu sehen, auf der Ritter, Heilige, Ketzer, Spielleute, Aussätzige und Bettler, aber auch Fürsten, Herren, Geistliche, Stadtbürger, Bauern – und eben Kaiser und Könige – die Rollen spielten, in denen wir sie noch heute zu sehen gewohnt sind. Doch manche von ihnen, wie zum Beispiel die heilige Elisabeth von Thüringen, haben die vorgezeichnete Rolle auch einfach verweigert.

Aber kein noch so guter Reiter kann einen heutigen Menschen wirklich ins Mittelalter zurückholen; denn mittelalterliche Menschen waren so unvorstellbar verschieden von uns, daß man ihre Sprache und ihr Verhalten kaum in unsere Zeit übersetzen kann. Konflikte zwischen Vätern und Söhnen standen damals unter anderen Vorzeichen als heute; Liebeserklärungen klangen anders als bei uns. Deshalb kann eine Einladung in diese Zeit auch immer nur ein kurzer Urlaub aus unserer eigenen sein, deshalb führt ein solcher Weg in die Vergangenheit allemal in die Gegenwart zurück.

I. DER QUERBALKEN IN SILBERNEM FELD

Armgard

Philipp schlenderte über den Burghof. Er war wieder zu Hause, zum ersten Mal nach acht langen Wochen des Besuchs am landgräflichen Hofe in Eisenach, und Hannes, der alte Waffenmeister seines Vaters, hatte ihn noch nicht gleich wieder in die Pflichten des Burglebens eingebunden. So war er richtig und ordentlich frei, und darauf hatte er sich lange gefreut. In aller Ruhe wanderte er zum Burgbrunnen hinüber.

Dicht an seinem Knie lief Baran, der gefleckte junge Jagdhund, der fest zu Philipp gehörte, seit er als winziges Fellbündel bei einem verfrühten Aufbruch aus seinem Korb in die aufgehaltenen Hände des Jungen gefallen war. Baran hatte Philipp beim Heimkommen stürmisch begrüßt und wich nun nicht mehr von seiner Seite.

Gemeinsam sahen sie eine Weile zu, wie die Wassereimer im Burgbrunnen auf und nieder rasselten, und Philipp unterhielt sich dabei ein bißchen mit den Leuten, die zum Wasserholen kamen. Das hatte er getan, seit er ein kleiner Junge war; es gehörte zum Zuhausesein.

Doch in der Mittagshitze des Augusttages blieb niemand länger auf dem Burghof stehen als nötig, und deshalb ließ Philipp nur noch einen raschen Blick zum Turm hinauf gleiten. Aber Markward, der Türmer, hatte seine Augen heute auf die Wege unten im Tal und nicht auf den Burghof gerichtet, und so wanderten Philipp und Baran weiter, zum Pferdestall hinüber.

Wie es dort aussah, wußte Philipp, denn der Pferdestall

war das erste, was ein Junge bei der Rückkehr auf die väterliche Burg zu sehen bekam. Es war rappelvoll dort, weil die Burg voller Gäste war; die eigenen Pferde waren bis auf Donar, den mächtigen Rapphengst des Vaters, in den Wirtschaftshof ausquartiert worden, und auch Willa, Philipps eigene Fuchsstute, graste heute auf dem Weidegrund am Talhang. Schade, er hätte gern auf einen Augenblick bei ihr hereingesehen.

Statt dessen winkte er nur zu den Leuten im Stall hinüber und wandte sich dem niedrigen Holzzaun zu, hinter dem sich der Burggarten sanft abfallend bis zur Burgmauer hinzog. Er sah sich noch einmal um – nein, niemand rief oder winkte ihm, und nun nahm er sich nicht mehr die Zeit, das Pförtchen zu öffnen, sondern sprang mit einem raschen Satz über den Zaun; Baran folgte ihm. Drüben nahm er den Hund am Halsband und zog ihn vorsichtig an den Beeten mit Linsen und Erbsen, Amarant und Mangold, Rüben, Portulak und Rettich, mit Dill, Kümmel, Koriander, Fenchel und Petersilie vorbei; dann rannten beide auf die hinterste Ecke des Gartens zu, wo eine dichte Hecke aus wildem Holunder mit der Burgmauer einen geschützten Winkel bildete. Einen Augenblick lang warf Philipp sich in der prallen Sonne ins Gras, um die Kälte der steinernen Burgmauern aus seinen Gliedern zu bekommen, doch dann rollte er sich in den Schatten der Hecke, legte den Kopf auf die Arme und verfiel ins Dösen, während Baran sich ins Gebüsch verzog.

In vollen Zügen genoß Philipp das Behagen der Freiheit. Er hatte seinen ältesten Kittel aus der Kleidertruhe gefischt und dafür die engen, unbequemen Kleider des ritterlichen Pagendienstes hineingeworfen. Hier suchte ihn so rasch niemand, und wenn auch Hannes, der ihn von klein auf in seiner Obhut gehabt hatte, alle seine Schlupfwinkel kannte, so war es doch gut, daß dieser Winkel ebenso wie die kleine Bank an der Mauer vom Burghof aus nicht gesehen werden konnte.

Philipp hob den Kopf und sah zur Burg hinauf, die sich

schon von hier aus steil über ihm türmte. Der Schwarzenstein hatte seinen Namen von dem Bergflüßchen her, das in engen, schattigen Schluchten von den Höhen des Thüringer Waldes herab zu Tale schoß; aber so wuchtig, wie er da oben lag, paßte der dunkle Name auch sonst nicht schlecht zu ihm. Von unten, vom Tal aus, war er mit seinen mächtigen, zinnengekrönten Mauern und dem dicken Bergfried das Wahrzeichen der Macht schlechthin. Alle Dörfer, Weiler und Marktflecken, alle Wälder, Fluren und Felder, alle Tiere im Wald und auch die Menschen selbst gehörten zur Burg; der Vater übte die Grundherrschaft über sie alle. Ihm gehörten Gericht und Markt, Münze und Zoll, Brücken und Wege ringsum.

Freilich lagen in einem Lande wie Thüringen vieler Herren Besitztümer eng ineinander verzahnt, und so war es zu den ersten Gutshöfen der Zisterzienserabtei unten im Tal oder zu einzelnen Lehnshöfen des Erzbischofs von Mainz nicht weit. Aber das änderte nichts daran, daß der Vater Herr im Lande ringsum war; und nach ihm würde Philipp es sein.

Es war ein schönes Land mit seinen grünen Tälern, in deren Bächen und Flüssen sich die raschen Wasser von den Hügeln sammelten, und mit den waldigen Bergketten, die in endlosen Wellen zu fernen Wolkenbänken hin verliefen, wenn man hoch genug stand, um ihnen mit den Blicken zu folgen.

Philipp stand gern oben beim Türmer und ließ sich von ihm auch die Wege unten in den Tälern erklären, die der Vater nahm, wenn es ihn wieder einmal zu den Geschäften der Welt draußen zog. Ritt man ein Stück weit die Saale abwärts und dann nach Osten, so kam man zu den Burgen des wettinischen Markgrafen von Meißen, der auch in Thüringen ein mächtiger Mann war; auch die staufische Pfalz von Altenburg war dann nicht mehr weit. Aber für diesen Ritt mußte man schon mehrere Tagesreisen rechnen.

Schneller kam man im Norden in die reiche Kaufmannsstadt Erfurt, die dem Erzbischof von Mainz gehörte, und weiter im Nordwesten hatte auch der Vater selbst Mainzer Besitz zu Lehen. Von dort war man rasch am Harz und damit bei den nächsten Treffpunkten mit den Welfen aus Braunschweig.

Im Süden der Burg verlief auf dem Kamm des Thüringer Waldes der Rainstieg, der uralte Grenzpfad zwischen Thüringen und Franken, der zu den Bischofs- und Königsstädten an Main und Rhein führte, nach Würzburg, Frankfurt, Mainz und Worms. Auch hier ritt der Vater oft, denn die Familie hatte auch in Franken Besitz; von dorther war Philipps Mutter gekommen.

Aber am häufigsten nahm er doch den Weg, den auch Philipp gestern gekommen war, am Fuß des Thüringer Waldes entlang nach Eisenach, an den Hof des Landgrafen von Thüringen. Dort war er oft, und dort war auch Philipp bis gestern gewesen, um sich an diesem berühmten Hof, dem Mittelpunkt des ritterlichen Lebens ringsum, ein paar Wochen lang im Hofdienst umzusehen.

Von der Burg und dem schönen alten Hauskloster der Familie bis halbwegs nach Eisenach reichte zudem die Grafschaft des Vaters; ein Grund mehr für ihn, diesen Weg zu nehmen. Philipp selbst kannte von dem ganzen reichen Besitz freilich nur die Umgebung des Schwarzensteins wirklich genau, und er wußte, daß die Leute in den Tälern dort jedenfalls nicht reich, sondern arm waren; in strengen Wintern war der Hunger in den Dörfern am Osthang des Thüringer Waldes ein ungebetener Gast.

Philipps Blicke wanderten weiter zu den Fähnlein, die an hohen Masten über die Burgmauer hinweg ins Land flatterten, damit jeder sehen konnte, welche Gäste die Burg beherbergte. Nebeneinander wehten da der blaue Querbalken in silbernem Feld, den Philipps Vater im Wappen führte, und der steigende Löwe mit den roten Querbalken des Landgrafen von Thüringen.

Freilich war Landgraf Hermann, der seinen Hof so geschickt zu einem Mittelpunkt der ritterlichen Dichtung und

Sangeskunst ausgebaut hatte, heute morgen nur kurz auf der Burg gewesen, aber doch gerade so lange, daß Philipp ihm auf das Geheiß des Vaters den großen silbernen Becher, das Prunkstück der Burg, hatte reichen können. Der Landgraf war freundlich gewesen und hatte im Scherz gemeint, Philipp müsse wohl mit ihm um die Wette geritten sein und ihn heimlich überholt haben, weil er schon hier sei; er solle sich doch bald wieder in Eisenach sehen lassen.

Aber Philipp hatte sich mit dem Becher auch große Mühe gegeben, und Hannes war zufrieden gewesen.

»Gut«, sagte er hinterher; »nur würde ich beim nächsten Mal an deiner Stelle die Zungenspitze hereinnehmen, damit du sie dir nicht vor Aufregung abbeißt!«

Auch der Vater hatte ihm zugenickt – na ja, zu Hause hatte man es halt wieder mit seinem Vater zu tun. Es war natürlich kein Zufall, daß der alte Graf ihn gerade für diesen Tag und für den Empfang des Landesfürsten nach Hause gerufen hatte!

Philipp kannte auch die meisten anderen Wappen da oben, denn viele von ihnen gehörten benachbarten Fürsten und Herren. Dort wehten die goldenen Leoparden der Welfen, die schwarzgoldenen Balken der Askanier, die dunklen Pfähle der Wettiner auf goldenem Grund sowie die Zeichen ihrer Gefolgsleute in Thüringen, Hessen und Sachsen. Und wenn Philipp auch erst neun Jahre alt war, so wußte er doch auch, warum kein einziges Wappen dabei war, das auf Lehnsbesitz vom Reiche selber oder vom Herrscherhause der Hohenstaufen schließen ließ.

Das hing damit zusammen, daß sich vor kurzem eine Schreckensnachricht im Reich verbreitet hatte: König Philipp, der Staufer, den man nach seinem Herzogtum auch Philipp von Schwaben nannte, war in der Hofhaltung der Pfalz in Bamberg ermordet worden. Und diese blutige Tat paßte zu der unruhigen Zeit, in die Philipp hineingeboren worden war. Nach dem Tode des letzten Stauferkaisers, Kaiser Heinrichs VI., hatte es im Reiche eine Doppelwahl, eine Wahl von zwei deutschen Königen gegeben: während der staufisch gesonnene Teil der Fürsten den Bruder des verstorbenen Kaisers gewählt hatte, eben jenen Philipp von Schwaben, hielt die welfische Partei zu König Otto, dem Sohn des alten Stauferfeindes Heinrichs des Löwen.

Beide Könige hatten um ihre Anerkennung im Reich mit Waffen und Geld gestritten und geworben, und weil auch der Papst in Rom und die Könige von England und Frankreich ihre Hände im Spiel hatten, ersehnte jeder seit langem ein Ende dieser Entzweiung.

Dieses Ende war mit dem Mord an dem Staufer nun wohl gekommen, aber ganz anders, als Philipp es sich gewünscht hatte. Denn er hatte König Philipp, seinen Namensvetter, einmal gesehen und war seither davon überzeugt, daß ein Herrscher nur so sein durfte wie er: freigebig, freundlich und so ritterlich, wie es auch der große Kaiser Friedrich Barbarossa, der Vater von Kaiser Heinrich und König Philipp, gewesen war. Aber nun war es wohl aus mit den Staufern, denn kein Sohn von König Philipp hatte überlebt, und das war ein Jammer.

Andere Leute dachten da freilich anders, zum Beispiel Philipps eigener Vater. Der hatte in dieser Zeit, in der es kein festes Dach über den Fürsten und Grafen des Reiches gegeben hatte, sein Schifflein geschickt zwischen allen Klippen der Zeit hindurchgesteuert und die Macht seines Hauses zielstrebig gemehrt. Auch andere Thüringer Grafen verstanden dieses Spiel aufs beste, und viele von ihnen waren heute als Gäste hier, um zwischen Turnieren und Jagden die Lage nach dem Mord von Bamberg zu beraten. Sein Vater selbst, auch das wußte Philipp, drängte zusammen mit Landgraf Hermann auf einen raschen Anschluß an den Welfen, dem es nun wohl nicht mehr lange an der Kaiserkrönung fehlen konnte.

Philipp ließ den Kopf wieder auf die Arme sinken. Er wußte auch ohne hinzusehen, daß unter den Wappen das einzige fehlte, an dem ihm wirklich lag: der silberne Falke auf rotem Grund, der ihm die Anwesenheit seines Freundes Meinhard angezeigt hätte. Es war ein seltsamer Falke, der ein bißchen wie ein Adler aussah; aber vielleicht war es auch ein Adler, der nur wie ein Falke geraten war. Philipp hatte gestern bei seiner Ankunft sofort nach Meinhard gefragt, aber Hannes hatte den Kopf geschüttelt. Meinhards Vater und seine Brüder waren geladen gewesen, aber sie hatten abgesagt. Die Familie sei auch jetzt noch staufertreu, hatten sie sagen lassen. Deshalb also war Meinhard nicht da, und Philipp beneidete ihn darum.

Aber wenn es diesmal schon ohne Meinhard abgehen mußte, so war wenigstens Armgard da, und das war Philipp sehr recht. Armgard war gut zu leiden mit ihrer krausen Mähne und den Augen, die wirklich grün waren, auch wenn man sich dessen jedes Mal erst wieder vergewissern mußte. Sie war sehr lebendig, auf eine Art, die Philipp gern mochte, und sie war, wie er selber, ein Einzelkind; vielleicht lag es auch daran, daß er gern mit ihr zusammen war. Meinhard dagegen war der jüngste von sechs Geschwistern und lief in seiner großen, lebhaften Familie einfach so mit. Es war ein alter Streit zwischen den Freunden, was besser sei: Geschwister oder ein gesichertes Zuhause. Denn Meinhard wußte, daß er sich seinen Platz im Leben selber suchen mußte; sechs Kinder konnte keine Burg ernähren.

»Du hast es besser«, sagte er, wenn sie bei diesem Thema waren, »du weißt jetzt schon, wohin du gehörst.«

»Aber du kannst dafür zum König, zu König Philipp«, hatte Philipp dann bisher eingewandt, »wer weiß, wohin mich mein Vater in der Knappenzeit steckt; er wird mich nicht groß fragen, aber bestimmt nicht zu einem staufisch gesinnten Herrn.«

Denn das war ein anderer großer Unterschied zwischen ihnen: Während in Meinhards Familie alles gemeinsam beraten und durchgestanden wurde, hatte er, Philipp, es wirklich ganz allein mit einem mächtigen, wortkargen Vater zu tun, der über alles nach seinem Ermessen verfügte. Philipp hätte etwas darum gegeben, wenigstens einen einzigen Bruder zu haben, der ihm half, diesem Druck standzuhalten.

Er lag nun lang ausgestreckt im Grase, beobachtete einen Schmetterling, der in das Holundergestrüpp taumelte, und ließ sich schließlich von der Hitze und den Gerüchen des Sommertages ein wenig einschläfern. Doch seine Gedanken liefen weiter, als er in einen Wachtraum hineinglitt; kein Wunder bei all dem, was sich gegenwärtig in seinem Kopf drängte. Wieder einmal sah er im Traum den zukünftigen Tag vor sich, an dem ihm das ritterliche Schwert verliehen würde, den Tag seiner Schwertleite, und wie so oft schon hörte er die Worte, mit denen ein großer Herr der Welt, vielleicht der Kaiser selbst, ihn dazu ermahnte, sein Leben lang Gott in Demut zu dienen, jederzeit den Armen und Bedrängten zu helfen und den Glauben zu verteidigen. Aber eigentlich brauchte man für diese Ermahnungen nicht in einen Tagtraum zu verfallen; sie waren das tägliche Brot der ritterlichen Welt. Oder vielleicht nicht gerade das tägliche Brot, sondern mehr das, was sich fast jeder als Ziel gesetzt hatte.

Wach geworden, dachte Philipp einen Augenblick nach. Doch dann rollte er sich auf die andere Seite herum und träumte weiter. Es war natürlich eine große Sache, Ritter zu sein! Er wußte, daß der Vater sein Schwert von Kaiser Friedrich Barbarossa selbst erhalten hatte; darum konnte man ihn schon beneiden. Es mußte fabelhaft sein, wenn der Kaiser in seinem Purpurmantel vor einem stand und einem feierlich das Schwert in die Hände legte; auch das hatte er sich schon oft ausgemalt.

Doch heute nahm das geträumte kaiserliche Schwert ganz plötzlich einen anderen, unerwarteten Weg; es wanderte statt in Philipps Hände langsam in seinen Nacken; dort blieb es zitternd auf der Spitze stehen. Gleichzeitig sagte jemand, der vielleicht doch nicht der Kaiser war: »Ruhig, Baran!«

Philipp fuhr hoch.

Über ihm hockte Armgard, in der einen Hand einen langen Grashalm, mit dem sie ihn im Nacken kitzelte, die andere Hand auf der Schnauze des Hundes, der beide

Vorderpfoten in ihren Schoß gestemmt hatte und stürmisch mit dem Schwanz wedelte.

»Du bist eingeschlafen«, sagte sie, »paß auf, daß du bei der Hitze keinen Sonnenstich kriegst.«

»Deswegen liege ich ja im Schatten«, erwiderte Philipp, rollte herum, setzte sich auf und schob sich die wirren Haare aus dem Gesicht.

Armgard lachte. »Jetzt siehst du aus wie ein Igel, bloß, daß Igel nicht so dunkel sind. Aber wie ein sehr netter Igel, und mit blauen Augen statt mit schwarzen.«

Das kam davon, daß am Hofe in Eisenach die Haare nach der Mode geschnitten wurden, auch wenn sie so dicht und widerspenstig waren wie die von Philipp.

»Igel sind meistens nett«, erwiderte er und half vorsichtig mit den Fingern noch ein bißchen nach. »Ich kann nichts dafür, daß die in Eisenach ihre Scheren so schonen. Wo kommst du überhaupt her?«

»Aus dem großen Saal«, sagte sie und zeigte mit der Hand hinauf zum Palas, »dort sitzen die Eltern und besprechen alles mögliche.«

»Natürlich, deswegen sind sie ja hier«, erklärte Philipp, »ich hab mich aber verzogen, es war nicht so spannend. Hast du mich gesucht?«

»Ja«, erwiderte sie, »ich muß dir etwas erzählen. Wollen wir uns auf die Bank setzen?«

Philipp wäre sehr viel lieber im Gras liegengeblieben, aber zu den ersten Pflichten eines künftigen Ritters gehörte die Höflichkeit gegen Damen. Sie wurde einem ständig eingebleut und war ebenso unbequem wie die dauernden Ermahnungen, sich mit Anstand zu benehmen. Aber wenn schon Ritter, dann schon Ritter! Er erhob sich und machte eine einladende Bewegung zur Bank hin.

»Ich muß dir etwas erzählen«, wiederholte Armgard, »weißt du, worüber sich die Erwachsenen dort oben unterhalten?«

»Über die Geschäfte draußen im Land natürlich.«

»Auch. Aber nicht nur.«

»Sondern?«

»Über uns beide. Über dich und mich.«

»Du lieber Himmel. Und was haben sie gesagt?«

Armgard zögerte einen Augenblick und sagte dann: »Sie haben uns verlobt. Nach deiner Schwertleite, wenn du sechzehn oder siebzehn bist, wollen sie uns verheiraten.«

Philipp tippte sich an die Stirn. »Die sind verrückt!« sagte er entsetzt.

Dann fiel ihm ein, daß das nicht gerade ritterlich gegen Armgard war, die schließlich nichts dafür konnte.

»So habe ich es nicht gemeint«, sagte er mit einem verlegenen Lächeln.

Natürlich kannte er diese Art Besprechungen von klein auf; sie gehörten zum Alltag des Burglebens und waren wohl eine Art Zeitvertreib der Erwachsenen. Warum hatte ihn jetzt, da es um ihn selbst ging, ein solcher Schrecken ergriffen?

Armgard hatte abgewartet. »Ich hab ja nur gesagt, was ich gehört habe«, erklärte sie nun, »warum bist du so erschrocken?«

»Das hat nichts mit dir zu tun«, versicherte er, »bist du sicher, daß es stimmt?«

»Ganz sicher. Dein Vater hat den Plan vorgebracht.«

»Das kann ich mir denken!« sagte Philipp in hilflosem Zorn.

Er wußte jetzt, was ihn so tief verstört hatte: Zu den Dingen, über die sein mächtiger, selbstherrlicher Vater ganz einfach verfügte, gehörte auch er, Philipp, selbst. So, als sei die Zeit, da er sechzehn oder siebzehn war, nicht sein Eigentum. Als sei er nichts anderes als ein Stein auf einem Spielbrett, nur dummerweise der einzige, den sein Vater hatte.

»Das hat bestimmt nichts mit dir zu tun«, wiederholte er, »im Gegenteil, Armgard!«

Sie saßen nebeneinander auf der Bank, ohne sich zu rühren, als sei aus der Hitze der Mittagsstunde plötzlich eine Bedrohung aufgestiegen. Dann löste sich Armgard.

»Laß uns Hannes suchen«, schlug sie vor, »bei dem kommt immer alles wieder in Ordnung.«

»Sehr gut«, sagte Philipp erleichtert. »Los, Baran, such Hannes!«

Der alte Hannes

Es dauerte eine Weile, bis sie Hannes in dem Gewühl von Menschen und Tieren fanden, das auf dem Burghof herrschte, weil gerade ein Teil der Gäste von einer Jagd zurückkam. Schließlich trieben sie ihn im äußeren Burghof bei den Hundezwingern auf, in denen die Meute knurrend und jaulend auf die Fütterung wartete. Hannes kniete im Innenhof des Zwingers bei einem Jagdrüden, mit der Untersuchung eines verletzten Laufs beschäftigt.

»Ist es schlimm?« fragte Philipp. »Wart, ich hol das Verbandszeug, ich weiß, wo es ist.«

»Das wäre gut, Philipp«, erwiderte Hannes und sah auf. »Ihr kommt gerade recht.«

»Darf ich die Wunde auch verbinden?« fragte Philipp eifrig, als er zurückkam. »Ich weiß, wie man's macht, ich hab schon oft dabei zugesehen.«

»Gern; es schadet nichts, wenn du's lernst«, antwortete der Waffenmeister, und als Philipp mit etwas Nachhilfe wirklich einen brauchbaren Verband zustande gebracht hatte, fügte er hinzu: »Du hast gar keine schlechte Hand für so etwas! Und wenn du jetzt noch die Bürste dort in einen Wassereimer tauchst und dir damit durch deine Roßmähne fährst, bin ich ganz einverstanden mit dir.«

Armgard hatte währenddessen den aufgeregten Baran festgehalten, und Hannes nickte ihr nun freundlich zu.

»Ihr habt beide eine gute Art mit Tieren«, sagte er. »Überhaupt paßt ihr gar nicht so schlecht zusammen. Aber ihr seid ja so stumm! Ist etwas passiert?«

Doch Philipp schüttelte seinen nassen Kopf, und Hannes wandte sich wieder dem verletzten Tier zu.

Der alte Waffenmeister verstand ebensoviel vom Heilen wie vom Schlagen von Wunden, und Philipp hatte seinen Vater lachend sagen hören, es bleibe sich ziemlich gleich, ob Hannes mit zu einem Kampf ausziehe oder zu Hause bleibe, denn die Anzahl der heilen Leute sei hinterher ungefähr gleich.

Warum hieß er eigentlich der »alte« Hannes? Gewiß, er hatte weiße Haare, aber die hatte der Vater auch, und Philipp wußte, daß beide ungefähr gleich alt waren; sie hatten die Unternehmungen und Abenteuer ihrer jungen Jahre gemeinsam bestanden. Aber niemand nannte den Vater den »alten« Grafen, dazu war der noch immer viel zu energisch und jähzornig. Jähzornig war Philipp selber auch, und querköpfig dazu; beides hatte er sich mehr als einmal sagen lassen müssen. Vielleicht war er deshalb so empfindlich gegen den Vater, weil sie einander zu ähnlich waren?

»Wir sind fertig«, sagte Hannes. »Hattet ihr mich gesucht?«

»Ja«, erwiderte Armgard rasch. »Wir wollten fragen, ob du jetzt ein bißchen Zeit für uns hast. Ob du uns vielleicht – ob du uns zum Beispiel eine Geschichte erzählen könntest?«

»Eine Geschichte? Und ich dachte, ihr wärt schon groß! Langweilt ihr euch etwa bei dem Betrieb hier?«

Die Kinder schwiegen, und er musterte sie einen Augenblick. Dann sagte er: »Aber wenn ihr lieber eine Geschichte mögt, meinetwegen.«

Philipp hatte das Verbandszeug eingesammelt. »Ich bring es weg«, sagte er, »geht schon einmal vor zur Bank im Garten, Armgard weiß Bescheid. Komm, Baran.«

Hannes nahm Armgard bei der Hand. »Aber was ist denn, kleines Fräulein?« fragte er. »Wer wird denn an einem solchen Sommertag so kalte Hände haben?«

Während sie über den äußeren Burghof wanderten, vorbei an den Wirtschaftsgebäuden, Stallungen, Werkstätten und Dienstmannenwohnungen, durch das Torhaus hindurch auf den inneren Burghof und dann auf die Gartenpforte zu, erzählte Armgard nun doch ein bißchen von dem, was vorgefallen war.

»Ich fand es eigentlich gar nicht schlimm, im Gegenteil«, schloß sie ihren Bericht. »Ich mag Philipp gern, sehr gern sogar. Aber er ist so erschrocken, daß ich auch Angst bekommen habe.«

Hannes schüttelte den Kopf. »Ich weiß nicht, was da zum Angsthaben sein soll. Wie wäre es, wenn ihr die Sache alle beide erst einmal wieder vergeßt? Es ist ja noch lange Zeit bis dahin, und später wird Philipp das gar nicht so schlecht finden.«

So wurde nicht mehr über die seltsame Mittagsstunde gesprochen, als Philipp wieder zu ihnen stieß.

»Was für eine Geschichte soll es denn sein?« fragte Hannes statt dessen.

»Vom großen Pfingstturnier in Mainz«, rief Philipp, doch Armgard bat: »Ich möchte lieber eine Geschichte von einem Ritter hören, der auf seltsame Abenteuer auszieht und viele Kämpfe besteht und schließlich aus Liebe zu seiner Dame ganz und gar den Kopf verliert oder so. Es gibt so schöne Rittergeschichten.«

»Oh!« sagte Hannes erschrocken, und Armgard fügte eilends hinzu: »Es muß nicht unbedingt aus Liebe sein, es kann ja auch etwas anderes passieren.«

»Ich fürchte nur, kleines Fräulein«, sagte Hannes, »daß ich für diese Art Geschichten nicht der rechte Mann bin. Die Ritter in diesen Geschichten passen irgendwie nicht zu den Rittern, die ich kenne. Aber bei dem Turnier übermorgen werden sicher auch Spielleute sein, und ich will gern einen auftreiben, der euch eine solche Geschichte erzählen kann. Dafür wird es heute ohne Damen abgehen müssen.«

»Sei froh, Armgard«, sagte Philipp tröstend. »Wo gibt's denn schon solche Leute wie diese Ritter in deinen Geschichten! Wer stellt sich denn wegen einer Dame so an und verliert, wenn's drauf ankommt, den Kopf und rennt obendrein wie verrückt in den Wald oder was die sonst so machen? Mir passiert sowas nicht!«

»Hört, hört!« rief Hannes lachend. »Und ich hätte geschworen, daß ich Leute kenne, die nicht von ungefähr einen Querbalken im Wappen haben! Na, mir soll's recht sein!«

Philipp wurde rot, aber Hannes hatte schon begonnen, seine Lieblingsgeschichte zu erzählen: die Geschichte von dem großen ritterlichen Kampfspiel, das Kaiser Friedrich Barbarossa vor vielen Jahren, am Pfingstfest des Jahres 1184, in Mainz abgehalten hatte.

»Aber das war viel mehr als nur ein ritterliches Treffen«, erzählte er, »es war das Fest der ritterlichen Christenheit überhaupt, und der Kaiser war sein Herz und seine Seele. Stellt euch vor, viele Zehntausende von Menschen aus aller Herren Länder auf einem Haufen – Ritter mit ihren Damen und Knappen, Kaufleute, Händler, Dichter, Spielleute und was weiß ich. In der Stadt Mainz war natürlich für so viele Menschen kein Platz, und deshalb haben sie in der Ebene zwischen Rhein und Main eine hölzerne Pfalz für die Fürsten und dazu noch eine große Zeltstadt aufgebaut, und wenn man in der spazierenging, dann traf man auf Herren aus Frankreich und England, aus Spanien und Burgund, aus Böhmen, Italien und Polen und überallher, wo es Ritter gibt, denn jedermann wollte zusehen, wie der Kaiser seinen beiden Söhnen die Ritterweihe erteilte.«

»Weiter, Hannes!«

»Am Pfingstmontag sollen bei dem Kampfspiel tatsächlich zehntausend Ritter auf jeder Seite aufeinandergestoßen sein, das muß man sich einmal vorstellen! Aber es kann schon sein, denn so viele Menschen habe ich vorher und auch danach nie wieder auf einem Haufen gesehen. Der Wein für das Fest wurde in riesigen Schiffsladungen rheinaufwärts und rheinabwärts herangeschafft! Und erst die anderen Vorräte und die Geschenke für die Gäste! Kostbare Tuche und Gewänder aus dem Morgenland, Waffen und Edelsteine, Geschirr aus Gold und Silber, und je angesehener der Gast, desto kostbarer das Geschenk, und auch die Armen bekamen ihr Teil. Ich weiß nicht, ob ich an dem Tag gern des Kaisers Kämmerer gewesen wäre!«

»Warst du denn dabei, Hannes?« fragte Armgard aufgeregt.

»Natürlich!« antworteten Hannes und Philipp wie aus einem Mund, und Hannes fügte hinzu: »Ein solches Ereignis hätte sich der Graf nicht entgehen lassen. Am Abend des zweiten Tages kam dann freilich ein mächtiges Gewitter und schwemmte die halbe Zeltstadt weg. Die Frommen sagten, das müsse Gottes Strafe für soviel weltliche Lust und Eitelkeit sein, aber alle, die dabei waren, fanden, es sei das schönste Fest, das sie je erlebt hätten. Und ein solches Fest kann nur ein Kaiser und nur ein Staufer ausrichten, Philipp, das sag ich, auch wenn es dein Vater inzwischen nicht mehr gerne hört.«

»Dafür höre ich es um so lieber«, erklärte Philipp bündig. »Jetzt erzähl von einem Kreuzzug!«

»Ich habe nie einen mitgemacht«, erwiderte Hannes, »das weißt du doch! Weiter als bis Palermo sind wir nicht gekommen, dein Vater und ich, und auch dazu mußten wir noch kräftig mithelfen, denn die sizilischen Barone wollten dem Kaiser den Weg für seinen prachtvollen Einzug in die Stadt nicht freiwillig öffnen. Aber das war lange nach dem Pfingstturnier, unter dem Sohn des Rotbarts, der die Erbin von Sizilien zur Gemahlin genommen hatte, unter Kaiser Heinrich, den sie den Sechsten nennen. Und als der bald darauf starb, sind wir umgekehrt. Da war sowieso alles aus!«

»Woran ist er denn gestorben?« erkundigte sich Philipp wißbegierig.

»Am Fieber, an der Malaria natürlich, an der sterben sie ja alle. Aber daß ausgerechnet der Kaiser so früh starb, das war schlimm; davon ist die Welt anders geworden, und nicht besser.«

Philipp hatte den letzten Worten nur halb zugehört. »Aber ihr seid wenigstens bis Palermo gekommen. Erzähl!«

Doch Hannes schüttelte den Kopf. »Dein Vater könnte böse werden, junger Herr. Er möchte, daß du mit deinen Gedanken hier im Lande bleibst. Er mochte den strengen Kaiser Heinrich nicht, obwohl der vielleicht der Gewaltigste von allen Staufern war, und vor allem mochte er dessen sizilische Politik nicht, mit der er den Papst zwischen Deutschland und Sizilien in die Zange nehmen wollte. Er meinte, damit handelten wir uns wirklich nur die Malaria ein und sonst gar nichts.«

Philipp dachte nach und sagte dann, mit den Fingern nach den Fähnlein schnippend, unter denen das von Meinhard fehlte: »Na – ob das, was er statt dessen hat, besser ist?! Aber was wird denn nun aus den Kreuzzügen, wenn es keinen Staufer mehr gibt?«

»Um die Kreuzzüge kümmern sich andere Leute«, erklärte Hannes, »die Könige von Frankreich und England zum Beispiel haben sich tapfer gehalten, und wenn es dabei geblieben wäre, könnte es mir recht sein. Aber inzwischen machen die Kaufleute in Venedig mit ihrem Gold das Kreuzzugsgeschäft, und das will mir nicht einleuchten. Irgendwie stimmt die Welt nicht mehr!«

»Na ja, wenn es keinen Staufer mehr gibt . . .!« beharrte Philipp, während Baran leise jaulend seine Ohren aus den aufgeregten Fingern seines Herrn zog.

Hannes schwieg eine Weile, dann sagte er zögernd: »Es gibt doch noch einen Staufer, Philipp.«

»Was?! Wo denn?« fragte Philipp ungläubig.

»In Palermo«, erwiderte Hannes geheimnisvoll. »Kaiser Heinrich hatte einen Sohn, der von seiner Mutter her jetzt König von Sizilien ist.«

»Ein Staufer? In Palermo?« wiederholte Philipp. »Ach, Hannes, erzähl doch!«

Diesmal ließ Hannes sich erweichen.

»Palermo ist die quirligste Stadt, die ich je gesehen habe«, erklärte er. »Auf sechs Menschen kommen dort sechs Sprachen: Deutsche und Normannen, Griechen und Italiener, Juden und Araber, die treffen sich dort alle, und mitten unter ihnen lebt der Junge, der deutscher König sein könnte – ach was, der es ist, denn sie haben ihn schon dazu gewählt, als er noch ganz klein war! Ich verstehe, daß dein Vater zornig ist, Philipp!«

»Wie alt ist denn dieser König? Und wie heißt er?«

»Friedrich, wie sein Großvater, der Rotbart. Und er ist jetzt dreizehn Jahre alt. Weihnachten wird er vierzehn.«

»Woher weißt du das so genau?« fragte Philipp staunend.

»Weil wir am Weihnachtstage des Jahres 1194 im Dom zu Palermo der Krönung seines Vaters zum König von Sizilien zugesehen haben. Am Tage drauf wurde der Junge geboren, freilich nicht in Palermo.«

»O Hannes«, sagte Philipp atemlos, »stell dir doch nur vor, er käme nach Deutschland! Dann gäbe es doch wieder einen Staufer! Dann wäre doch alles in Ordnung!«

»Ich wüßte nicht, wie er kommen sollte, selbst wenn er wollte«, erwiderte Hannes. »Da müßte er erst seinen Vormund, den Papst, um Erlaubnis fragen, und Papst Innozenz ist kein minder gewaltiger Herr, als Kaiser Heinrich es war. Ohne Not wird der keinen Staufer mehr nach Deutschland lassen, wenn er ihn in Sizilien halten kann. Für Deutschland wird ihm der Welfe gerade recht sein.«

Hannes sah die Kinder an. »Seltsame Leute seid ihr«, sagte er. »Mittags, wenn's vor Hitze flirrt, friert ihr und fürchtet euch. Aber wenn's am Nachmittag kühl wird und ein Lüftchen aufkommt, dann habt ihr Backen, auf denen man Fladenbrote rösten könnte!«

Erst Jahre später erfuhr Philipp, daß an jenem Nachmittag nicht nur seine und Armgards Verlobung vereinbart worden war, sondern daß sein Vater damals schon einen fertigen Heiratsvertrag ausgehandelt hatte, der die Besitzungen zweier mächtiger Familien miteinander verband. Doch da war über die Zeit, in der er sechzehn oder siebzehn war, bereits anders verfügt.

Meinhard

In den Jahren nach dem Mord von Bamberg verlief das Leben auf der Burg im herkömmlichen Wechsel von Alltag und Festtagen und im Getriebe der Politik des Landes. Falls es den jungen sizilischen Staufer, von dem Hannes erzählt hatte, wirklich gab, so war in Thüringen nichts von ihm zu vernehmen. Dafür hörte man von der Kaiserkrönung des Welfen, aber auch davon, daß dieser keine glückliche Hand in den Geschäften des Reiches habe. Wirklich zufrieden schien niemand zu sein, auch Philipps Vater nicht.

Das Leben auf der Burg lief nun aber auch rasch auf das Ende von Philipps und Meinhards Kindheit zu; sie waren jetzt dreizehn, und mit vierzehn sollte die Knappenzeit beginnen. Noch war für keinen von beiden über den Ort seiner Ausbildung entschieden, aber für die letzten Monate vor ihrem Beginn waren sie Hannes zu einer vorläufigen Einübung ihrer Waffenkünste anvertraut. Es waren letzte, herrliche Monate der Freiheit, die sie zu Streifzügen und Jagden nutzten.

»Los, Meinhard, komm jetzt endlich!« Philipp stieß den Freund an. »Bis der sich entschließt, einen Fisch zu greifen, ist es dunkel. Wir müssen los. Komm, oder ich reite allein!«

Über eine Stunde hatten sie hinter dem niedrigen Strauchwerk gekauert, das ihnen den Blick auf eine Windung des Bachs weiter unten am Hang freigab. Dort leuchtete es brandrot in der Herbstsonne.

»Gleich, Philipp, gleich! Warte doch noch einen Augenblick! Ruhig, Baran, nur noch einen Moment. Da!«

Blitzschnell hatte der Fuchs dort unten mit der Pfote ins Wasser gelangt und etwas herausgeholt. Jetzt trabte er gemächlich auf die Büsche an der Bachwindung zu und war gleich darauf in einem Nebelstreifen verschwunden.

»Der war dreist!« sagte Meinhard tief aufatmend und sprang auf. »Einfach sitzenzubleiben, obwohl er uns doch gewittert haben muß. Als wüßte er, daß du Baran nicht loslassen würdest!«

»Eher wußte er, daß Nebel aufkommt«, erwiderte Philipp und führte Willa auf den Pfad. »Da, sieh!«

»Du lieber Himmel!«

Erst jetzt merkte auch Meinhard, daß die Sonnenstrahlen, die eben noch auf dem roten Pelz des alten Fuchses gelegen hatten, die letzten des späten Herbsttages gewesen waren. Jetzt war die Sonne fort, und im Tal unten hatte sich dichter Nebel zusammengebraut, dessen Schwaden rasch zu steigen begannen. Die Dämmerung brach nun schnell herein, und dazu war es plötzlich kalt geworden. In der Luft lag außer dem beißenden, würzigen Geruch des Schwelbrandes im nahen Rodungswald auf einmal auch Frost, der erste Frost des Jahres. Bis zur Burg zurück war es eine gute Stunde zu reiten, und sie hatten Hannes versprochen, vor Dunkelwerden zurück zu sein.

Es war jedesmal das gleiche: Meinhard war für alle Unternehmungen und Pläne der beste Kumpan, den man sich denken konnte, und er war es, der die raschen, guten Einfälle hatte, für die Philipp manchmal erst über seinen Schatten springen mußte. Dafür war er aber zu nichts mehr zu brauchen, sobald etwas seinen Weg kreuzte, das seine Aufmerksamkeit ablenkte; dann konnte Philipp das Nachdenken allein übernehmen. Hinterher tat es Meinhard freilich jedesmal leid.

»Ich bin ein Esel«, gab er auch diesmal zu, als sie eilends aufsaßen, »wir müssen halt sehen, daß wir die Zeit ein bißchen wieder hereinholen, und den Kopf wird uns Hannes schon nicht abreißen. Los!«

Hügelabwärts und unten auf dem Talweg ging es anfangs noch einigermaßen voran, aber als sie auf der anderen Seite den weitläufigen Weg zur Burg hinauf einschlugen, war der Nebel so dicht, daß sie die Pferde auf dem unebenen Boden zeitweise in Schritt fallen lassen mußten.

»Es ist wirklich bald dunkel«, räumte Meinhard ein, »und kalt ist es schon. Was meinst du, wenn wir sowieso den ganzen Weg im Schneckentempo machen müssen, könnten wir doch eigentlich die Abkürzung nehmen!«

Die Abkürzung war ein kleiner, felsiger Hügelrücken mit einem schmalen Kammpfad, der eine weite Schleife des Reit- und Fahrwegs zur Burg hinauf abschnitt. Es war den Jungen streng verboten, ihn zu Pferd zu benutzen. Philipp zögerte.

Doch Meinhard verteidigte seinen Vorschlag. »Wir müßten natürlich an den Geröllstellen absitzen«, sagte er, »aber wir bekämen damit fast die ganze Zeit wieder rein, die wir mit dem Fuchs vertrödelt haben. Vielleicht sagt Hannes dann gar nichts, denn für den Nebel können wir schließlich nichts.«

Philipp kam es weniger darauf an, was Hannes sagte, als darauf, daß er sich Sorgen machte, wenn sie nicht kamen. Bei den vielen kleinen Fehden und Raubzügen im Lande konnte das leicht heißen, daß etwas passiert war, und Hannes hatte ihnen nur auf ihr dringendes Bitten hin heute nicht die Begleitung mitgegeben, ohne die sie eigentlich nicht ausreiten durften.

So überlegte er einen Augenblick und sagte dann: »Meinetwegen! Aber an den engen Stellen müssen wir wirklich absitzen, und wenn du hinter zehn Füchsen her bist!«

Wenn man vorsichtig ritt, war der Weg eigentlich gar nicht so schlecht, und als die ersten abschüssigen Stellen kamen, saß Meinhard anstandslos ab.

»Es ist halb so wild«, sagte er beruhigt, »ich weiß gar nicht, was Hannes gegen den Weg hat!« Und nach einer Weile fragte er vorsichtig: »Meinst du nicht, Philipp, wir könnten hier doch ein bißchen traben? Der Weg ist beinah eben, und meine Hände sind schon so klamm, daß es ganz gut wäre, wir kämen ein bißchen schneller voran.«

»Meine auch«, erwiderte Philipp, »aber deswegen hier traben? Bist du verrückt?«

Meinhard fügte sich, aber nach einer weiteren Wegstrecke sagte er: »Laß mich vorbei, es geht mir zu langsam.«

Philipp machte Platz, und Meinhard trabte vorbei. Er trabte auch weiter.

»Wie du willst«, rief Philipp ihm nach, wütend auf den Freund und auf sich selber. »Wir sehen uns oben wieder!«

Meinhard verhielt sein Pferd, drehte sich im Sattel um und sagte: »Du traust dich ja bloß nicht!«

»Ich trau mich nicht?!«

Das gefährliche Wort tat auf der Stelle seine Wirkung, denn wenn Meinhard nur unüberlegt war, so war Philipp wirklich jähzornig. »Ich trau mich nicht?«

Er bog auf den schmalen Sturzackerstreifen ein, der an dieser Stelle neben dem Weg herlief.

»Komm doch, wenn du dich traust!«

Rasch hatte nun er den Freund überholt, und sie ritten beide eine ganze Weile lang vorsichtig, aber viel zu schnell auf der steinigen Grasnarbe dahin. Solange die Pferde mittaten, konnte ja eigentlich nichts passieren.

Schließlich lenkte Meinhard ein. »Es war nicht so gemeint, Philipp, laß uns aufhören, wir sind wirklich verrückt!«

Doch Philipp war ganz genau so querköpfig, wie Hannes es meinte. Er fragte deshalb nur kühl zurück: »Du traust dich wohl nicht mehr?« und spornte Willa voran.

Meinhard hielt mit. Schließlich begann Philipps Zorn zu verrauchen. Dort vorn lief der schmale Ackerstreifen aus, dort konnte auch er nachgeben.

Doch er hatte einen Augenblick zu lange gewartet. Später konnte er nicht mehr sagen, ob an dem, was nun geschah, eine erste eisglatte Stelle am Boden oder sonst ein Hindernis schuld war, oder ob Willa das unsinnige Tempo verweigert und er dagegengehalten hatte – jedenfalls geriet die Stute ins Straucheln, und dabei brach unter ihren Hufen ein Stück Erde weg. Mehr einem Instinkt als einer Überlegung folgend, warf Philipp sich aus dem Sattel und landete hart auf dem Boden. Aber er war schon zu klammgefroren, um sich rasch fortzurollen, und so erwischte ihn ein wirbelnder Hufschlag der stürzenden Stute. Er hörte ein Krachen in seinem linken Oberschenkel und spürte gleich darauf einen irrsinnigen Schmerz; dann war einen Augenblick lang nichts mehr da.

Aber nur einen Augenblick lang. Als er wieder zu sich kam, stand Baran winselnd und mit gesträubtem Nackenfell an der Stelle, an der Willa abgestürzt war, und über sich nahm Philipp Meinhards entsetztes Gesicht wahr. »Um Himmels willen, Philipp, was ist?«

»Ich weiß nicht«, antwortete Philipp mühsam, »irgend etwas ist kaputt. Was ist mit Willa?«

»Sie ist abgerutscht. Da hinunter.«

»Tief?«

»Es sieht so aus.«

»Kannst du nach ihr sehen?«

Meinhard schüttelte den Kopf. »Bei der Steile und im Dunkeln? Sie hat sich bestimmt schon beim Sturz den Rücken gebrochen. Du hast den absolut letzten Augenblick zum Abspringen erwischt. Kannst du aufstehen?«

Philipp brauchte nicht einmal einen Versuch, um das zu verneinen.

»Du wirst jemanden holen müssen«, sagte er, »es ist nicht mehr weit bis zur Straße. Laß mir Baran hier und nimm deinen Braunen am Zügel, aber sobald du reiten kannst, beeil dich. Es ist lausig kalt.«

Daraufhin ließ Meinhard ihm noch seinen Mantel da und brach auf.

Baran drängte sich, immer noch zitternd, dicht an Philipp heran, so daß dieser seinen Kopf auf die Flanke des Tieres schieben konnte, dessen Wärme in diesem zeitlosen Warten zwischen kurzen Ohnmachten und den Schmerzen des Wachliegens der einzige Rest von der Wirklichkeit war, die bis eben noch gegolten hatte. Philipp hatte schon oft so im Freien gelegen, auch nachts, den Kopf in das Fell des Hundes gewühlt, aber diesmal war es anders als bei allen früheren Jagden und Streifzügen. Diesmal war er allein, und irgend etwas war passiert. Und Willa war tot, das wußte er. Und er war schuld.

Endlich hob Baran den Kopf, schob sich vorsichtig unter Philipp heraus und lief bellend in die Dunkelheit, dem Trupp entgegen, der nun mit Fackeln auf dem Pfad auftauchte. Hannes war nicht bei den Leuten, die Philipp für den Transport so vorsichtig wie möglich auf einer Leiter festbanden. Er war bereits auf der Suche nach ihnen fortgewesen, als Meinhard eintraf, aber jetzt kam er ihnen das letzte Stück Weges entgegen, so erregt, wie die Jungen ihn noch nie gesehen hatten.

»Was macht ihr nur!« fragte er zornig, aber als er im Schein der Fackeln Philipps Gesicht sah, ließ er es bei der schnellen Weisung bewenden, im Kamin des Wohngemachs neben dem Rittersaal Feuer zu machen und den Jungen dort zu betten. Dort machte er sich auch an die Untersuchung der Verletzung.

»Der Knochen ist gebrochen«, sagte er schließlich, »und nicht nur einmal. Beiß die Zähne zusammen, ich richte ihn dir vorläufig ein.«

Doch über dem Einrichten verlor Philipp barmherzigerweise erneut die Besinnung, und so hörte er nicht, wie Meinhard leise fragte: »Ist es schlimm?«

»Sehr schlimm«, erwiderte Hannes.

Noch in der Nacht ging ein Bote zur Zisterzienserabtei unten im Tal ab, der den Bruder Ansfried, den Klosterarzt, beschwören sollte, er möge Mittel und Wege finden, um zur Burg hinaufzukommen, denn dort gebe es einen Verunglückten, für den Hannes die Verantwortung nicht allein übernehmen könne.

Natürlich konnte man den Arzt eines Klosters nicht einfach rufen, wenn man ihn brauchte, und schon gar nicht auf die Burg eines Grafen, dessen ausgreifende Nachbarschaft sich das Kloster auf Armeslänge vom Leibe hielt. Aber das war Hannes jetzt gleich, und das Glück wollte es, daß der Bote schon auf einem der nahegelegenen Gutshöfe des Klosters auf den Bruder Ansfried traf. Der hörte sich den Bericht an und versprach zu kommen.

So wurde das Bein am anderen Tage noch einmal sachkundig eingerichtet, ohne daß der Arzt ein überflüssiges Wort verloren hätte, solange Philipp mit Bewußtsein zuhörte. Er legte einen leichten Schienverband aus dünnen Haselholzlatten und kräftigen Leinenstreifen an, befahl Philipp, während der nächsten drei Tage das Bein absolut ruhig zu halten und wies Hannes an, den Verband zu lockern, wenn er drückte. In drei Tagen, wenn die Schwellung zurückgegangen sei, werde er wiederkommen, versprach er.

Während dieser drei Tage wich Meinhard nicht von Philipps Lager, und Hannes, der den unruhigen Geist eigentlich hatte nach Hause schicken wollen, war am Ende froh darüber, daß er blieb. Denn es ging Philipp so schlecht, daß man ihn besser nicht alleinließ, und Meinhard war in seinem Schreck und seinen Gewissensbissen für jede Arbeit und Hilfe widerspruchslos und zuverlässig zu gebrauchen.

Am dritten Tage kam der Arzt wieder, löste die Schiene, betastete das Bein und badete es in einem heißen Aufguß aus Malve, Wermut, Bärenklau und Wein. Dann flößte er Philipp einen bittersüßen Saft ein, der über alles, was nun kam, eine schwere Benommenheit legte, verlangte eine Schüssel mit heißem Wasser, breitete eine kleine Sammlung chirurgischer Messer und Zangen auf einem Schemel aus und machte sich mit Hannes' Hilfe daran, den Knochen nach allen Regeln der ärztlichen Kunst wieder zusammenzufügen. Am Ende wurde die Bruchstelle mit einer fremdartig riechenden Salbe bestrichen, mit Leinenmull abgedeckt und fest mit den dünnen Latten geschient. Die Leinenstreifen waren diesmal mit Harz getränkt, so daß sie an dem vorsichtig gestreckten Bein zu einer festen Hülle erstarrten. Dann erklärte der Arzt, ein Patient in Philipps Alter müsse nun ungefähr fünfundzwanzig Tage liegen, bis der Knochen zusammengeheilt sei. Aber Philipp nahm nichts davon wahr. Kaum, daß die höllische Prozedur vorüber war, fiel er in einen benommenen Schlaf.

Draußen sprach der Arzt noch eine ganze Weile mit

Hannes, und es dauerte lange, bis dieser zurückkam. Meinhard, der vom bloßen Zusehen schlotterte, wartete vor der Tür.

»Wird es nun wenigstens wieder heil?« fragte er angstvoll, »und wann?«

»In vier Wochen sind wir klüger«, erwiderte Hannes. »Bis dahin ist es wohl besser, du lenkst Philipp von Plänen für die nächste Zeit ein bißchen ab. Denk dran, wenn ihr euch unterhaltet; er wird bald wieder aufwachen.«

Meinhard ließ sich auch in Zukunft nicht fortschicken.

»Ich bin an allem schuld!« sagte er, wenn Hannes und bald auch Philipp selbst ihm anboten, auf ein paar Tage nach Hause zu reiten. »Hätte ich nicht die Zeit mit dem Fuchs vertrödelt und dann auf der Abkürzung bestanden, und wäre ich nicht einfach losgeritten und hätte dich obendrein noch aufgestachelt, dann wäre alles nicht passiert.«

»Ja, wenn –!« antwortete Philipp dann müde. »Wenn ich nicht so ein Querkopf gewesen wäre, dann erst recht nicht. Aber es ist gut, daß du da bist.«

Nach einer Weile trieb Meinhard ein Schachspiel auf und stellte es so ans Bett, daß Philipp es halb sitzend erreichen konnte; damit brachten sie viele Stunden herum. Dann besorgte er ein Schnitzmesser und weiches Holz, und Philipp machte sich daran, eigene Schachfiguren zu schnitzen. Meinhard sah zu, begutachtete die entstehenden Kunstwerke und sah sich zwischendurch draußen nach Nachrichten um, die er dem Patienten mitbringen konnte.

»Ich kenne dich überhaupt nicht wieder«, sagte Philipp zu seinem Freund; »seit wann kannst du stundenlang stillsitzen?«

»Wenn ich es für einen Fuchs kann –«, sagte Meinhard, »und außerdem, du mußt es ja auch können.«

Doch der eigentliche Grund, warum Meinhard blieb, war ein anderer.

»Ich habe erst jetzt gemerkt, wie allein Philipp ist«, sagte er an einem langen Wintertag zu Hannes. »Wenn es umgekehrt gelaufen wäre, dann läge ich jetzt zu Hause und meine Mutter pflegte mich, und meine Brüder würden hereinsehen, und mein Vater. An so einer Familie hängen ja so viele Menschen; ich bräuchte nie allein zu sein.«

»Na«, sagte Hannes, »wenn du das begriffen hast, dann habe ich dich unterschätzt. Meinst du, du könntest auch später manchmal daran denken?«

Meinhard nickte.

So verbrachten sie die langen, früh dunkelnden Winterabende gemeinsam in der Schlafnische des Wohngemachs; hier war mehr Platz als in Philipps enger Kammer, und hier konnte man auch den Kamin anzünden, so daß es warm und hell war.

Philipps Gedanken mußten wohl ähnliche Wege wie die des Freundes wandern, denn manchmal fragte er besorgt: »Wärst du nicht doch lieber zu Hause? Bei euch muß es ja viel lustiger sein als hier. Deine Brüder werden dich vermissen!«

»Ach was, die sind froh, wenn sie mich eine Weile los sind«, sagte Meinhard dann leichthin.

Manchmal fragte Philipp auch weiter: »Und deine Mutter?«

»Sie bekommt mich ja wieder!«

An diesem Punkt nickte Philipp und gab dem Gespräch eine andere Wendung. Niemand brauchte zu wissen, daß er Meinhard um die Mutter noch viel mehr beneidete als um die Brüder.

Philipp wußte, daß er nicht immer allein gewesen war. Er konnte sich noch gut an einen kleinen Krabbelgefährten erinnern, den man eines Tages fortgenommen hatte, weil er krank war, und der nicht wiedergebracht wurde. Das gehe häufig so bei kleinen Kindern, bekam er zu hören. Er wußte auch, daß schon vorher einmal ein Geschwisterchen im Haus gewesen war, das aber nicht lange lebte, und er konnte sich vor allem an ein winziges Geschöpf erinnern, das man bald nach seiner Ankunft mit der Mutter zusammen hinausgetragen hatte. So hatte Philipp auch an seine Mutter nur eine blasse Erinnerung, aber in diesen langen Wochen des Liegens dachte er oft an sie.

Er wußte auch, daß sein Vater vor der Ehe mit der Mutter schon zweimal vermählt gewesen war. Umsonst hatte er nicht als Weißhaariger noch einen dreizehnjährigen Sohn, und umsonst verfügte er nicht über so weitläufige und mächtige Verbindungen und Verschwägerungen in Thüringen, Franken und Sachsen. Aber erst waren ihm die Gemahlinnen und dann die Kinder gestorben.

Nur Philipp allein war übriggeblieben. Er kannte es nicht anders, und es war ihm auch recht, daß er eines Tages die Burg, auf der er aufgewachsen war, und das Land ringsum, das er gern hatte, übernehmen sollte. Schwierig war nur sein Verhältnis zum Vater. An dem rieb er sich in leiser, aber beständiger Auflehnung, manchmal heftiger, manchmal schwächer. Aber ganz war er das Gefühl des hilflosen Zorns, das ihn an jenem Sommertag mit Armgard überkommen hatte, nicht mehr losgeworden.

Und doch, wenn er ehrlich war, liebte er nichts so sehr wie die Gebärde, mit der ihn der Vater immer wieder einmal vor Gäste hinschob und beiläufig sagte: »Dies ist übrigens Philipp!«

Meist kam dann eine freundliche Bemerkung, wie der Landgraf sie einmal gemacht hatte, daß er später sicher einen guten Ritter und Burgherrn abgeben werde; das gehörte wohl dazu. Aber vielleicht hätte der Vater ja viel lieber eines seiner anderen, früheren Kinder vor den Gast geschoben! Philipp hätte gern gewußt, ob sein Vater ihn nur brauchte oder auch mochte.

Ein Friedenskaiser und eine offene Zukunft

Erst ganz gegen Ende der Liegezeit, als der Arzt bereits hatte wissen lassen, er werde bei seinem nächsten Ritt über Land den Weg über die Burg nehmen, ritt Meinhard für ein paar Tage nach Hause. So war er nicht da, als Bruder Ansfried die Schiene löste und nach eingehender Prüfung des verheilten Bruches erklärte, nun könne und müsse aufgestanden werden, wenn auch mit Vorsicht und weiterhin mit viel Geduld.

Philipp nahm die Krücken, die der Burgschreiner ihm angemessen hatte, mit einer Grimasse hin, aber als er schließlich in einem Sessel am Fenster des Rittersaales saß und auf Hannes wartete, der Bruder Ansfried hinausbegleitete, war er müde und bedrückt. Dieses Aufstehen hatte er sich anders vorgestellt, und das Bein tat ebenso weh wie am ersten Tag. Es war seltsam, so müßig hier zu sitzen und wieder ins Tal hinabsehen zu können. Draußen lag leichter Schnee – natürlich, bald war Weihnachten! Er schob seine Hand in Barans Fell und kraulte ihn. Auch für seinen Hund waren dies langweilige Zeiten. Wie lange war es her, daß er sorglos mit Meinhard ausgeritten und von einem listigen alten Fuchs an der rechtzeitigen Heimkehr gehindert worden war? Daß seine Stute tot war? Wirklich erst ein paar Wochen?

Trotz Barans Nähe war es plötzlich einsam und ein wenig trostlos. Philipp begann zu rechnen und fand zu seiner Erleichterung, daß heute gut der Tag sein konnte, an dem Meinhard zurückkam. Und wenn er heute kam, dann bald, denn es begann schon ganz sachte zu dämmern.

Hannes brauchte eine Weile, bis er zurückkam. »Nun, tut es weh?« fragte er und rückte sich einen Schemel heran.

Philipp nickte und fragte dagegen: »Ist irgend etwas nicht in Ordnung, Hannes?«

»Warum fragst du?«

»Du siehst so aus.«

Hannes schüttelte den Kopf. »Nichts, das nicht warten könnte. Soll ich dir etwas erzählen? Eine Geschichte?«

»Wie an dem Tag, an dem Armgard da war? Oh ja!«

Der Alte nickte. »An Fräulein Armgard habe ich auch gerade gedacht. Ihr habt euch seit dem Unfall nicht mehr gesehen. Sollen wir sie nicht einmal wieder einladen?«

»Das hat Zeit«, erwiderte der Junge kurz. »Erst will ich wieder laufen können. Aber eine Geschichte wäre großartig. Es muß ja noch nicht gleich wieder das Pfingstturnier sein.«

»Wie wäre es mit der Geschichte vom Friedenskaiser?« schlug Hannes vor. »Vom letzten Kaiser der Christenheit?«

»Nanu, wie kommst du denn darauf, Hannes?«

»Ach, die Geschichte will mir heute nicht aus dem Kopf, Philipp. Ich erzähle dir nachher, warum.«

»Na gut.« Philipp lehnte sich in den Sessel zurück und schob das schmerzende Bein vorsichtig zurecht. Ein Friedenskaiser war heute eine ganz passende Figur.

»Es gibt viele alte Sprüche und viele gelehrte Weissagungen, daß die Welt, so wie sie einmal geschaffen worden ist, auch eines Tages untergehen wird«, begann Hannes, »nur weiß niemand, wann das sein wird. Manche sagen, wir lebten gegenwärtig im vierten Zeitalter der Menschheit, andere meinen, es sei das sechste. Aber alle sind sich darin einig, daß es das letzte ist.«

»Woher weißt du das, Hannes?« fragte Philipp.

»Diese Geschichten hat man sich schon zu der Zeit erzählt, als ich mit deinem Vater in Italien war. Dort sind sie in aller Leute Munde, denn auf den Märkten und Gassen da unten erzählt sich alles schneller herum als bei uns hier oben.«

»Weiter!«

»Am Ende dieses Zeitalters, so heißt es, wird der Antichrist kommen, der die Christenheit mit List und Trug ins Verderben stürzt. Aber es soll dann auch noch einen letzten, gewaltigen Kaiser geben, der in einer großen Schlacht alle Feinde der Christenheit besiegt und dann seine Krone am Ölbaum in Jerusalem niederlegt. Und danach bricht ein langes Friedenszeitalter an.«

»Das paßt nicht zusammen«, sagte Philipp sachlich. »Entweder es kommt der Antichrist, oder es kommt das Friedensreich.«

»Es gibt viele Geschichten, und alle sind ein wenig verschieden voneinander. Es geht mir auch heute nicht so sehr um das Friedensreich als vielmehr um den Friedenskaiser.«

»Warum?« wollte Philipp wissen.

»Erinnerst du dich an den jungen Staufer, von dem ich euch einmal erzählt habe? An König Friedrich von Sizilien, Kaiser Heinrichs Sohn?«

»Oh ja! Damals hast du gesagt, er sei dreizehn, so alt wie ich jetzt bin. Dann muß er jetzt siebzehn sein. Was ist mit ihm?«

»Er ist gekommen. Er ist in Deutschland. Der Pater Ansfried wußte auch davon.«

Philipp war so rasch aufgefahren, daß er nun kläglich zurückfiel.

»Au! – Aber Hannes, das kann doch gar nicht sein! Du hast doch selbst gesagt, der Papst werde keinen Staufer mehr nach Deutschland lassen!«

Hannes wiegte den Kopf. »Es kann sein, daß sich der Wind inzwischen gedreht hat; dein Vater hat etwas Derartiges erwähnt, als er das letzte Mal hier war. Der Welfe ist offenbar immer mehr in die Bahnen seiner staufischen Vorgänger eingeschwenkt und hat sogar Ansprüche auf Sizilien erhoben. Kann schon sein, daß Papst Innozenz da lieber mit seinem eigenen Mündel, dem Staufersohn, zusammengeht, der ja für Sizilien sein Lehnsmann ist. Wir werden es erfahren! Ich wüßte auch gern, wie der junge Staufer an den lombardischen Städten Norditaliens vorbeigekommen ist. Die sperren ja den Brennerpaß für jeden, den sie nicht in Deutschland haben wollen. Auf Schleichwegen oder über See vermutlich. Vorerst weiß ich nur, daß er dem Welfen mit seinem Einzug in die Stadt Konstanz um ganze drei Stunden zuvorgekommen ist.« Hannes lachte. »Stell dir das einmal vor! Da meldet sich der Welfe, der Kaiser, in Konstanz an, und sie stürzen sich dort in die Vorbereitungen für seinen Empfang, richten die Säle und Kammern, holen die feinsten Fische aus dem Bodensee, stecken die Braten auf die Spieße, schieben die Brote in den Ofen, decken die Tafeln – und mitten in all diesen Vorbereitungen reitet ein Trupp vor das Tor und fordert Einlaß im Namen des Königs. Und ehe die Wachen sich noch die Augen gerieben und über den Unterschied von König und Kaiser nachgedacht haben, ist der Staufer schon drin, setzt sich gnädig zu Tisch und läßt sich auftragen, was für den Welfen zubereitet war. Und drei Stunden später steht der vor dem Tor und wird abgewiesen! An dem Abend möchte ich wohl in Konstanz gewesen sein!«

»Ich auch!« sagte Philipp hingerissen. »Weiter! Wo ist er jetzt?«

»Man erzählt, daß er im Siegeszug den Rhein hinunterzieht.«

»Im Siegeszug? Dann hat er ein großes Heer bei sich?«

»Nein, gerade nicht. Mit einer Handvoll von Leuten ist er gekommen. Bruder Ansfried glaubt deshalb, der Papst würde ihm den Rücken decken. Sonst hätten die Bischofsstädte dort unten ihm nicht die Tore geöffnet. Die geistlichen Fürsten halten ganz offensichtlich zu dem jungen Friedrich. Aber das allein kann es nicht sein. Die Leute in Schwaben und im Elsaß haben ihn aufgenommen, als hätten sie auf ihn gewartet.«

»Vielleicht haben sie ja auf ihn gewartet! Hast du deshalb heute so an den Friedenskaiser gedacht, Hannes?«

»Vielleicht, Philipp. Du mußt wissen, daß es über dieses Kind schon früh seltsame Prophezeiungen gegeben hat. Ich habe euch ja erzählt, daß wir in Sizilien waren, als er geboren wurde. Neun Jahre lang hatte die Kaiserin Konstanze vergeblich auf ein Kind gewartet! Damals habe ich die Geschichte vom künftigen Friedenskaiser zum ersten Mal gehört; die Leute glaubten, daß dieses ›Kind aus Apulien‹ vielleicht der Friedenskaiser sei. Es war eine bewegte Zeit damals, kurz vor dem Kreuzzug, und die Menschen waren die dauernde Unruhe in der Welt leid. Über fünfzehn Jahre lang habe ich dann nichts mehr von diesen Geschichten gehört – und da kommt jetzt auf einmal dieses Kind aus Apulien leibhaftig nach Deutschland, als verstehe sich das ganz von selbst. Ich komme mir ein bißchen vor, als träume ich.«

»Hannes«, sagte Philipp und richtete sich, diesmal etwas vorsichtiger, in seinem Sessel auf, »Hannes, du mußt doch verstehen, daß es mir jetzt nicht mehr gleichgültig sein kann, wie lange es noch dauert, bis ich wieder laufen kann! Ich weiß ja, was der Bruder Ansfried gesagt hat mit Geduldhaben und so, aber du hast doch auch deine Erfahrungen. Wann bin ich wieder gesund?«

Doch ehe Hannes noch antworten konnte, erscholl von oben, vom Turme, Markwards Hornsignal, das einen nahenden Reiter ankündigte.

»Es kommt jemand, das könnte Meinhard sein!« rief Philipp, und Hannes stand auf.

»Ich sehe nach«, sagte er, und es war ihm anzumerken, daß ihm die Unterbrechung nicht unwillkommen kam.

Es war wirklich Meinhard, und er brachte einen Schwall frischer, kalter Winterluft mit, dazu besorgte Fragen und Grüße von seinen Eltern und Geschwistern, weihnachtliche Honigkuchen und Neuigkeiten von den Menschen und Tieren daheim. Die Öde des Wintertages war mit einem Schlage verflogen.

Hannes ließ die beiden allein und kam erst zurück, als Meinhard dabei war, seine letzte und beste Nachricht auszupacken: die von der Ankunft des jungen Staufers. Er war ein bißchen enttäuscht, daß Philipp sie schon kannte; um so lieber erzählte er, wie sie zu Hause aufgenommen worden war.

»Alle bei uns sind glücklich«, berichtete er, »mein Vater hat König Friedrich sofort Unterstützung zugesagt, und meine Brüder stoßen noch vor Weihnachten zu ihm.

Mein Vater bemüht sich schon bei einem staufisch gesinnten Herrn in Schwaben um eine Knappenstelle für mich. Meinst du, dein Vater läßt dich jetzt vielleicht doch mit?«

Das war eine kühne Hoffnung, aber in einer neuen Lage war vieles möglich, und bald waren die Jungen dabei, sich die Zukunft in den hellsten Farben auszumalen.

Erst als Hannes unvermittelt sagte: »Meinhard –!« fiel diesem die Mahnung wieder ein, vorerst nicht von der nächsten Zeit zu sprechen. Und als der Alte fortfuhr: »Darf ich dich noch um einen Botenweg bitten? Nur zum Wirtschaftshof hinüber?«, stand er bereitwillig auf.

»Jetzt noch?« fragte Philipp erstaunt. »Meinhard ist doch schon den ganzen Tag unterwegs gewesen!«

»Ich bin gleich wieder da!« versicherte dieser und folgte Hannes nach draußen.

Es dauerte einen Augenblick, dann kam der Alte zurück, und gleich darauf schwang das Tor vom inneren zum äußeren Burghof auf und wieder zu.

»Du hast mich vorhin gefragt, Philipp, ob etwas nicht in Ordnung sei«, begann Hannes nun ohne Umschweife, »und ich antwortete, es sei nicht dringend. Aber nachdem ich euer Gespräch eben mit angehört habe, weiß ich, daß es doch dringend ist, und deshalb habe ich Meinhard fortgeschickt. Philipp, es kann sein – es muß nicht sein, aber es kann sein, daß nicht alles in Ordnung ist. Der Pater Ansfried hat meine – unsere – Befürchtung bestätigt, daß von dem Bruch etwas zurückbleiben könnte. Nichts Schlimmes, wenn überhaupt, nur eine leichte Verkürzung des Beines. Der Bruder Ansfried meint ...«

Doch Philipp schnitt ihm das Wort ab. »Soll das heißen«, fragte er ohne jede Überlegung, »ich könnte – ich könnte lahm bleiben?« Dann fiel er in den Sessel zurück. »Natürlich! Deshalb sollte Meinhard nicht über später reden! Deshalb hast du immer so lange mit dem Bruder Ansfried gesprochen, und deshalb hast du vorhin so bedrückt ausgesehen!«

»Unsinn!« sagte Hannes beruhigend, »wer redet von

lahm? Ich habe gesagt, es könne eine Kleinigkeit zurückbleiben.«

Doch Philipp wußte genug. Deshalb also war das Aufstehen vorhin so anders gewesen, als er es sich gedacht hatte! Seine Schuld, daß er das nicht schneller begriffen hatte. Man brauchte sich ja nur umzusehen, vor allem bei den armen Leuten, um auf so etwas zu stoßen. Er kannte auch die Geschichte von Herzog Heinrich dem Löwen, den alle Kunst der Mönche von Walkenried nach einem ähnlichen Unfall nicht wieder völlig herstellen konnte. Aber da war der Löwe schon ein alter Mann gewesen, und er, Philipp, war dreizehn! Er setzte sich wieder auf.

»Aber Hannes!« sagte er beschwörend, »das geht doch gar nicht, das ist doch unmöglich. Denk doch einmal nach! Wie sollte ich denn dann Ritter werden und zu dem jungen Staufer können?«

Hannes sah in das entsetzte Gesicht und sagte mit beschwichtigendem Nachdruck: »Der Bruder Ansfried meint, man müsse abwarten. Mit Salben und Kneten läßt sich noch vieles machen. Ich weiß das aus Erfahrung. Aber wir müssen Geduld haben und dich erst einmal wieder auf die Beine bringen. Es kann gut sein, daß sich alles verwächst und ausgleicht; du bist jung und kräftig. Es ist wirklich noch alles offen, und wir stehen das zusammen durch! – Aber Philipp, was ist denn?«

»Um Himmels willen, Hannes«, sagte der Junge, den der Schrecken jetzt erst ganz eingeholt hatte, »um Himmels willen, Hannes, was wird der Vater sagen?«

Der Vater kündigte seine Rückkehr unvermutet zu Weihnachten an, noch ehe Philipp mit seinen Gedanken über diesen ersten Tag des Aufstehens hinausgekommen war. Freilich kam der Vater nicht etwa, weil es irgendeinen der deutschen Fürsten und Herren gerade an Weihnachten besonders nach Hause gezogen hätte, im Gegenteil: Keines der hohen Kirchenfeste ließ sich schöner am Königshofe feiern als gerade Weihnachten. Denn dann ließ sich der

König in einer festlichen Zeremonie wieder die Krone aufs Haupt setzen und beging das schönste Fest des Jahres im Glanz seines Hofes und unter dem Jubel des Volkes, dem das Läuten der unzähligen Schellen am Ornat des Herrschers noch lange in den Ohren klang.

Aber für ein solches Weihnachten mußte man erst einmal wissen, wer König war, und darüber ließ sich in dieser neuen Lage streiten. Deshalb kam der Vater nach Hause: Er wollte zunächst abwarten, wie es zwischen dem Welfen und dem Staufer weitergehen würde.

Erst jetzt erfuhr er von Philipps Unfall. Seine erste Reaktion war ein heftiger Ausbruch von Schrecken und Zorn, den Hannes nur mit Mühe auffing; Meinhard brauchte seinen ganzen Mut für eine wahrheitsgetreue Darstellung der Ereignisse. »Es war meine Schuld«, sagte er zum Schluß seines Berichts.

Das besänftigte den Grafen ein wenig. »Unsinn!« sagte er. »Wenn Philipp seinen Verstand nicht gebrauchen kann, ist er selber schuld. Aber kann das Unglück denn nicht einmal ein Ende haben?«

Erst dann kam er zu Philipp selber, und als er an dem Sessel des mager gewordenen Jungen stand, der mit einer Mischung von Angst und Trotz zu ihm aufsah, wurde er unerwartet still.

»Ich habe Meinhard schon gesagt, was ich von der Sache und eurem Verstand halte«, sagte er, »aber für dich tut es mir leid. Tut es noch weh?«

»Ziemlich. Aber das ist es nicht, Vater. Hannes meint . . .«

Doch der Vater schnitt ihm das Wort ab. »Später!« sagte er. Und dann tat er etwas, was er noch nie zuvor getan hatte: Er zog sich einen Sessel neben den von Philipp und begann zu erzählen. Und Philipp betete insgeheim, es möge nichts geschehen, was diese Stunde verderben könnte.

So bekam er die Geschichte von dem jungen Staufer zum dritten Male zu hören, aber diesmal so brandneu, daß er wünschte, Meinhard wäre nicht sofort nach dem Gespräch mit dem Vater für Weihnachten nach Hause aufgebrochen.

Denn der Vater war in Frankfurt dabeigewesen, als viele der deutschen Fürsten das Kind aus Apulien zum König gewählt oder vielmehr die alte Wahl aus seiner frühen Kindheit erneuert hatten, und er war auch in Mainz gewesen, als König Friedrich dort gekrönt worden war – freilich nur vorläufig, denn die Krönungsstadt Aachen war ebenso wie die Herrschaftszeichen des Reiches in der Hand des Welfen.

»Und damit, Philipp«, schloß der Vater, »sind wir bei unseren Problemen. Du weißt, daß ich vor ein paar Jahren für den Welfen geworben habe, und das mit gutem Grund. So, wie unsere Besitzungen liegen, können wir unmöglich alles auf eine Karte setzen, genau so wenig wie Landgraf Hermann, den man deswegen als wetterwendisch und bestechlich schilt. Ich war jetzt in Mainz und Frankfurt auch nicht der einzige, der sich vorerst neutral gehalten hat. Das Ganze ist zu unglaublich! Da kommt dieser Junge aus Apulien und reitet genau drei Stunden vor dem Welfen in Konstanz ein, als verstehe sich das von selber. Wäre er nur drei Stunden später gekommen, er säße wieder daheim in Sizilien!«

»Aber er ist eben nicht drei Stunden später gekommen!« erklärte Philipp und lehnte sich so zufrieden in seinen Sessel zurück, als habe er selbst für den König an die Tore von Konstanz gepocht. Alle Angst war verflogen.

»Nein«, gab der Vater zu, »und das war auch kein Zufall. Wir haben es ganz offensichtlich wieder mit einem echten Staufer zu tun.«

»Tut dir das etwa leid, Vater?« fragte Philipp, nun völlig in den Bann des Gesprächs gezogen.

»Es kommt mir unerwartet, Philipp. Aber anderen offenbar gar nicht, sonst gingen sie nicht in Scharen zu ihm über. Die Welt wird sich neu ordnen müssen, und sie hat auch schon damit angefangen. Das alte staufische Bündnis mit den französischen Königen, den Kapetingern, ist erneuert worden, und aus Frankreich kommt auch das Geld, das der junge Friedrich so freigebig unter die Fürsten streut. Außerdem deckt ihn der Papst. Sehr souverän ist dieser Staufer vorerst noch nicht, Philipp! Ein Pfaffenkönig, abhängig von den geistlichen Fürsten, und dazu eine Spielfigur im englisch-französischen Machtkampf, denn der Welfe ist ja mit den englischen Plantagenets verschwägert.«

»Gib ihm Zeit!« verlangte Philipp dringlich, »es kann doch nicht nur das französische Geld sein, das ihm die Menschen gewinnt!«

Der Vater lachte. »Um dich zu gewinnen, braucht er offensichtlich kein Geld! Aber ich muß ehrlich zugeben: es geht etwas von ihm aus, dem man sich schwer widersetzen kann. Und es ist wirklich ein seltsames Gefühl, so plötzlich vor Barbarossas Enkel zu stehen! Dennoch, Philipp, ich will erst wissen, ob er der König ist, den wir brauchen. Wir deutschen Fürsten und Herren haben in den letzten fünfzehn Jahren gelernt, unter schwachen Königen unsere Rechte zu behaupten und natürlich auch unsere Vorteile wahrzunehmen. Das kann in einer solchen Lage gar nicht anders sein.«

Der Graf bemerkte Philipps abwehrenden Blick.

»Versteh das richtig, Philipp«, sagte er fast bittend, »ich muß einfach wissen, ob es sich lohnt, diesem Staufer zuliebe etwas von meinem Handlungsspielraum aufzugeben.«

»Ach, Vater! Und woran willst du erkennen, ob es sich lohnt?«

»Wenn der junge Staufer imstande ist, Recht und Frieden zu wahren, wie es seines Amtes ist, dann lohnt es sich. Aber wenn er es im Großen nicht kann, muß ich es hier bei uns im Kleinen tun, und dazu brauche ich Macht. Und auch daran will ich ihn messen, ob er uns nach diesen selbständigen fünfzehn Jahren wieder in unsere Herrschaft hineinreden will. Er soll unser aller Macht zusammenklammern – meinetwegen fest zusammenklammern, denn das gibt ihm und uns ein Ansehen – aber in sie hereinreden soll er uns nicht mehr.«

»Na –!« sagte Philipp zweifelnd, »ich weiß ja nicht, ob ich gern dein König wäre! Wenn er in Italien ist, schimpfst du auf ihn, aber wenn er kommt, willst du erst wissen, ob er der richtige ist. Sollte der Staufer denn nun kommen oder nicht? Soll er bleiben oder nicht?«

»Er sollte kommen! Und er soll bleiben! Und er soll endlich ein König sein, wie das Land ihn braucht! Es ist die Krone des großen Kaisers Karl, um die er sich da mit dem Welfen streitet, und die könnte ihm doch etwas wert sein!«

Philipp sah den Vater prüfend an, dann hellte sich sein Gesicht zu einer Spitzbubenmiene auf.

»Weißt du was, Vater?« sagte er, »laß dir doch einfach in unserer Backstube einen König aus Lebkuchenteig backen! Dann kannst du vorher genau sagen, wie er sein soll, und hinterher, was er tun soll, und . . .«

Einen Augenblick lang hatte der Vater offenbar Kaiser und Könige vergessen.

»Na, Gott sei Dank!« sagte er erleichtert, »jetzt siehst du dir doch wieder ein wenig ähnlich, Philipp! Ich hatte schon Angst, das sei vorbei.«

Noch einmal blickte er den Jungen an und sagte mit einer Stimme, die Philipp nicht an ihm kannte: »Weißt du, daß deine Mutter die Grübchen so gern mochte, die du beim Lachen bekommst? Sie hatte genau die gleichen.«

Es dauerte nun doch eine Weile, bis Philipp mit seinen Tränen fertig war, den ersten in dieser Sache, und der Vater wartete stumm. Dann legte er seinen Arm auf den des Jungen und sagte: »Das habe ich nicht gewollt, Philipp. Verzeih mir. Komm, laß uns noch einmal ernsthaft zu dem jungen Staufer zurückkehren. Wenn der wirklich hierbliebe, dann würde ich ihm morgen noch huldigen! Und dann – aber das darfst du wirklich nur deinem Lebkuchenkönig erzählen! –, dann wäre ich auch bereit, ihm zuliebe mit meinen eigenen Ansprüchen ein bißchen zurückzustekken. Das wäre mir sein Bleiben wert. Aber ich glaube nicht daran.«

»Warum nicht?« fragte Philipp.

»Weil ich weiß, daß er dem Papst versprochen hat, seine beiden Königreiche Deutschland und Sizilien nicht in einer

Hand zu vereinigen. Deshalb hat er vor seinem Aufbruch seinen kleinen Sohn – Heinrich heißt der – zum König von Sizilien krönen lassen.«

»Seinen wen? Ich denke, er ist erst siebzehn!«

»Er ist mit fünfzehn verheiratet worden. Könige fragt man nicht.«

»Aber dann«, sagte Philipp und wehrte eine flüchtige Erinnerung an den Sommertag mit Armgard ab, »dann ist doch alles in Ordnung! Dann will er Deutschland für sich behalten und gibt dem Kleinen Sizilien.«

»Genau das glaube ich nicht, Philipp! Wenn er nun die Königreiche tauscht? Wenn er uns das Kind schickt und für sich selber Sizilien nimmt? Wenn ihm Deutschland nur für die Kaiserkrone gut ist, die ja an der deutschen Königskrone hängt? Sobald er der Kaiserkrone sicher ist, könnte er tauschen.«

»Und wenn er das tut, Vater«, fragte Philipp beklommen, »was tust du dann?«

»Was tun wir dann, Philipp? Was tun wir, wenn der Staufer seinen Sohn ruft, um die Kronen zu tauschen? Du bist bald mitgefragt!«

An dieser Frage, auf die Philipp zunächst dem Vater und dann sein Leben lang sich selbst eine schlüssige Antwort schuldig blieb, war das beste das »wir«. Doch es kam Philipp hart an, denn der Vater fügte hinzu: »Weißt du jetzt, warum ich vorhin so entsetzt war, als ich von eurem Unfug hörte? Du kannst dir so etwas nicht leisten; ich brauche dich. Hoffentlich – hoffentlich sieht Hannes diesmal zu schwarz!«

Noch ehe Philipp seine Krücken ganz los war, setzte Hannes ihn wieder aufs Pferd. »Je eher, desto besser«, sagte er, »deine Zukunft hängt davon ab, wie gut du reiten kannst.«

Auf einem anderen Pferd als auf Willa reiten? Und bei der klappernden Angst vor einem neuen Sturz? Philipp probierte es nur Baran zuliebe, der dieses erste Anzeichen einer Rückkehr zum gewohnten Leben mit aufmunterndem Schwanzwedeln begleitete.

Sobald er sich sicher genug fühlte, ritt Philipp regelmäßig zur Abtei hinunter, wo Bruder Ansfried seine Kunst in einer Nachbehandlung mit Einreiben, Kneten und Strecken des Beines übte. Das tat aber so weh, daß Philipp danach nicht einmal mehr Baran zuliebe reiten mochte, und so ergab es sich bald, daß er abends im Hospiz, der Herberge des Klosters, blieb und erst am anderen Tag nach einer neuen Massage den Heimweg antrat.

Auf diese Abende, an denen der Arzt sich zwischen seinen Pflichten Zeit für ihn nahm, freute sich Philipp bald schon im voraus. Er blieb einfach, bis der Bruder Ansfried fertig war, im Krankenzimmer sitzen und sah zu, wie die anderen Patienten versorgt wurden, die man von nah und fern heranbrachte. Er fand es spannend zu beobachten, wie der Arzt mit anderen umging; außerdem hatte er nicht umsonst bei Hannes gelernt, bei Verletzungen Hand anzulegen. Bald tat sich dem Jungen, der so jäh aus seiner Bahn geworfen worden war, im Krankenzimmer des Hospizes eine neue Welt auf. Der Bruder Ansfried hatte in seiner Jugend richtig und ordentlich in Pisa Medizin studiert, und wenn man ihm Glauben schenken durfte, dann gab es für diese Ausbildung auch gar keine andere Schule als die von Pisa. Er war erst spät bei den Zisterziensern eingetreten und übte nun seine Kunst an den kranken Brüdern im Hospitaltrakt des Klosters ebenso wie an den Fremden im Krankenzimmer des Hospizes. Dabei betrachtete er einen berühmten griechischen Arzt des Altertums, Galenus genannt, als seinen Lehrmeister; die Handgriffe, mit denen er Philipp massierte sowie die Rezepte der heilenden Pechsalbe und der heißen Kräuter- und Mineralbäder, mit denen er das Bein zu kräftigen suchte, waren dessen Büchern entnommen. Manchmal zog Philipp sich diese Texte, die der Arzt noch aus seiner Studienzeit besaß, heran und blätterte in ihnen, aber er verstand nicht, was da auf lateinisch geschrieben stand. Um so neugieriger sah er sich andere Handschriften an, in denen sich Zeichnungen von Heilpflanzen und von chirurgischen Eingriffen befanden und auch solche von menschlichen Körpern; an ihnen waren die Stellen markiert, die der Arzt kennen mußte, wenn er das chirurgische Brenneisen zum Ausbrennen einer kranken Stelle oder das Messer zum Aderlaß, zur Entlastung des Patienten von zu heftigem Blutandrang, richtig ansetzen wollte. Es waren wundersame Bilder, auf denen sich selbst die Verletzten, denen ein Speer im Kopfe oder ein Pfeil in den Rippen steckte, dem Arzt noch in artiger Haltung und mit zierlicher Gebärde näherten.

Beim ersten Mal runzelte der Bruder Ansfried freilich die Stirn, als Philipp sich diese Bücher heranzog, die allein schon wegen der unbekleideten Körper in einem Kloster unter strengen Verschluß gehörten; aber bald war es dennoch ausgemacht, daß der Junge sich mit den Bildern beschäftigen durfte, wenn der Bruder Ansfried keine Zeit für ihn hatte. Der Arzt antwortete auch bereitwillig auf alle Fragen und erzählte von seiner Studienzeit in Italien und von den späteren Reisen und Wanderungen zu den Gelehrten seines Faches. Und als er sah, daß in Philipp wirkliches Interesse steckte, begann er nach und nach, ihm auch die Handgriffe dieses Faches zu erklären.

Er zeigte ihm, wie man die große Schlagader am Kopf angehen mußte, um mehrere Arten von Kopfweh und Lungenleiden zu heilen; wie man eine Lanzette handhabte, damit sie nicht an der Vene vorbei ins Gewebe ging, und wie man schließlich das Brenneisen anzusetzen hatte, je nachdem, ob der Patient an Ischias oder an Zahnweh litt. Das Brenneisen war das letzte ärztliche Hilfsmittel nach den Kräutern des Apothekers und dem Messer des Chirurgen; der Bruder Ansfried handhabte es mit derselben Geschicklichkeit, mit der er sich auf die Massage verstand, und nach einer Weile erlaubte er Philipp, das Eisen im glimmenden Kohlenfeuer heißzuhalten und es ihm zuzureichen. Auch das Läppchen mit heilendem Wundöl zum Bestreichen der ausgebrannten Stellen durfte der Junge bereithalten und manchmal sogar selbst auflegen.

Doch als Philipp nach den Tierkreiszeichen der Sternbilder zu fragen begann, die auf den Zeichnungen in einem rätselhaften Zusammenhang mit den einzelnen Teilen des menschlichen Körpers standen, schüttelte der Arzt den Kopf und sagte: »So geht das nicht. Ich kann nicht gleichzeitig arbeiten und Vorlesungen halten. Aber es wäre ein Jammer, Eure Wißbegierde nicht zu füttern. Geduldet Euch jetzt; nachher werde ich den Abt bitten, eine Ausnahme von der Regel zu machen und Euch Zutritt zum Kloster selbst zu gewähren. Zwar ist die Klausur erst recht kein Ort zum Schwatzen, aber ich erwische dort eher einen Zipfel freie Zeit als hier.«

Als er mit allen Patienten fertig war, ging er und kam mit einer Kutte über dem Arm zurück. »Der Abt ist einverstanden – weil Ihr es seid«, erklärte er, »freilich unter der Bedingung, daß Ihr dafür unser Habit anlegt: das Kloster darf auch von einem Gast nur im Ordenskleid betreten werden.«

So streifte sich Philipp das graue Habit der Zisterzienser über, nahm den Stab, der ihm vorerst noch verordnet war, und folgte dem Arzt hinüber zur Pforte. Die Fremdenherberge mit dem Spital lag zwar innerhalb der Mauer auf Klostergrund, aber doch außerhalb der eigentlichen Klausur der Abtei.

Ein wenig beklommen betrat Philipp nun zum ersten Male die Zisterzienserabtei, die ihm schon von außen als ein mächtiges, ebenmäßiges Wunder aus Stein erschienen war.

Aus Stein war hier alles: Gewölbe, Kreuzgänge, Bogen und Stufen, und jetzt im Winter ging eine eisige Kälte von diesen Steinen aus. Doch Philipp spürte sie nicht. Er ließ seine Blicke über das mächtige Geviert der Kreuzgänge und über die lichte, majestätische Weitläufigkeit der großen Anlage wandern, in der kein überflüssiger Prunk die Aufmerksamkeit des Betrachters ablenkte.

»Hier ist es schön«, sagte er aufatmend und setzte sich für einen Augenblick auf einen Mauervorsprung, denn das Bein tat ihm wieder weh.

Der Arzt betrachtete ihn nachdenklich und sagte dann: »Ja, es ist schön. Aber wartet ab – wir planen einen Neubau, und in dem werden die Kreuzgänge fast schwerelos scheinen und die Pfeiler der Gewölbe zum Himmel aufstreben, so wie schon jetzt in den burgundischen Häusern unseres Ordens. Wartet, bis auch unser Kirchenportal die Rose aus Stein, das Zeichen der Himmelskönigin, schmückt. Euch könnte diese neue Schönheit etwas zu sagen haben.«

»Eine Rose aus Stein?« fragte Philipp zweifelnd. »Passen Blumen und Stein denn zusammen?«

»Wartet es ab«, wiederholte der Arzt, »und kommt jetzt!« Er legte den Finger auf die Lippen. »Kein überflüssiges Wort innerhalb der geschlossenen Klostergemeinschaft!«

Sie wandten sich nach links und folgten dem Kreuzgang bis zum gemeinsamen Saal der Brüder, in dem sich bei ihrem Eintritt ein Mönch von einem Manuskript erhob; sonst war der große Raum leer.

»Das ist Bruder Waltram«, erklärte Philipps Mentor. »Er kümmert sich um unsere Bücher und alles, was wir in der wenigen Zeit, die Gebet und Arbeit uns lassen, für unsere wissenschaftlichen Interessen brauchen. – Waltram, ich bringe dir einen Gast, bei dem es sich lohnen könnte, seine Kenntnisse im Lesen und Schreiben zu überprüfen. Ich bin gespannt auf dein Urteil.« Er wandte sich zur Tür. »Ich bin bald zurück, ich muß in unserem eigenen Krankentrakt noch nach einem der Brüder sehen.«

Der Arzt hatte richtig vermutet: Philipp konnte lesen und schreiben, wenn auch nicht gut; denn man brauchte es als Ritter überhaupt nicht zu können, eher im Gegenteil. Aber wenn man ohne Mutter und Geschwister aufwuchs, konnten die Winterabende auf einer Burg lang werden, und wenn auch Hannes noch fort mußte, blieb Philipp nur der Kaplan, der Geistliche der Burg, dem er die Psalmenkenntnisse seiner Kindheit und den Schriftzug seines Namens verdankte. Dem Vater, der sich selbst nie mit diesen Dingen abgegeben hatte, war es recht, daß sein Sohn bei dem freundlichen Mann mit Buchstaben und Zahlen umzugehen lernte, sofern sich das in schicklichen Grenzen hielt.

Dem Kaplan war das ganze, nicht sehr umfangreiche Schriftwesen der Burg anvertraut, und so hatte Philipp unter der Hand manches Nützliche gelernt, wenn auch wirr und planlos. Er konnte deshalb außer den paar französischen Redewendungen, die einem Ritter gut anstanden, auch etwas Latein, nur eben nicht genug für die Schriften der Ärzte. Philipp selbst hatte seine Künste nie hoch eingeschätzt und war nun sehr erstaunt, daß sie ihm hier Türen öffneten.

Bruder Waltram zog das Buch heran, an dem er eben gesessen hatte, legte ein paar lose, mit Zeichnungen versehene Blätter sorgfältig nach hinten und schlug es weiter vorne auf.

»Wir Zisterzienser sind kein Orden des Unterrichts«, sagte er erklärend. »Wer zu uns kommt, muß seine Kenntnisse vorher erworben haben oder ohne sie auskommen. Aber in diesem Band findet sich doch eine Art Lehrbuch, eine Darstellung der sogenannten Sieben Freien Künste, der Grundlage aller Bildung. Außerdem enthält er ein paar Seiten mit lateinischen Lehrstücken, und so können wir die Probe machen, an der dem Bruder Ansfried liegt.«

Er schob Philipp das Buch hin. »Seht her, der erste Teil dieses Textes behandelt das Trivium, nämlich die ersten drei der sieben Künste. Es beginnt mit der lateinischen

Grammatik. Am besten zeigt Ihr mir, was Ihr auf diesen Seiten versteht.«

»Gleich«, sagte Philipp, der die weggesteckten Blätter noch mit einem Blick erwischt hatte, »was kommt nach der Grammatik?«

»Die Rhetorik, das ist die Kunst der gut aufgebauten Rede; und zum Schluß kommt die Dialektik, die Kunst des Argumentierens. Aber so weit brauchen wir wohl vorerst nicht zu denken.«

Philipp blätterte die Seiten um. »Bis hierher könnte ich ungefähr mithalten«, sagte er schließlich und fuhr mit dem Finger über ein paar grammatische Merkverse, »aber weiter auch nicht.«

Der Bruder Bibliothekar stellte zur Gegenprobe ein paar Fragen und sagte dann erstaunt: »Für jemanden, der von einer Burg kommt, wißt Ihr gar nicht so wenig. Nun gut, ich spreche mit dem Bruder Ansfried und will ihm nicht vorgreifen.«

Er suchte eine Handschrift mit vielen Bildern heraus und gab sie Philipp. »Es ist ein Heiligenleben«, erklärte er, »und leicht zu verstehen. Wollt Ihr Euch damit nebenan ins Wärmezimmer setzen?«

Doch Philipp zögerte noch. »Wenn ich etwas fragen darf – was sind das für Bilder, die Ihr da nach hinten gesteckt habt? Und was steht überhaupt weiter hinten in dem Buch? Darf ich?« Rasch schlug er das Buch noch einmal auf.

Bruder Waltram lachte. »Da seid Ihr schon in den zweiten Teil der Sieben Freien Künste geraten, den man das Quadrivium nennt; er enthält die Mathematik und die Naturkunde. Und die Bilder? Nun, es interessiert sich nicht alle Tage jemand für diese Dinge – wartet!« Er nahm eines der Blätter und hielt es Philipp hin. »Na, wer ist das?«

»Das sind sechs – nein, sieben Damen, die sich jede mit einem Herren unterhalten.«

»Gut. Und worüber unterhalten sie sich?«

Philipp sah ratlos auf seltsame Geräte, Buchstaben und Zeichen. »Ich weiß nicht!«

»Was könnte das denn sein?« fragte der Lehrer und zeigte auf ein Quadrat mit Zeichen, die Philipp nicht kannte.

»Ich weiß nicht. Bitte, was ist das?«

»Das sind Zahlen.«

»Aber die sehen doch ganz anders aus!«

»Es sind keine lateinischen, sondern arabische Zahlen, und sie stehen alle in einem kunstvoll berechneten Zusammenhang zueinander. Aber nun nehmt Euren Heiligen und kommt mit. Wir haben alle klein angefangen, und die arabischen Zahlen sind eine Neuheit, die Euch nicht zu kümmern braucht.«

»Und wer sind die Damen auf den Bildern?« fragte Philipp und ergriff widerstrebend sein Buch.

»Das sind die Sieben Freien Künste in Person. Und die Männer sind die sieben größten Gelehrten des Altertums.«

Er öffnete eine Tür zur Rechten, und aus dem Raum, in den sie führte, drang die einladende Wärme einer großen Feuerstelle; es war das Wärmezimmer des Klosters, das Caldarium, der einzige geheizte Raum in der Klausur. Jeder der Brüder durfte sich genau eine Stunde am Tage dort aufhalten, nicht länger; so wollte es die strenge Regel des Zisterzienserordens.

»Bruder Ansfried wird keine Stunde brauchen«, sagte der Lehrer, als er Philipp das erklärte, »aber selbst wenn, so gilt diese Regel doch nicht für Euch. Ihr seid Patient und Gast.«

Philipp nickte. »Und was von beidem bin ich mehr?« fragte er dann aber doch und sah den Bruder Waltram mit seinem raschen Lächeln an.

»Gast«, erwiderte dieser entwaffnet und hütete sich, dem Jungen zu sagen, daß man im Kloster seit seinem Unfall allen Anlaß hatte, sich über diese Frage und über die Zukunft des Erben auf der Burg oben Gedanken zu machen.

Als der Arzt kam, fand er seinen Schützling von den Wundern des ihm anvertrauten Heiligen nicht ganz so erbaut, wie sich das gehört hätte, dafür aber eifrig mit den

Fingern auf der hölzernen Tischplatte eine Zahlenreihe malend, in der jede Zahl doppelt so groß sein sollte wie die vorhergehende.

»Ich krieg es nicht hin«, sagte er. »Man kann es sich so schlecht vorstellen, und ich kann auch nicht weit genug mit Zahlen schreiben.«

Daraufhin holte Bruder Ansfried ein Rechenbrett, das man »Abakus« nannte und mit dessen Hilfe man zusammenzählen und abziehen, vor allem aber malnehmen und teilen konnte, dazu eine Tabelle mit dem kleinen Einmaleins, eine Wachstafel nebst Griffel, einen Pergamentstreifen, ein Tintenfaß mit Gänsekiel und schließlich das Lehrbuch, das nun schon bei der Arithmetik aufgeschlagen war.

Dann machten sie sich an die Arbeit, und als sie fertig waren, stand die Zahlenreihe, die Philipp alleine nicht zusammenbekommen hatte, sauber auf dem Pergament. Außerdem hatte er eine erste Einführung in die Benutzung des Abakus erhalten, und auf der Rückseite des Pergaments standen die römischen Zahlzeichen bis Tausend.

Bruder Ansfried packte das alles zusammen, legte noch einen weiteren Pergamentstreifen mit Merkversen aus der lateinischen Grammatik dazu und sagte: »Das nehmt Ihr mit und übt zu Hause weiter. Außerdem lernt Ihr auswendig, was auf den beiden Pergamenten steht. Der Kaplan kann Euch vielleicht ein wenig helfen, wenn es nötig ist.«

Bei Philipps nächstem Besuch wurden die Aufgaben durchgegangen und die Zahlen von eins bis hundert mit Hilfe des Abakus in den verschiedensten Rechenmöglichkeiten und Zusammenhängen erklärt.

Und als für diesen Tag genug gerechnet war, fragte der Arzt: »Habt Ihr Lust, zum Schluß noch einen Blick auf die Sternbilder zu werfen? Die Astronomie, die Lehre von den Himmelskörpern, gehört auch zu den Wissenschaften des Quadriviums. Es ist ein klarer Abend, kommt!«

Er zeigte dem Jungen das Astrolabium des Klosters, ein astronomisches Meßgerät, mit dem man die Bahnen der

Planeten verfolgen und bestimmen konnte, wenn man die nötigen mathematischen Berechnungen verstand.

»Viele Ärzte lassen sich von den Planeten auch in der Anwendung ihrer Kunst bestimmen«, erklärte Bruder Ansfried, »und es ist richtig: wenn man einmal Interesse an den Sternzeichen gefunden hat, lassen sie einen nicht so rasch wieder los. Die Astronomie kommt von den Arabern, aber ursprünglich war sie, genau wie die Medizin, eine griechische Wissenschaft. Hättet Ihr übrigens Lust, einmal eine Mondfinsternis zu beobachten? Nach unseren Berechnungen ist in der kommenden Woche eine zu erwarten.«

»Gerne«, sagte Philipp, dem inzwischen freilich der Kopf brummte. »Was ist eine Mondfinsternis?«

Der Arzt erklärte es ihm, und an dem bezeichneten Tage fand Philipp sich schon lange vor Dunkelwerden im Kloster ein. Atemlos verfolgte er das Vorrücken des Erdschattens auf der glänzenden Mondscheibe und beobachtete, wie diese sich zu einem schwachen, rötlichen Kreis verdunkelte; und weil er von den trigonometrischen Berechnungen, die Bruder Ansfried zur gelehrten Auswertung des Ereignisses vornahm, nichts begriff, stieß er einen Seufzer der Erleichterung aus, als die goldene Scheibe wieder heil und unversehrt am Himmel hing.

Stolz wie ein König hörte er sich am anderen Tage die Berichte der Leute auf der Burg an. Auch dort hatte man das Verschwinden der Mondscheibe beobachtet und es als ein unheilvolles Vorzeichen gedeutet.

Von nun an ritt Philipp zur Abtei hinunter, wann immer er es einrichten konnte. Er ließ sich die Bücher mit den chirurgischen Zeichnungen geben, übte an Abakus und Grammatik, unterhielt sich leise mit Bruder Waltram, tauschte beim Händewaschen an der Zisterze im Brunnenhaus einen stummen Gruß mit den anderen Brüdern und sprach mit dem einen oder anderen von ihnen im Brüdersaal. Die Anwesenheit des Gastes wurde von allen stillschweigend hingenommen.

Nach den geistlichen Mönchen lernte Philipp auch einen

Teil der Laienbrüder, der Konversen, kennen; der Bruder Ansfried drängte ihn ausdrücklich dazu.

»Wir Zisterzienser sind vor allem ein Orden des Rodens und Bauens«, sagte er, »ein Orden der Landerschließung und Wirtschaftsplanung, der Kultivierung von Boden, Pflanzen und Tieren; und die Arbeit, die dazu nötig ist, liegt fast ganz in den Händen der Laienbrüder. Wenn Ihr lernen wollt, was wir Euch wirklich lehren können, dann seht Euch bei ihnen in unseren Wirtschaftshöfen um.«

»Später«, sagte Philipp; »das kann ich auch bei uns oben tun. Vorerst interessieren mich noch die Wissenschaften.«

So erklärte ihm der Bruder Ansfried die astronomischen Tabellen des Klosters, die man auch die Ostertabellen nannte, weil man mit ihnen alljährlich die beweglichen Feste des Kirchenjahres berechnete; vor allem das Osterfest und danach das Pfingstfest.

Doch damit war Philipp unweigerlich und vielleicht nicht ohne Absicht des Arztes wieder in der ritterlichen Welt angekommen. Denn Pfingsten war das hohe Fest des höfischen Lebens und des Rittertums, der Turniere und Schwertleiten, der Welt schlechthin, soweit man sie als Gegensatz zum Kloster verstand.

Und Hannes und der Vater hatten von Anfang an keinen Zweifel daran gelassen, wohin sie Philipp haben wollten: in diese Welt, nach Hause, auf die Burg.

Zwei mögliche Wege

Ohne Hannes hätte Philipp diese Zeit freilich nicht durchgehalten. Auch der knetete und streckte nach allen Regeln der Kunst an ihm herum und machte mit dem Jungen sorgfältig ausgedachte Übungen, die ihn allmählich wieder an den Stand vor dem Unfall heranführen sollten.

Vor allem aber hielt er die Unruhe des Vaters hin und antwortete auf dessen drängende Fragen mit Gelassenheit. Wenn es ihm nötig schien, entzog er Philipp manchmal ganz einfach der väterlichen Ungeduld, indem er ihn auf eigene Faust in die Abtei hinunterschickte. Damit erhielt er ihm einen Spielraum der Freiheit, den Philipp gerade jetzt dringend brauchte. Denn in diesen Monaten, in denen er noch dazu kräftig in die Höhe schoß, mußte er mit allerhand fertig werden.

Anfangs hatte man sich über die Fortschritte nach dem ersten Aufstehen noch täuschen können und gern täuschen lassen; aber bald war doch kein Zweifel mehr daran, daß sich das Hinken, an das Philipp sich nur mühsam gewöhnte, nie wieder ganz geben würde.

Ein paar Wochen nach der denkwürdigen Mondfinsternis hielt der Arzt seinen Patienten beim Abschied noch ein wenig auf, und er hatte offensichtlich etwas auf dem Herzen, für das er nicht leicht die Worte fand.

»Ich werde mich auch in Zukunft über jeden Besuch von Euch freuen«, sagte er schließlich, »sehr sogar! Aber Ihr kämt dann als Gast, denn als Arzt bin ich an den Grenzen meiner Möglichkeiten angelangt. Ich muß für das, was ich erreicht habe, dankbar sein.«

Philipp war blaß geworden und rührte sich nicht von der Stelle, als könne er damit den Spruch noch ändern.

»Es ist Euch vielleicht ein Trost«, fügte der Arzt begütigend hinzu, »daß ich damals, als ich nach dem Unfall zu Euch gerufen wurde, nicht zu hoffen gewagt hätte, Euch noch einmal so vor mir zu sehen. Ihr habt den größten Teil Eurer Beweglichkeit wieder, und die Gewöhnung wird noch mehr bringen. Mit dem Rest, denke ich, kann man leben. Laßt Euch sagen, daß Ihr Gaben habt, die Euch dabei helfen werden.«

Doch das war überhaupt kein Trost, im Gegenteil; es ging glatt an Philipp vorbei. An diesem Abend hatte Hannes einen schweren Stand. Die ganze Zeit über hatte der Junge seine Angst verdrängt und war den prüfenden oder mitleidigen Blicken der Umgebung mit scheinbarem Gleichmut begegnet; jetzt war er damit am Ende. In einem Ausbruch leidenschaftlicher Verzweiflung brach seine ganze mühsame Selbstbeherrschung zusammen. Hannes, den diese Verzweiflung fast noch mehr erschreckte als die Sache selbst, mußte lange warten, bis er einen Versuch des Trostes wagen konnte. Doch Philipp schnitt ihn auf der Stelle ab.

»Ich will keinen Trost, Hannes, ich will nur eine einzige Antwort: Was soll jetzt werden? Ich kann – ich konnte nur Ritter werden; etwas anderes gab es nicht. Und nun? Wenn du darauf keine Antwort weißt, sag lieber gar nichts.«

So ließ Hannes das Trösten bleiben und sagte fest: »Was werden soll, darauf weiß ich keine Antwort, Philipp. Aber was werden kann oder werden könnte, darauf wüßte ich schon eine. Wollen wir gleich miteinander reden oder wollen wir warten, bis du ruhiger geworden bist?«

»Gleich!«

»Gut. Dann hör zu. Es gibt für dich, soweit ich sehe, drei mögliche Wege, von denen du freilich keinen ohne Zustimmung deines Vaters einschlagen kannst...«

»Drei?! Woher nimmst du die? Ich sehe keinen einzigen!«

»Wart! Und setz dich.« Er schob Philipp einen Schemel hin. »Der erste mögliche Weg, den du in aller Ruhe bedenken solltest, ist der Eintritt in den geistlichen Stand. Ich habe dich in den letzten Wochen beobachtet; ich kenne dich von klein auf, und ich weiß, was der Kaplan von dir hält. Du hast einen guten Verstand, und sie haben dir dort unten in der Abtei Dinge erklärt und gezeigt, über die du dich hier oben mit niemandem unterhalten kannst, nicht wahr?«

Philipp nickte. »Das stimmt.«

»Gut«, sagte Hannes. »Könntest du dir ein Leben im Kloster vorstellen?«

Philipp versuchte nachzudenken. Ihm fielen die blassen jungen Mönche ein, die sich, nach nur wenigen Stunden Schlaf aufgerüttelt, in der eisigen Kälte der Klosterkirche zur Frühmesse zusammenfanden. Er wußte, daß sich bei den Lesungen im Kapitelsaal nur die ältesten und gebrechlichsten unter den Brüdern an einen hölzernen Pfosten anlehnen durften – und eigentlich gab es so gut wie gar keine alten Mönche, denn dazu war das Leben bei den Zisterziensern viel zu hart.

Keiner der Brüder hatte eine eigene Zelle; für alle war nur der gemeinsame Schlafsaal da, in dem man angekleidet schlief, um jederzeit bereit zu sein, wenn Gott zu einer Aufgabe rief. Nur für die Kranken gab es ausreichend zu essen, und Philipp selbst hatte bald darauf verzichtet, im geheizten Raum länger als eine Stunde zu lesen, weil er sich vor den anderen schämte. Wer diesen Weg ins geistliche Leben nicht gern und freiwillig antrat, dem konnte leicht die Kraft für ihn ausgehen.

»Wenn ich eine wirkliche Wahl hätte«, sagte er schließlich zögernd, »dann könnte ich mir eine Entscheidung für den geistlichen Stand schon vorstellen. Aber wenn ich muß . . .«

»Du mußt nicht«, entgegnete Hannes. »Außerdem können wir keine Rechnung ohne den Bruder Ansfried machen, denn der würde dich als erstes fragen, ob du aus Liebe zu Gott oder aus Liebe zu den Wissenschaften kämst.«

»Kann man das denn trennen?« fragte Philipp erstaunt.

Hannes lachte. »Da mußt du klügere Leute fragen als mich!« sagte er. »Mir sehen deine Zahlen- und Wortschlangen nicht ganz so aus wie Schlüssel zum Himmelreich. Aber jetzt will ich nur wissen, ob du es dir überhaupt vorstellen kannst.«

»Doch«, sagte Philipp nun bereitwillig, »vorstellen kann ich es mir.« Doch dann fiel ihm noch etwas ein. »Hannes – hat der Vater etwa schon mit dir gesprochen? Kann er mich jetzt nicht mehr brauchen? Hätte er mich lieber im Kloster?«

»Unsinn!« erwiderte Hannes mit Nachdruck, »was würde denn dann aus allem, was er aufgebaut hat? Ja, wenn du Brüder oder Vettern hättest – aber so? Was würde aus seinem Besitz, aus seiner Macht?«

»Und aus seinem Ehrgeiz, nicht wahr, Hannes?«

Der zuckte die Achseln. »Wie man's nimmt. Wenn du dich entschließen solltest, geistlich zu werden, wäre das für deinen Vater jedenfalls ein schwerer Schlag; dann hätte er gar nichts mehr.«

»Aber so hat er ja auch nichts Rechtes mehr, Hannes, siehst du das denn nicht?«

Hannes fing einen neuen Verzweiflungsausbruch energisch auf.

»Ein bißchen mehr Geduld wirst du wohl brauchen, Philipp. Ich dachte, du wärst schon weiter damit. Aber laß mich den zweiten Weg nennen, der für dich in Frage kommt. Es ist der Verzicht auf das ritterliche Leben überhaupt. Du bist in erster Linie der Nachfolger deines Vaters, und zum Grafenamt gehört von alters her nur die freie Geburt. Du brauchst dich nicht wie die Dienstleute an den Fürstenhöfen, die Ministerialen, zu Ritterehren zu drängen.«

Fast hätte Philipp trotz seines Jammers gelacht. »Und das sagst du, Hannes? Als hättest du mir nicht beigebracht, daß sich heute selbst die Kaiser und Könige nach der Ritterweihe drängen, weil heute niemand mehr ein Fürst sein kann, der nicht zuerst ein Ritter ist? Nein, das schlag dir aus dem Kopf! Ich werde entweder Ritter oder Geistlicher; etwas anderes kommt nicht in Frage.«

»Gut«, erwiderte Hannes, »das wollte ich hören.«

»Dann bin ich gespannt auf deinen dritten Weg!«

»Der ist ganz einfach: Du verschiebst die Entscheidung, bis wir alles versucht haben, um dich in der ritterlichen Welt zu halten. Ich meine, das müßte möglich sein. Wir sind noch immer erst am Anfang; du bist ja jetzt erst aus der ärztlichen Schonzeit heraus. Und du warst immer ein guter Reiter – nein, hör zu, ich weiß, was du sagen willst: Auch bei einem Ritter vollzieht sich nicht alles zu Pferde. Nicht alles, aber das Entscheidende, deshalb heißt er ja auch so. Er wird nach seiner Kunst im Kampf und im Turnier beurteilt, und auf diese zielt seine ganze Ausbildung ab. Für alles andere kann man sich etwas einfallen lassen. Das beginnt gleich bei der Knappenzeit: du verbringst sie hier auf dem Schwarzenstein, es geht nicht anders, und ich übernehme deine Ausbildung. Wenn ich sehe, daß sie dich überfordert, brechen wir sie ab. Es ist keine Schande, sich erst spät für den geistlichen Stand zu entscheiden. Aber ich bin sicher, daß das alles übers Jahr schon anders aussieht.«

Philipp hob den Kopf, den er in den Händen vergraben hatte, und sah zu Hannes auf.

»Wem zuliebe tust du das, Hannes?« fragte er; »dem Vater oder mir zuliebe?«

»Euch beiden zuliebe«, sagte der alte Waffenmeister seufzend. »Wenn man bei euch nicht von Zeit zu Zeit den Finger dazwischenhält, kann es schiefgehen. Und ich tue es nur, Philipp, wenn du wirklich willst. Sonst brauchen wir gar nicht erst anzufangen.«

»Es kommt mir so vor«, sagte Philipp, »als sollte ich bei einem Spiel mogeln. Nach anderen Regeln spielen als die anderen.«

»Aber nicht nach leichteren, verlaß dich drauf! Willst du?«

Noch einmal bäumte sich in Philipp alles auf. »Ach, Hannes!« sagte er verzweifelt. »Hast du schon einmal einen Ritter gesehen, der nicht richtig laufen kann?«

»Viele!« erwiderte Hannes gleichmütig; »meinst du, du bist der einzige, der sich die Knochen bricht? Oder den es in einer Schlacht so böse erwischt, daß man ihn nicht mehr flicken kann? Da kenne ich ganz andere Unglücksraben als dich!«

»Aber die waren vorher schon Ritter!« wandte Philipp ein.

»Meistens. Aber das kann man sich nicht aussuchen. Nun, willst du?«

Philipp gab nach. »Gut«, sagte er, »versuchen wir's. Morgen spreche ich mit dem Vater, heute bin ich zu durcheinander. Ich danke dir, Hannes, aber etwas muß ich doch noch dazu sagen: Auch wenn wir die Ausbildung nicht abbrechen müssen, möchte ich mir Zeit lassen mit der Entscheidung, ob ich Ritter oder doch lieber Geistlicher werden will. Ist es schlimm, wenn das noch offenbleibt?«

»Aber gar nicht, Philipp«, sagte Hannes besänftigend und sehr erleichtert, »wenn du es nur ernsthaft versuchen willst – mehr brauche ich heute nicht.«

Das Gespräch mit dem Vater verlief weitaus weniger stürmisch und war viel kürzer, als Philipp befürchtet hatte. Der Vater war über die Mitteilung des Arztes so enttäuscht und traurig, daß er es nicht fertigbrachte, das vor dem Sohn zu verbergen oder ihm ein Wort der Aufmunterung zu sagen. Das bereute er zwar später, aber es half wenig, daß er ihn am Abend noch einmal rufen ließ und das nachholte.

»Es tut mir leid für dich«, sagte er, »aber ich bin ja schon froh, daß du dennoch versuchen willst, die ritterliche Ausbildung durchzuhalten. Später sehen wir eben weiter.«

»Ach, Vater – laß nur!« antwortete Philipp.

Es war ja nicht schwer zu raten, wer in der Zwischenzeit mit dem Vater gescholten hatte. Und der Vater brauchte auch nicht zu wissen, daß Philipp am Nachmittag lange allein in seiner Kammer gesessen hatte; so lange, bis er endlich ruhig war. Von dem »wir« jenes einmaligen Gesprächs war nur ein Schatten übriggeblieben.

Aber wenn Philipp gemeint hatte, seine Knappenzeit werde nun schlecht und recht zwischen Hannes und ihm abgemacht werden, hatte er sich getäuscht.

»Damit wäre dir kein Gefallen getan«, sagte Hannes. »Es geht ja nicht nur um die nächsten Jahre.«

Er besprach sich gründlich mit dem Vater und schickte dann zu Philipps großem Erstaunen in ganz Thüringen Einladungen an die Jungen in Philipps Alter zu einer ritterlichen Ausbildung unter seiner Leitung aus. Philipp wehrte sich dagegen und machte geltend, es sei doch jetzt alles ganz anders als vorher, aber Hannes schüttelte den Kopf.

»Nichts ist anders als vorher«, sagte er, »jedenfalls

nichts, worauf es ankommt. Die Welt setzt ja nicht dir zuliebe eine Runde aus.«

Als erster meldete sich Meinhard, der während der vergangenen Wochen regelmäßig von zu Hause herübergekommen war und bedrückt den Fortgang der Dinge verfolgt hatte. Seiner Meinung nach war es Zeit, daß Abakus und Grammatik wieder aus dem Leben des Freundes verschwanden, ehe sie bleibendes Unheil stifteten, und er war froh, endlich etwas dafür tun zu können. Aber er spürte doch, daß das zu einfach gedacht war, und er sah, daß diese Dinge für Philipp mehr bedeuteten als nur einen Zeitvertreib in den Stunden, in denen er sich langweilte. Der Bescheid des Arztes lastete zentnerschwer auf ihm.

Meinhards Anmeldung zog viele gemeinsame Freunde nach, und ehe Philipp noch hoffen oder wünschen konnte, das ganze Vorhaben möge sich zerschlagen, trafen die Zusagen in rascher Folge ein. Dazu mochte Hannes' Ruf als Waffenmeister ebensoviel beitragen wie das Ansehen des Vaters, und sicherlich spielte es auch eine Rolle, daß Landgraf Hermann inzwischen ein alter und kranker Mann geworden war, so daß es gegenwärtig in Thüringen keinen wirklich lockenden Hof mehr gab.

So kam ein großer Knappenkreis zustande, und er trug dem Lehns- und Dienstgefüge des Schwarzensteins ebenso getreu Rechnung wie der politischen Lage im Lande, ja im Reich selber. Die ritterliche Lebensform band ja alle, Freie und Unfreie, Fürsten und Gefolgsleute in einer gemeinsamen Gesellschaft mit festen Spielregeln zusammen, und so waren nicht nur die Söhne der Lehnsleute und Burgmannen des Grafen Hannes' Einladung gefolgt, sondern auch die der mächtigen Familien Thüringens, die Partner und Gegner von später.

Mit Meinhard setzte Philipp sich freilich erst noch einmal auseinander.

»Du wolltest doch an König Friedrichs Hof oder wenigstens zu einem staufischen Herren nach Schwaben!« hielt er ihm vor. »Hier kann es für dich doch nur langweilig sein. Das Ganze hier gilt doch gar nicht richtig; Hannes macht das ja nur, weil es bei mir nicht mehr anders geht, das hat er selbst gesagt. Du vergeudest nur deine Zeit damit.«

Doch Meinhard schüttelte den Kopf. »So leicht wirst du mich nicht los, und es sieht nicht so aus, als betreibe Hannes das alles nur zum Spaß.«

»Meinhard!« sagte Philipp. »Wenn du gehst, ist es leichter für mich. Bei den anderen macht es mir immer noch genug aus, aber bei dir weiß ich zu genau, wie es vorher war.«

Sehr betroffen besprach Meinhard sich mit Hannes, und der legte sich ins Mittel.

»Ich verstehe dich gut«, sagte dieser zu Philipp, »aber du könntest noch dankbar für einen zuverlässigen Freund unter den anderen sein. Mir läge viel daran, daß Meinhard wenigstens eine Zeitlang hier mitmacht, und schließlich hat er an der ganzen Sache ja einen eigenen, nicht unbedeutenden Anteil.«

So kamen sie überein, daß Meinhard ein Jahr lang bleiben und sich erst dann nach einem Platz im Schwäbischen umsehen sollte. Als die Regelung getroffen war, freute Philipp sich doch über sie.

Von nun an trafen die angemeldeten Jungen in raschen Abständen ein. Zu Pfingsten war die Burg voll von Knappen, Pferden und Hunden, und ihr gemächlicher Lebensstil verwandelte sich fast in den einer Hofhaltung. Ställe und Zwinger wurden ausgebessert und erweitert; Sattler, Hufschmiede und Schreiner sahen sich nach Gehilfen um und verlangten Werkzeug und Material; neue Knechte wurden eingestellt und angelernt, und der Kämmerer hatte alle Hände voll zu tun, um die Wirtschaft auf den neuen Zuschnitt zu bringen.

Philipp hatte nun keine Zeit mehr zum Grübeln oder zu Besuchen im Kloster; er mußte sehen, wie er unter den Gleichaltrigen zurechtkam. Und nicht nur das: er begriff bald, daß er vor allem zusehen mußte, wie er sich unter den

Gefährten durchsetzte und sich Respekt verschaffte. Denn auf den Burgen im Lande machte man sich ebenso wie in der Abtei seine Gedanken darüber, wie es nun auf dem Schwarzenstein weitergehen würde, und ob mit dem Erben noch ernsthaft zu rechnen war. In Fragen der Macht gab es keinen Stillstand und keine Schonung, da hatte Hannes offenbar recht.

Dabei schonte Hannes selbst ihn weit weniger, als Philipp es eigentlich erwartet hatte. Kaum, daß ihm die Übungen im Wettlaufen und Springen gegen zusätzliches Training im Werfen, Stoßen, Schleudern und vor allem im Reiten eingetauscht wurden, oder daß Hannes ihn manchmal früher aufhören ließ, wenn er sah, daß Philipp Rückenschmerzen hatte. Eine Vorgabe im Schwertkampf zu Fuß wurde ihm nach dem ersten Jahr gestrichen. »Sieh zu, wie du dich hältst«, sagte Hannes, »im Ernstfall gibt dir keiner einen Vorsprung. Du mußt dich verteidigen können.«

So wurde es nicht nur kein leichtes, sondern ein unbarmherzig hartes erstes Jahr, in dem Philipp vieles lernte, wozu er von Natur aus wenig Begabung hatte: Niederlagen einzustecken zum Beispiel, auch wenn sie nicht verdient waren; sich nicht abdrängen zu lassen und die Laune zu behalten, auch wenn ihm nicht danach zumute war. Ohne Überlegung und ruhig Blut lief für ihn nun gar nichts mehr, und das war nicht leicht für jemanden, der schon vorher Probleme mit Jähzorn und Querköpfigkeit gehabt hatte.

Außerdem aber lernte er reiten, auch wenn er den Schock des Unglückstages und die Erinnerung an Willa noch immer nicht ganz verwunden hatte. Und er lernte es so, daß Meinhard eines Tages sagte: »Du solltest dir einfach das Absitzen abgewöhnen, dann wärst du alle deine Sorgen los. Dahin bringe ich es nie!«

Das war ehrlich gemeint, und es war ein erster Meilenstein auf Philipps langem Weg aus den Bedrängnissen dieser Jahre.

Ein zweiter Meilenstein wurde wenig später gesetzt, an

dem Tag, an dem zwei Kameraden ihn baten, einen Streit in der Gruppe zu schlichten.

»Gern«, sagte Philipp überrascht, »aber warum gerade ich?«

»Ach – wir dachten, du denkst dir was, wenn du was sagst!«

Philipp gab sich große Mühe mit der Schlichtung, die dann auch nicht die einzige blieb, und als der Frieden unter den Streithähnen wirklich hielt, begann ganz sacht ein neues Selbstbewußtsein in ihm zu keimen. Es fiel ihm allmählich auch leichter, mit seinem alten, raschen Lächeln auf die neugierigen Blicke zu antworten, mit denen er nun zu leben hatte, und es war ganz erstaunlich, was ein solches Lächeln bewirken konnte. Manchmal konnte man fast meinen, das Hinken sei nur ein Alptraum oder gar Einbildung; aber doch nur fast, und nur bis zum nächsten Schwertkampf zu Fuß. Aber mancher, der ihn sah, drehte sich doch zweimal nach dem Jungen mit dem widerspenstigen braunen Haar und den dunklen Augen um und nickte dann voller Anerkennung. Vielleicht gehörte der wirklich nicht ins Kloster?

Natürlich hatte Hannes diese Entwicklung verfolgt. Er sah, daß Philipp neben der Ausbildung mit den anderen noch eine eigene Schule durchlief, und er freute sich mit, als Philipps fast spielerische Geschicklichkeit im Sattel wuchs. Zwar sagte er nichts, aber er änderte allmählich das Übungsprogramm so, daß es Philipp entgegenkam. Statt des althergebrachten Reiterkampfspiels in zwei gegnerischen Gruppen, das man den Buhurt nannte und bei dem kräftig drauflosgeritten und gestoßen wurde, setzte er immer häufiger die modische französische Form des Zweikampfs zu Pferd, die Tjost, auf den Übungsplan. Sie mußte eigentlich sogar mit scharfen Waffen geritten werden, so wie das richtige Turnier, und erforderte einen guten Reiter, der außerdem sicher mit Schwert und Lanze umzugehen verstand. Das konnte man üben, und Philipp übte es so lange, bis er sich darauf verstand, seine Gegner nicht einfach aus dem Sattel zu stoßen, sondern sie an das Ende des Übungsplatzes zu drängen. Wenn sie dort die Schnur berührten, mit der Hannes die Turnierschranken markieren ließ, hatten sie ebenso verloren, als wären sie aus dem Sattel geflogen. Philipp sparte sich damit den sonst fälligen Zweikampf zu Fuß und auch das kalte Kribbeln im Nacken, mit dem er seit seinem eigenen Sturz andere vom Pferd fliegen sah.

Alle diese ritterlichen Feinheiten kamen aus Frankreich. Die anderen Jungen zogen den alten Waffenmeister mit seinen neumodischen französischen Vorlieben weidlich auf, und wenn er guter Laune war, beendeten sie ihre Kämpfe auch weiterhin lieber mit den Fäusten statt nach den schwierigen neuen Regeln. Hannes lachte, aber beim nächsten Mal ließ er sie um so kräftiger schwitzen.

»Wollt ihr Ritter oder Raufbolde werden?« fragte er die Knappen vergnügt. »Die Zeiten ändern sich. Meint ihr, ich will mich mit euch blamieren? Ihr werdet mir noch einmal dankbar sein!«

Philipp wußte nie ganz genau, wieviel von all dem Hannes ihm zuliebe tat, und fragte ihn auch nicht danach, aber er war dankbar dafür. Denn seine eigenen Niederlagen und Rückschläge blieben nun, da nach den Regeln der Kunst turniert wurde, in immer engeren Grenzen. Freilich wurde er nie ganz das Gefühl los, als sei dies ein Spiel, bei dem er mogelte.

Das Ende des ersten Jahres brachte den Aufbruch von Meinhard.

»Hab ich jemals geglaubt, es könnte ohne dich leichter sein?« fragte Philipp, als es ans Abschiednehmen ging. »Wie konnte ich so blöde sein!«

Das durfte er wohl fragen, denn Meinhard hatte sich von keinem Anfall von Querköpfigkeit oder Empfindlichkeit abschrecken lassen, und es war nicht zuletzt ihm zu verdanken, daß Philipp auch dann nicht abgedrängt worden war, wenn es mit der willigen Laune einmal nicht hatte klappen wollen.

»Ich bin dir dankbar, daß du geblieben bist«, sagte Philipp noch einmal, »und ich wünschte jetzt, wir hätten noch ein bißchen mehr Zeit zusammen. Aber das geht nicht, du mußt jetzt fort. Du kannst nicht alle deine Chancen mir zuliebe verpassen. Dein Weg läuft anders als meiner.«

»Sicherlich«, erwiderte Meinhard und sah den Freund fragend an, »das muß er ja allein schon deshalb, weil ich keinen Besitz habe. Aber du hast es anders gemeint, nicht wahr?«

»Ja«, sagte Philipp zögernd. »Wie soll ich das erklären? Ich weiß noch immer nicht, wie mein Weg aussehen wird, obwohl ich mitten in der Ausbildung stecke. Mir ist noch nicht klar, ob ich wirklich Ritter werde und das Erbe meines Vaters übernehme.«

»Aber du hast doch – du bist doch –«

»Ja, schon. Ich kann's eben nicht erklären. Komm, ich bring dich ein Stück. Und das, was du eben gesagt hast – daß du keinen Besitz hast –, das ist Unfug, solange ich welchen habe.«

Der König und andere Herausforderungen

Von nun an kam Meinhard nur noch zu seltenen, kurzen Besuchen, die Philipp sich mit Hannes und den Kameraden teilen mußte; denn natürlich wollten alle wissen, wie es in der Welt draußen aussah und vor allem, wie es zwischen dem Welfen und dem Staufer weitergegangen war.

»Fragt lieber, wie es mit mir weitergegangen ist!« sagte Meinhard beim ersten Besuch vergnügt.

»Los, erzähl!« riefen die anderen, und Hannes fragte schmunzelnd: »Der König wird dir doch nicht seinen goldenen Ring geschenkt und dich über seine Kornkammern gesetzt haben?«

»Noch nicht ganz«, erwiderte Meinhard strahlend, »aber beinah! Stellt euch vor: als ich da unten im Hohenloheschen ankam, konnte ich gleich tags drauf wieder satteln. Graf Gottfried, mein neuer Herr, war zum König gerufen worden, und ich durfte mit, einfach so. Und er wird von jetzt ab oft am Hofe sein, hat er gesagt, und ich darf dann wieder mit; er meint, ich sei ganz brauchbar.«

»Na, sowas!« sagte Hannes baß erstaunt, und die Jungen lachten.

»Erzähl weiter!« drängten sie. »Hast du den Staufer schon gesehen?«

Nicht für jeden in Thüringen war »der Staufer« schon »der König«.

»Erst ein einziges Mal!« erklärte Meinhard und lenkte sie mit anderen Geschichten ab. Dann sagte er: »Ich muß wieder zurück. Bringst du mich noch ein Stück, Philipp?«

Als sie allein nebeneinander ritten, fragte Philipp, zwischen Erwartung und Abwehr schwankend, nun doch: »Na – und wie ist er, der König?«

Meinhard hatte die Frage erwartet.

»Ach, Philipp – genau so, wie wir ihn uns gewünscht haben, nur noch viel besser! Noch viel ritterlicher, noch viel freundlicher, noch viel königlicher. So wie ein König in einem alten Spielmannslied. Man käme nicht auf den Gedanken, ihn für einen Landgrafen oder selbst einen Herzog zu halten, aber frag mich nicht, warum. Er ist eben so. Ein bißchen fremd ist er trotzdem, das ist wahr, aber er kommt ja auch aus Italien. Und, so seltsam das klingt, er ist auch wieder gar nicht fremd, so als sei er schon seit unvordenklichen Zeiten hier und gehöre hierher und nur hierher. Und er ist ja so unglaublich jung! Siebzehn Jahre! Allein damit reißt er alle mit. Du mußt dir einmal von Hannes Urlaub geben lassen und an den Hof kommen, nur für kurz, damit du ihn siehst.«

»Vielleicht«, sagte Philipp. »Aber das hat ja Zeit.«

Bei seinem nächsten Besuch wußte Meinhard mehr. »Er ist freundlich, das ist schon richtig. Aber auch sehr, sehr bestimmt, und wenn er mit jemandem nicht zufrieden ist, dann kann der gehen und bekommt keinen zweiten Auftrag mehr von ihm. Er kann ungeduldig sein, aber so, wie ein König ungeduldig sein muß. So, daß man selber gar nicht anders kann, als es gut zu machen.«

»Und bekommt er so viele gute Leute, wie er haben will?« fragte Philipp.

»Aber ganz sicher; er kann sie sich aussuchen. Es hat ja jeder nur auf einen wirklichen König gewartet! Die königliche Kanzlei, die der Welfe in Deutschland zurückgelassen hatte, als er nach Italien ging, hat ihm den Dienst aufgekündigt und ist zu dem Staufer übergegangen. In der sind nur gute Leute. Es geht jetzt mächtig voran mit seiner Anerkennung im Reich; der Welfe verliert an Boden. Das Königsgut und das staufische Hausgut vor allem in Schwaben und im Elsaß werden jetzt wieder gesammelt und ausgebaut, haben mir meine Brüder erzählt.«

Es war Meinhard von einem Besuch zum nächsten immer mehr anzumerken, wie mächtig es ihn in die Welt des Staufers zog.

»Es ist aber nicht nur der König selbst«, erklärte er, als müsse er sich dafür entschuldigen, »es ist das ganze Leben dort. Du solltest seine Pferde und seine Hunde sehen und vor allem seine Falken; die sind seine ganze Leidenschaft. Aber auch seine Turniere und seine Feste und die Art, wie er mit Menschen umgeht, wie er verhandelt und schlichtet, wie er Hof hält – eben alles zusammen! Komm doch einmal!«

»Ich denke, er kann nur gute Leute brauchen«, sagte Philipp widerborstig, »und auch von denen hat er genug!«

»Aber Philipp! So, wie du reiten kannst . . .«

»Na ja!« sagte Philipp gedehnt. »Sie werden ja auch am staufischen Hof nicht in die Gemächer des Königs und die Treppe hinauf und zur Tafel reiten! Irgendwann muß man absitzen, und die Gesichter, die es dann bei mir gibt, die kenne ich inzwischen.«

»Weißt du«, sagte Meinhard nachdenklich, »ich glaube, der König würde kein solches Gesicht machen. Er beurteilt die Menschen danach, ob er sie brauchen kann. Wie sie sind, ist ihm gar nicht so wichtig. Und weißt du noch, wie ich dich mit deinen Zahlen und den lateinischen Wörtern aufgezogen habe? Der König würde das nicht tun. Er liest und schreibt und rechnet selber, und mit den Italienern in seiner Umgebung spricht er über ganz andere Dinge als mit den Deutschen. Ich glaube nicht, daß du wegen dem bißchen Hinken Angst zu haben brauchst; der König ist großmütig.«

»Angst vielleicht nicht«, erwiderte Philipp; »und ich glaube gern, daß gerade ein König großmütig ist. Aber von seiner Großmut hatten wir ja nicht gerade geträumt!«

Er mochte dem Freund nicht sagen, daß bei jedem neuen Besuch der Unterschied zwischen ihnen beiden größer wurde. Meinhard ging genau den Weg, von dem sie beide geträumt hatten, und er, Philipp, blieb zurück.

Meinhards nächster Besuch erfolgte schon bald darauf und war für einige Zeit der letzte.

»Ich mußte etwas zu Hause besprechen, deshalb bin ich schon wieder hier«, sagte er erklärend. »Philipp, denk dir – der König hat sich bei meinem Herrn nach mir erkundigt, und vor ein paar Tagen ließ er mich fragen, ob ich nach der Ritterweihe in seinen persönlichen Dienst treten wolle. Für den Rest meiner Knappenzeit darf ich schon an den Hof. Er brauche gute deutsche Ritter, hat er mir sagen lassen, auch für Italien. Ich soll gleich anfangen, Italienisch zu lernen...«

Philipp umarmte den Freund ohne jedes Besinnen.

»Oh Meinhard, ich gratuliere dir, ich freue mich!« sagte er spontan. Es war ihm ernst damit, und falls nachher bittere Gedanken kommen sollten, war es doppelt gut, es sofort gesagt zu haben.

»Ich danke dir, Philipp«, erwiderte Meinhard erleichtert, »aber das kommt natürlich auch daher, daß mein Vater und auch mein Großvater immer schon staufertreu waren; das hat der König bestimmt bedacht, als seine Wahl auf mich fiel.«

»Vielleicht. Aber wenn der König gern gute Leute hat, warum sollte er dann nicht auf dich verfallen? Ich bin's ja auch!«

Meinhard atmete auf. »Das ist anständig von dir, Philipp, wirklich!« sagte er dankbar. »Ich hatte ein bißchen Angst, wie du es aufnehmen würdest!« Dann setzte er drängend hinzu: »Aber, Philipp, es darf uns nicht auseinanderbringen, daß ich jetzt beim König bin! Du mußt mir versprechen, daß du an den Hof kommst, sobald du kannst! Du mußt den Staufer kennenlernen, gerade du!«

»Irgendwann bestimmt, Meinhard. – Aber ich müßte dazu ja auch meinen Vater fragen«, sagte Philipp und war dankbar für die Ausrede.

Ein paar Tage später behielt Hannes ihn nach dem Kampfspiel des Nachmittags zurück, als die anderen schon auseinandergingen. Es war ein anstrengendes Spiel gewesen, aber Philipp hatte sich mit Glück und Geschick behauptet.

»Ich bin sehr zufrieden mit dir, Philipp, und nicht erst heute«, sagte er. »Du wirst das gemerkt haben, aber es schadet vielleicht nichts, wenn ich es dir auch einmal sage. Du hast es noch ein ganzes Stück weiter gebracht, als ich es zu hoffen gewagt hätte. Stell dir vor, wir hätten damals nicht einmal den Versuch gemacht!«

Philipp lachte. »Es ist ganz gut, daß wir nicht heute abend vor der Entscheidung stehen«, sagte er, »heute wäre mir glatt danach zumute, sie anders zu treffen!«

»Es war ein langer Tag«, sagte Hannes besorgt und lenkte auf eine nahestehende Bank zu, »aber wenn du so weitermachst, schaffst du auch noch den Rest der Ausbildung. Gut sogar. Und dann kann dir niemand das Recht auf dein Ritterschwert absprechen.«

»Und dann? Nach der Schwertleite?« fragte Philipp.

»Dann hört vor allem der Knappendienst in den Ställen und Waffenkammern und auf den Wehrgängen für dich auf; das alles sollst du ja nur lernen, damit du notfalls deine eigene Burg verteidigen kannst. Manchmal denke ich freilich, das sei in diesen unruhigen Zeiten fast das Wichtigste, das ich dir beibringen kann, wichtiger als alle Turnierregeln.«

»Sei nicht böse, Hannes, aber das glaube ich schon lange«, erwiderte Philipp.

»Wie meinst du das?«

»Die Turnierregeln und vielleicht sogar das ganze Rittersein – ach, Hannes, ist das denn nicht eher ein Spiel? Ein schönes Spiel, aber doch ein Spiel?«

Hannes sah ihn prüfend an. »Du bist müde, Philipp. Leg dich einen Augenblick hin! Da, roll dir meinen Mantel unter den Kopf. Es war ein bißchen viel heute.«

Dankbar streckte sich Philipp auf der Bank aus und merkte erst jetzt, daß sein Rücken weh tat.

»Verzeih«, sagte er, »aber das kommt davon, wenn man ein Spiel mit eigenen Regeln spielt.«

»Aber du hältst dich doch streng an die Regeln, die ich euch beibringe!«

»Weil ich ohne die Regeln verloren wäre! Ach Hannes, was soll denn nach der Knappenzeit aus mir werden? Im Hofdienst zum Beispiel bin ich doch ganz undenkbar!«

»Von dem hat Meinhard dir vorgeschwärmt, nicht wahr? Ich hab ihm deshalb schon einmal ganz schön den Kopf gewaschen!« sagte Hannes erbost.

»Das darfst du nicht!« Philipp fuhr auf, kaum weniger zornig. »Ich will davon erzählt bekommen, ich muß es sogar! Was hat es denn für einen Sinn, die Wirklichkeit vor mir zu verheimlichen?! Aber wenn dir der Hofdienst nicht paßt, dann nimm eine Schlacht. Oder einen Kreuzzug. Wie steht es da mit mir?«

»Wenn das alles ist!« Hannes atmete auf. »Du bist mittlerweile so gut trainiert, daß du auch eine Schlacht oder einen Kreuzzug bestehen könntest, und über alles andere wird sich reden lassen. Auch über den Hof, wenn dir daran liegt. Du mußt halt wissen, daß man nicht mit dem Kopf durch die Wand kann, sondern einen Schritt nach dem anderen nehmen muß!«

»Man schon, aber ich nicht!« sagte Philipp rebellisch. »Andere können alle Schritte gleichzeitig machen.« Doch als er Hannes' bekümmertes Gesicht sah, lenkte er ein. »Verzeih, Hannes, und mach dir keine Sorgen!«

Er mochte Hannes nicht sagen, daß seine Gedanken in letzter Zeit immer häufiger zum Bruder Ansfried und zu den Gesprächen unten im Kloster gingen. Daß es ihn seit Meinhards letztem Besuch wieder mächtig in die Abtei hinunterzog.

Doch die einzig wirklich wichtige Schlacht der Zeit wurde geschlagen, als Philipp ohnehin noch zu jung für sie gewesen wäre. Es war die Schlacht von Bouvines vom 27. Juli des Jahres 1214, in der König Philipp II. Augustus von Frankreich den englischen König Johann ohne Land vernichtend schlug und damit der englischen Machtstellung auf französischem Boden ein Ende bereitete. Die Schlacht war eine Angelegenheit zwischen zwei modernen Herrschern, die in ihr nationale Entscheidungen von großer Tragweite suchten. Der deutsche König hätte dabei auch dann nicht mitzureden gehabt, wenn er mächtiger gewesen wäre, als er es gerade jetzt war.

Aber mit dieser Schlacht wurde über Deutschland ganz nebenbei mit entschieden: mit dem englischen König war auch der Welfenkaiser geschlagen, und der französische König schickte seinem jungen staufischen Verbündeten ein Geschenk eigener Art aus der welfischen Beute: den vergoldeten Adler der deutschen Kaiserstandarte, den Kaiseradler. Man hatte ihn mit gebrochenen Schwingen auf dem Schlachtfeld von Bouvines gefunden.

Philipp erlebte mit, wie sehr diese Nachricht seinen Vater traf. Als im nächsten Jahr König Friedrich II. von Hohenstaufen in Aachen auf Kaiser Karls Thron erhoben und am althergebrachten Ort noch einmal, aber diesmal mit den richtigen Herrschaftszeichen und am richtigen Ort, gekrönt wurde, war der alte Graf unter denen, die ihm huldigten. Das war inzwischen freilich die überwältigende Mehrheit der Fürsten und Herren im Reich, denn der junge Staufer hatte sich in Respekt zu setzen gewußt. Von nun an bestand kein Zweifel mehr daran, wer in Deutschland König war.

Philipp, der mit seinen sechzehn Jahren alt genug gewesen wäre, den Vater nach Aachen zu begleiten, blieb zu Hause. Er hatte den Vater nicht bitten mögen, ihn mitzunehmen, aber der hatte es ihm auch nicht angeboten. Der Stachel saß tief.

Er schmerzte noch mehr, als der Vater zurückkam und berichtete, der junge König habe nach seiner Krönung in einer begeisterten Stimmung des Aufbruchs das Kreuz genommen; der nächste Kreuzzug sei beschlossene Sache.

»Ach ja!« sagte Philipp.

Der Vater brachte auch Grüße von Meinhard mit, den er am Hof getroffen hatte.

»Der macht sich gar nicht schlecht dort!« sagte er anerkennend.

»Nein, natürlich nicht«, erwiderte Philipp und spürte wieder den Stachel.

Um diese Zeit hatte er seine Besuche in der Abtei schon seit einer ganzen Weile wieder aufgenommen. Das war jetzt nicht mehr so schwierig, denn wenn Hannes auch die Anwesenheitspflicht bei Philipp strenger handhabte als bei den anderen, so gab es jetzt, nach dem Ende der Grundausbildung, doch häufig auch freie Tage und Wochen, die die Kameraden zu eigenen Vorhaben und Philipp für seine Interessen nutzen konnten.

Manchmal wurde er außerdem von der Jagd freigestellt, denn im dichten Unterholz der thüringischen Wälder mußte man absitzen, und selbst ein tapferer Ritter fand nichts dabei, sich eilends vor einem wütenden Eber hinter einem Baum in Sicherheit zu bringen, wenn es not tat. Auf diese Art Jagd ließ Hannes es für Philipp nicht mehr gerne ankommen. Auch dabei schmerzte der Stachel; denn Philipp hatte gerne gejagt, und die Jagd gehörte zum Rittertum nicht weniger als die Turniere.

Da war es denn ein Trost, daß der Bruder Ansfried ihn mit sichtlicher Freude empfing.

»Ich habe oft an Euch gedacht, laßt Euch ansehen!« sagte er und betrachtete seinen einstigen Patienten, der nun aus den Reitkitteln der Kindheit herausgewachsen war und in der Kleidung eines ritterlichen Knappen vor ihm stand: im dunkelblauen, seitlich verschnürten Gewand aus feiner Wolle über dem hellblauen, leinenen Unterkleid, mit Samtborten an Saum und Ärmeln, mit Kette und Spange aus Silber, im pelzgefütterten Mantel nebst Kappe aus Samt und Fell.

Der Arzt nickte befriedigt. »Es hat sich noch ein bißchen ausgeglichen, wie ich es gehofft hatte«, sagte er, »und mit dem Rest kann man leben. Ihr seht gut aus. Wie geht es?«

»Ein bißchen gemogelt und manchmal ein bißchen anstrengend, aber es geht«, erwiderte Philipp, nahm Mantel und Kappe ab, ließ sich das Klosterhabit geben und trat über die Schwelle.

Drinnen sah er sich um, und unversehens glitt die Welt draußen von ihm ab. Hatte er wirklich vergessen, daß hier eine Heimstatt war? Warum kam er erst heute?

Der Arzt wartete eine Weile, dann fragte er freundlich: »Nun – führt Euch etwas Bestimmtes her?«

Philipp riß sich aus seinen Gedanken. »Etwas Bestimmtes auch«, sagte er rasch und beschämt. »Wir hatten gestern eine Kopfwunde im Buhurt, und da fiel mir ein, daß ich manchmal zugesehen habe, wenn Ihr solche Verletzungen behandelt habt. Kann ich mir die Zeichnungen von den Kopfverletzungen ansehen und den Text dazu? Und Hannes hätte gern das Rezept von der Eiweißtinktur, mit der Ihr diese Wunden behandelt; ich habe ihm von ihr erzählt.«

Plötzlich war auch der alte Eifer wieder da: »Und könnte ich mir einen Abakus ausleihen und ein paar Aufgaben mitnehmen? Und vielleicht auch ein Buch?« fragte er und setzte hinzu: »Auf den Einfall hätte ich auch schon früher kommen können!«

Der Arzt lachte. »Aber gern«, erwiderte er, »der Einfall soll sich nun auch lohnen!«

Mit dem alten Gruseln besah sich Philipp wieder die Bilder der Patienten, die sich dem Chirurgen, Geschosse aller Art im Leib, in ehrerbietiger Haltung näherten; er frischte seine Kenntnisse im Umgang mit Astrolabium und Abakus auf und ließ sich die ärztlichen Texte geben, die Hannes brauchte.

»Aber zu treuen Händen und nur auf ein paar Tage!« sagte der Arzt mahnend. »Ich habe sie nur einmal und brauche sie selber.«

»Ich schreibe sie ab«, erwiderte Philipp, »wir brauchen sie ja immer wieder. Mit wem kann ich über den Kauf von Pergament und Tinte und am besten auch von einem eigenen Abakus sprechen?«

»Mit dem Bruder Cellerarius, der die Wirtschaft des Klosters führt«, erklärte Bruder Ansfried. »Ich will ihn bitten lassen.«

Schließlich war alles geregelt; nur Philipps Bitte um ein Buch wurde zu guter Letzt vergessen. Sie fiel dem Arzt erst wieder ein, als sein Gast schon eine Weile fort war. Aber es war ihm sehr recht so, ja, er ertappte sich bei der Freude darüber. ›Um so sicherer kommt er wieder!‹ dachte er.

»Was wollt Ihr denn eigentlich lesen?« fragte der Arzt, als Philipp sich wirklich in kürzester Zeit wieder bei ihm einfand.

»Etwas aus der Astronomie oder aus der Naturgeschichte.«

Doch Bruder Ansfried schüttelte den Kopf. »Solche Werke haben wir nicht. Meine eigenen Nachschriften sind das einzige der Art. Ich gäbe selbst etwas um solche Bücher und habe mir oft die Lehrschriften meiner Studienzeit hergewünscht. Aber mehr als träumen kann ich hier von Averroes, Aristoteles und Ptolemäus nicht.«

Ptolemäus – Aristoteles – Averroes! Philipp hätte die Namen nicht einmal nachsprechen können.

»Was sind denn das für Leute?« fragte er staunend.

Doch der Bruder Ansfried lachte. »Wenn ich auch nur anfinge, Euch das zu erklären, kämt Ihr erst morgen nach Hause. Ein andermal! Wie wäre es für heute mit Augustinus? Mit dem muß ich mich auch bescheiden und tue es gern. Aber nur für kurz, und nur bei großer Vorsicht. Ihr wißt, was ein Buch wert ist.«

Philipp wußte es; aber die Gefahr war gering, daß sich auf der Burg jemand an den ›Bekenntnissen‹ des heiligen Augustinus vergreifen würde.

»Ein andermal ...!« Es gab nun viele andere Male, und bald wußte Philipp, was er wissen wollte. Aristoteles war der große Philosoph der Griechen gewesen, und er hatte über alles, was sich zu wissen lohnte, wenigstens ein Buch geschrieben: über die Himmelskunde, die Tierkunde, über Logik, Ethik, Physik und Metaphysik.

»Was sind Logik, Ethik, Physik und Metaphysik?« fragte Philipp.

»Ein andermal!« sagte der Arzt.

»Wo könnte man diese Bücher finden?«

»In Toledo, in Spanien, bei den Arabern. Dorthin sind sie aus Griechenland gekommen, und jener Averroes, von dem ich sprach, war ein großer arabischer Philosoph, der in arabischer Sprache Kommentare zu den Büchern des Aristoteles geschrieben hat.«

»In arabischer Sprache? Aber dann kann man sie ja gar nicht lesen!«

»In Toledo sitzen einige unserer gelehrtesten Brüder und übersetzen diese griechischen Bücher und auch die Kommentare zu ihnen aus dem Arabischen ins Lateinische«, erklärte Bruder Ansfried.

»Kann man das denn?«

»Mit der Hilfe eines gelehrten Juden, ja. Sonst ist es schwierig.«

Philipp begriff, daß sich solche Bücher nicht unbedingt in eine entlegene Abtei in Thüringen verirren mußten.

»Aber auch anderswohin kommen sie nicht so leicht, denn es muß ja jedes einzeln abgeschrieben werden«, sagte der Arzt. »Wer lesen will, muß reisen, und das gibt zur Weisheit auch gleich das Abenteuer.« Und als er den Zweifel auf Philipps Gesicht sah, fügte er aufmunternd hinzu: »Ich nannte Euch neulich den Namen des Ptolemäus, eines bedeutenden spätgriechischen Astronomen und Mathematikers. Ich träume noch immer davon, einmal meine Hand auf seinen ›Almagest‹ zu legen, auf das Hauptwerk der Astronomie und Trigonometrie. Es ist ins Lateinische übersetzt worden, kurz ehe ich nach Pisa kam, das weiß ich. Wenn Ihr einmal reist, nehmt den Auftrag mit, für mich nach einem Exemplar dieser Übersetzung zu suchen.«

»Gern«, sagte Philipp mit Galgenhumor, »das kann ja nicht weiter schwierig sein; vielleicht kommt mir der – wie hieß er? Almagest? – vielleicht kommt er mir ja auch ein bißchen entgegen. Aber falls nicht, und falls ich es nicht gleich bis Toledo schaffe, wo fange ich dann mit der Suche an?«

»In Köln vielleicht; allenfalls noch in Straßburg oder in Regensburg, sonst in Italien oder Frankreich. In den neuen Klöstern der Städte, die an den großen Straßen liegen. Denn auf den großen Straßen der Christenheit wandert alles, was die Menschen von heute umtreibt. In den Häusern des jungen Dominikanerordens wären diese Handschriften vielleicht zu finden, denn dort läßt man sich von solchen Büchern wissenschaftliche Maßstäbe setzen. Und natürlich gelangen sie an die Hohen Schulen von Paris, an die auch die Dominikaner ihre Brüder zum Studium schicken.«

Philipps Herz schlug heftig. Die Hohen Schulen von Paris – was für ein Zauberwort!

Doch der Bruder Ansfried fügte warnend hinzu: »Graf Philipp, der Weg an die Hohen Schulen von Paris führt, wenn man ihn ernst nimmt, über den geistlichen Stand! Laßt Euch ein Wort des großen Peter Abaelard sagen, der an den Pariser Schulen gelehrt hat: ›Ich will nicht Philosoph heißen, wenn mich das von Christus scheidet.‹«

»Wie könnte denn das Wissen einen Menschen von Gott scheiden?« fragte Philipp betroffen.

»Sehr leicht«, erwiderte der Mönch, erhob sich und führte seinen Gast in den Kreuzgang hinaus. »Sehr leicht«, wiederholte er, »wenn der Mensch nämlich vergißt, daß sein Drang nach Erkenntnis sich vor den Forderungen des Glaubens verantworten muß. Auch das wissen die Dominikaner, und deshalb drängen unsere modernsten Köpfe in diesen Orden. Aber das Problem betrifft uns alle, die wir versucht sind, auf den schneller werdenden Schritt der Zeit draußen zu horchen und uns von den Fragen der Naturgeheimnisse verführen zu lassen.«

»Verführen?« widersprach Philipp mit einer Eindringlichkeit, die ihm selbst unerwartet kam; »aber von denen *müßte* man sich doch gerade verführen lassen! Verzeiht, ich will ja gar kein Philosoph werden, aber fragen möchte ich dürfen, begreifen, erkennen! Dann wäre nicht alles so leer und müßig!«

»Wie meint Ihr das?« fragte der Arzt aufmerksam.

Während sie zwischen Brüdersaal und Pforte im Kreuzgang auf und ab wanderten, erzählte Philipp nun die Geschichte von Meinhard, der jetzt beim König war, so wie sie beide es sich erträumt hatten, während er, Philipp, hier zurückgeblieben war.

»Und jetzt«, schloß er seinen Bericht, »jetzt bringe ich meine Zeit mit dem Zersplittern von Übungslanzen und mit den Jagdgeschichten der anderen hin!« Er blieb mit einem Ruck stehen. »Wenn mir das aber nicht genügt? Wenn ich etwas brauche, das mich wirklich ausfüllt? Wenn es mir jetzt statt um den König zum Beispiel ums Lernen ginge, um die Naturkunde oder die Medizin? Und wenn ich mich damit doch nicht auf den geistlichen Stand festlegen wollte oder dürfte? Was könnte ich dann tun?«

Bruder Ansfried war ebenfalls stehengeblieben. Er spürte den Ernst der Frage und überlegte gründlich.

»Was Ihr tun könntet?« fragte er schließlich. »Nun, Ihr könntet Euch zum Beispiel an einen gewissen alten Mönch in einer abgelegenen Abtei in Thüringen halten, der sich in seiner Jugend die gleiche Frage gestellt hat, übrigens auch was den geistlichen Stand betrifft, und der die richtige Entscheidung für sich erst spät getroffen hat.«

Philipp sah seinen Mentor lächelnd an. »So? Und wie geht das Märchen weiter?«

»Von diesem Mönch könntet Ihr Euch unterrichten lassen, aber nach Regel und Plan und nicht nur von einem zufälligen Besuch zum nächsten. Abaelard hat noch etwas anderes gesagt, das uns zur Richtschnur dienen kann, nämlich: ›Durch Fragen kommen wir zur Erkenntnis, durch Erkenntnis aber zur Wahrheit.‹ Dieses wissenschaftliche Fragen könnte ich Euch lehren. Beide müßten wir uns freilich die Zeit dazu stehlen, aber es ließe sich wohl ein Arbeitsplan finden, der uns beiden entgegenkommt. Hättet Ihr Lust?«

»Lust?!« fragte Philipp und wäre dem Bruder Ansfried wohl um den Hals gefallen, wenn das nicht in einem Kloster ganz und gar ungehörig gewesen wäre. »Nichts, was ich lieber täte! Wenn das möglich wäre, hätte ich ja alles, was mir fehlt!« sagte er glücklich, »ich darf mir nur Hannes dabei nicht verärgern, denn mit dem habe ich einen Pakt geschlossen, daß ich die Ausbildung durchmache, ganz gleich, was hinterher oder auch nebenher kommt, und den Pakt muß ich halten.«

»Natürlich müßt Ihr das. Ihr habt ja keine Brüder, die Euch wirklich freistellen könnten, und müßt Euren Platz in der Welt deshalb ernst nehmen; mein heutiges Angebot darf daran auch nicht rütteln. Es soll Euch nur die Herausforderung bieten, die Ihr braucht, und die Euer Freund jetzt vom König erfährt. Laßt ihm die Welt am Hofe und schafft Euch eine eigene. Ich sagte Euch ja, Ihr habt Gaben dazu, und ich will Euch gern helfen.«

»Du gespielter Ritter!«

So wuchs Philipp in zwei Welten gleichzeitig hinein. Bruder Ansfried nahm es mit seinem Arbeitsplan ziemlich genau, und in Stoßzeiten hieß das für seinen Schüler: die Welt der Waffenübungen am Tage und die Welt der Bücher bei Nacht. Aber beide ergänzten sich auch.

Der Vater merkte wenig davon; er war jetzt wieder häufig abwesend und dachte offenbar nicht mehr daran, daß Philipp sich die Entscheidung für oder gegen die ritterliche Welt ja eigentlich noch offengehalten hatte. Aber Hannes hatte es nicht vergessen. Er beobachtete Philipp und wartete auf eine ruhige Stunde für ein Gespräch. Dabei war ihm nicht leicht ums Herz.

Es war ein Winterabend in der Weihnachtszeit des letzten Knappenjahres. Die Kameraden waren nach Hause geritten, der Vater war fort, und Philipp, der sich auf Hannes' Anweisung in diesen Tagen den Wachdienst auf der Mauer und in den Ställen mit den Burgleuten teilte, hatte einen unfreundlichen Tag hinter sich. Der Wintersturm, der wilde Jäger der heiligen zwölf Nächte, fegte den dicht wirbelnden Schnee so heftig über den Burghof, daß man sich fest in Mantel und Kapuze wickeln mußte, um ihm standzuhalten. Bei dem Wetter steckte natürlich niemand die Nase vor die Tür, und so begehrte denn auch nur ein einziger Gast Einlaß, als Philipp gerade seine letzte Runde auf den Wehrgängen machte. Es war ein fahrender Spielmann, ebenso eingeschneit und verfroren wie Philipp selber; aber etwas besseres konnte heute gar nicht des Weges kommen. Philipp ließ ihn ein und gab dann Weisung, die Zugbrücke für die Nacht aufzuziehen.

»Viel Spaß!« sagte er zu dem Mann, der ihn ablöste, und ging hinüber zum Torhaus, um sich am Feuer in der Wachstube aufzuwärmen.

Dort hatten die Leute dem Fahrenden bereitwillig Platz

gemacht, und als Philipp dazukam, handelten sie gerade mit ihm das Abendprogramm aus.

»Für ein Nachtessen spiel ich euch ein paar lustige Tanzlieder«, erklärte der Spielmann, »und wenn's einen Krug Bier dazu gibt, erzähl ich auch die Geschichte von König Dietrich von Bern und dem Zwergenkönig Laurin oder die von Wieland dem Schmied. Aber wenn euer Burgherr Wert auf des Sängers Lob legt und einen Becher Wein herausrückt, dann könnt ihr sogar das Lied von König Rother hören, der um die Prinzessin von Byzanz freite. Es ist ein schönes Lied, gerade recht für so ein Winterwetter!«

Erwartungsvoll sahen die Leute auf Philipp, der ans Feuer getreten war und zugehört hatte. »Das Nachtessen geht auf Gastrecht«, erklärte er bereitwillig, »und wenn's für das Bier schon Tanzlieder gibt, um so besser. Um einen Becher Wein kümmere ich mich. Was kannst du noch?«

Der Spielmann ließ einen raschen Blick über den jungen Burgherrn gleiten und erwiderte: »Verzeiht, ich wußte nicht, wer Ihr wart. Das Lied von den Nibelungen und von Kriemhild an König Etzels Hof kann ich noch. Aber das ist lang ...«

»... und verlangt einen zweiten Becher Wein, nicht wahr? Na gut!«

»Wollt Ihr vielleicht bei den Liedern zuhören?« fragte der Mann nun eifrig. »Ich kann Euch auch ein paar Gedichte von Herrn Walther von der Vogelweide vortragen, dem berühmten Dichter und Liedermacher, wenn Ihr die lieber hört!«

»Die will ich auf jeden Fall hören«, entschied Philipp, »vielleicht auch beides. Aber später; erst einmal will ich trocken und warm sein, und du hast es auch nötig. Der Abend ist noch lang!«

Er ließ den Kamin im Wohngemach neben dem Rittersaal heizen, holte sich ein Manuskript aus seiner Kammer und zog sich den Sessel ans Feuer. Der Sturm draußen ließ die hölzernen Fensterläden rasseln, und erst als die Beschließerin einen zweiten Wandteppich vor die Luken hängte, blieb das Kerzenlicht stetig genug zum Lesen. Freilich mußte Philipp die Frau erst besänftigen, denn sie fand, Kerzenlicht sei eine Verschwendung, da doch schon das Kaminfeuer und die Kienfackel an der Wand Licht gäben. In Abständen trieb der Wind, der auf den Kamin drückte, auch jetzt noch einen Schwall beißenden Rauchs ins Zimmer; dennoch war es hier drinnen ungleich gemütlicher als draußen.

So konnte Philipp am Kamin seine nassen Kleider trocknen und sich dabei den mathematischen Text ansehen, den Bruder Ansfried ihm mitgegeben hatte. Auch Baran hatte sich den Schnee aus dem Fell geschüttelt und lag nun friedlich ausgestreckt am Feuer. Er war inzwischen zu alt, um noch Freude an Wachgängen bei Schneesturm oder an ungeheizten Kammern zu haben und teilte beides nur noch, wenn sein Herr durchaus nicht davon abzubringen war. Manchmal ließ Philipp den Kamin mehr Baran als sich selbst zuliebe heizen.

Als er sich eben in seinen Aufgaben festgebissen hatte, hörte er Schritte auf der Treppe zum Saal und dann auf dem Gang – Hannes' Schritte. Es geschah so gut wie nie, daß der Alte zu ihm kam, meist war es umgekehrt. Philipp erhob sich, legte die Handschrift beiseite und öffnete die Tür.

»Was gibt mir die Ehre, Hannes?« fragte er erwartungsvoll und führte den Alten ins Zimmer. Dann schob er einen zweiten Sessel ans Feuer. »Ich habe die Runde gemacht, es war alles in Ordnung. Oder doch nicht?«

»Es ist alles in Ordnung, Philipp. Deshalb komme ich nicht. Ich würde gern mit dir sprechen.«

»Gern«, sagte Philipp, nun ein wenig beunruhigt. So feierlich war Hannes selten. »Magst du dich setzen? Worum geht es denn?«

»Wir haben noch ein Gespräch zu führen, Philipp«, begann Hannes, nachdem er sich niedergelassen hatte, »ein Gespräch über deine Zukunft. Ich könnte natürlich so tun, als sei alles geklärt, da du ja die Ausbildung fortgeführt hast, und ich fürchte, dein Vater hält die Sache für erledigt; aber das wäre nicht ehrlich. Philipp, ich habe dich in der letzten Zeit beobachtet – ich könnte dir keinen Verstoß gegen deine Pflichten vorwerfen, im Gegenteil. Aber ich habe den Eindruck, daß der Knappendienst dich langweilt, denn sonst würdest du nicht so viel Zeit mit diesen Dingen . . .«, und er schnippte nach dem Buch, das Philipp beiseitegelegt hatte, ». . . oder mit Besuchen unten in der Abtei verbringen. Täusche ich mich da?«

Philipp schob das Manuskript noch ein bißchen weiter fort. Dann sah er den Alten an, und plötzlich bemerkte er, daß der wirklich alt war, bei all seiner Energie und Befehlsgewohntheit. Warum hatte er das bisher nicht gesehen? Außerdem sah Hannes so aus, als fürchte er sich vor diesem Gespräch. Mit einem Male begriff Philipp, daß die letzten Jahre ja nicht nur für ihn selbst mühsam gewesen waren. Hannes hatte auf seine alten Tage mit dem Aufbau der großen, ritterlichen Hofhaltung noch einmal eine gewaltige Anstrengung auf sich genommen. Und wem zuliebe? Philipp wußte, daß die Kameraden die Knappenzeit herrlich fanden. Nur er selbst – er hatte Hannes spüren lassen, daß sie für ihn nur der halbe Ernst war! Beschämt stand er auf und legte die Buchrolle vollends beiseite, in die Truhe hinein.

»Da täuschst du dich«, sagte er dann, »der Knappendienst und die Waffenübungen langweilen mich nicht; ich weiß ja, daß sie notwendig sind. Aber ich bin noch immer im Zwiespalt zwischen geistlichem und weltlichem Stand, das sage ich ganz ehrlich, und diesmal ist es ernster als damals am Anfang der Ausbildungszeit. Es ist sehr anständig von dir, daß du die Frage nicht einfach unter den Tisch kehrst.«

»Wie könnte ich das«, erwiderte Hannes, »wenn du mir sagst, daß du die ritterliche Welt vielleicht gar nicht mehr ernst nimmst.«

»Ach, Hannes, vergiß das! Es war das Dümmste, was ich sagen konnte.«

»Sagen! Aber gedacht hast du es und denkst es vielleicht jetzt noch?«

»Hannes«, erwiderte Philipp beschwörend, »nicht weil mich der Knappendienst oder die Waffenübungen langweilen, reite ich so oft in die Abtei hinunter, sondern weil sie mir nicht genügen! Ich brauche noch etwas dazu – etwas, das mich wirklich fordert, so wie Meinhard es jetzt beim König erlebt. Und das gibt mir der Bruder Ansfried unten in der Abtei – eine eigene Herausforderung. Das ist alles.«

»Eine Herausforderung nennst du das?« sagte Hannes erbost. »Bücher gibt er dir!«

Philipp mußte lachen. »Oh Hannes! Versuch dir doch einmal vorzustellen, die Bücher wären feurige Schwerter und spitze Lanzen, Waffen des Geistes sozusagen. Könntest du sie dir dann als Herausforderer denken?«

»Darauf soll ich dir ja sagen, ich weiß schon! Aber ich tu's nicht. Für mich müßten Herausforderer Menschen aus Fleisch und Blut sein.«

»Für mich vielleicht auch«, sagte Philipp seufzend, »wenn ich sie mir aussuchen könnte! Aber du hast selber gesagt, daß man das nicht immer kann.«

»Dann ...«, sagte Hannes und gab sich einen Ruck, »dann hilft es nichts, Philipp! Du mußt dich entscheiden. Zieht es dich mehr in die ritterliche Welt hier oben auf dem Schwarzenstein oder zu den Büchern unten im Tal? Die Knappenzeit läuft aus.«

»Zu beidem gleichmäßig«, erwiderte Philipp, »das ist es ja!«

Hätte Hannes auch nur ein bißchen auf eine Entscheidung in seinem Sinne gedrängt, so wäre bei Philipp die Waage vielleicht zur anderen Seite gekippt. Mit schmerzhafter Deutlichkeit spürte er, daß er wirklich ganz genau in der Mitte zwischen den beiden Welten stand. Er hatte sich noch einmal gründlich mit dem Arzt und mit Meinhard und vor allem mit dem Vater beraten wollen; vor allem von dem Gespräch mit diesem sollte die Entscheidung abhängen. Aber nun war Hannes da – der einzige, der ein Recht hatte, ihn zu drängen – und fragte so sachlich, als hinge von Philipps Antwort nicht auch sein Lebenswerk ab.

Philipp sah angespannt dem Flackern des Feuers im Kamin zu. Dann erhob er sich langsam, ging zur Truhe hinüber und setzte sich auf sie, als könne das eingesperrte Buch den Deckel heben und seine Rechte geltend machen. So ruhig er konnte, sagte er: »Ich habe mich eben entschieden, Hannes – für die ritterliche Welt. Was hast du denn gedacht?«

Auch Hannes war aufgesprungen. »Oh Gottlob!« rief er aus und ließ sich in den Sessel zurückfallen, als halte er die Anspannung keinen Augenblick länger aus. »Gottlob, Philipp! Ich hatte wirklich Angst, es wäre alles umsonst gewesen!«

Auch Philipp war ein bißchen schwindlig zumute. Er hätte nicht anders antworten dürfen, das war ihm erst jetzt ganz klar. Aber für eine Lebensentscheidung war das ein bißchen rasch gegangen!

Als Hannes in seiner Freude gleich einen zweiten Vorstoß wagte, stieß er denn auch augenblicklich auf Widerstand. Von Armgard war während der letzten Zeit nicht mehr die Rede gewesen, denn Philipp hatte Hannes' anfängliches Drängen auf ein Wiedersehen stets mit der gleichen Begründung abgelehnt: »Wenn ich wieder richtig laufen kann, dann ...«; und Hannes drängte bald nicht mehr. Philipp selbst hatte sich den Gedanken an Armgard verboten, seit er wieder in die Abtei hinunterritt; man konnte ja nicht gut an den geistlichen Stand und an ein Mädchen gleichzeitig denken.

Doch nun fragte Hannes ganz direkt: »Sollen wir nicht Fräulein Armgard wieder einmal einladen? Jetzt, nachdem du dich entschieden hast?«

»Nein!« entgegnete Philipp ohne jedes Besinnen. Aber als er die Enttäuschung des Alten sah, fügte er hinzu: »Noch nicht.«

»Du Querkopf!« sagte Hannes ratlos. Aber er mußte sich mit seinem ersten Durchbruch begnügen.

So wurde die Entscheidung für die ritterliche Welt eine reine Sache zwischen Philipp und Hannes; sie hatte nichts mit dem Vater zu tun, und das war nicht gut. Aber dieser fand offenbar, daß alles in Ordnung sei, denn sofort nach Weihnachten ging er mit der gewohnten Energie an die Vorbereitungen für die Schwertleite. Eine Auseinandersetzung mit ihm, das spürte Philipp mit leisem Zorn auf sich selber, würde jetzt ziemlich viel Mut erfordern.

Zu Pfingsten sollte die Ritterweihe natürlich stattfinden, das entschied der Vater kurzerhand; und er bat den Landgrafen selbst darum, sie in seiner Hofhaltung in Eisenach vorzunehmen. Freilich war Landgraf Hermann inzwischen zu krank für ein großes Hoffest und ein Turnier, wie es zu einer Schwertleite gehörte, und deshalb lud der alte Graf den ganzen Kreis der Knappen samt ihren Familien und jeden in Thüringen, der Lust zum Zusehen hatte, für den Montag vor Pfingsten zu einem letzten großen Kampfspiel der Knappenzeit zu sich auf den Schwarzenstein ein.

Hannes versprach, aus diesem Beinahe-Turnier so viel zu machen, daß niemand einem richtigen Turnier nachzutrauern brauche, und als sogar Meinhard sein Kommen für den Montag vor Pfingsten zusagte, waren alle mit dieser Regelung zufrieden. Für Pfingsten selbst sagte Meinhard freilich ab, weil dann der König die Ritterweihe an den Knappen der Hofrunde vornehmen wollte. Ein wenig schmerzte Philipps Stachel immer noch.

Hannes machte sich nun an die Planung dieses Festes, das er im Scherz sein ›kleines Pfingstturnier‹ nannte, und Philipp konnte nur staunen.

»Bereitest du heimlich etwa Barbarossas großes Pfingstturnier vor?« fragte er und nahm dem Schreiber die Listen aus der Hand, auf denen notiert war, was für die Gäste gebraucht wurde: Schlachtochsen, Wildbret, Geflügel, Fische, Wein, Gewürze, Honig und Öl; rotes und blaues Scharlachtuch, Woll- und Leinenstoffe in allen Farben;

Brokat, Damast und Goldborten für Gewänder, Zelte, Dekken, Vorhänge und Fahnen. »Das ist ja so großartig wie am landgräflichen Hof! Ich denke, es soll gerade kein richtiges Turnier sein?«

»Dein Vater hat es so angeordnet, und er wird wissen, warum«, entgegnete der Alte. »Außerdem: Schwertleite ist nur einmal im Leben, und du sollst lernen, wie man ein ritterliches Fest ausrichtet.«

Unten im Tal an einer Wegkreuzung beim nächsten größeren Dorf wurden in den Wochen vor Pfingsten nun die Kampffläche abgesteckt und der Platz für die Zelte vermessen, denn zu einem Turnier mußten für die vielen Gäste viele Wege von überallher führen. Und wenn diesmal auch keine fremden Ritter auf der Suche nach Ehre und Beute zur Teilnahme zugelassen waren, so drängte sich doch das fahrende Volk der Spielleute, Gaukler und Schausteller schon seit Tagen auf den Straßen.

Auch an die Jungen selbst wandte Hannes mit Wappen und Farben, mit Schild- und Helmzier nach der neuesten ritterlichen Mode eine Mühe, die die Geduld aller Betroffenen arg strapazierte.

»Muß das denn so großartig sein?« fragte einer der Jungen, der aus einer wenig begüterten Familie kam. »Bei uns zu Hause nimmt man das nicht so genau, und mein Vater hätte auch weder Zeit noch Geld dazu.«

»Ich weiß«, erwiderte Hannes beschwichtigend, denn natürlich legte ein armer Ritter nicht selten die Waffen beiseite und statt dessen Hand an den Pflug. »Ihr sollt ja auch nur wissen, was sich in der ritterlichen Welt schickt. Wieviel ihr euch später davon leisten könnt, müßt ihr halt sehen. Aber diesmal hat der Graf angeordnet, daß alles so ist, wie es sich gehört.«

»Hat er auch angeordnet, daß es nicht regnet?« fragte ein anderer und wies hinüber zum Festplatz, wo eben die Pavillons der Gäste, in deren Wappenfarben ausgekleidet, über Holzgerüsten errichtet wurden. »Was ist, wenn das alles wegschwimmt?«

»Solange es nicht gewittert, wie damals in Mainz...! Aber danach sieht es nicht aus.«

Und wirklich, als Philipp am Vorabend des Turniers mit den Kameraden bei den kleinen, ein wenig abseits gelegenen Zelten stand, in denen die Knappen die Nacht vor dem Kampfspiel verbringen sollten, war von Gewitter und Regen keine Spur. Er sah sich auf dem Festplatz um, nahm das Silber und Rot, das Gold und Blau der Zelte und Wappen in sich auf, sah dem Spielen der seidenen Lanzenfähnlein zu und hörte die fröhlichen Fanfaren der Herolde, die Instrumente der Spielleute und den metallenen Lärm von Waffen und Ausrüstungen. Er folgte den festlich gekleideten Menschen mit seinen Blicken und suchte den Vater. Dort stand er unter dem mit blauer und silberner Seide bespannten Eingang des Festpavillons, von den Rittern der Grafschaft umringt, und empfing die Gäste zum Bankett. Kein Zweifel, für ihn war die Schwertleite seines einzigen Sohnes ein langersehntes Ereignis.

Mit einem tiefen Seufzer wandte sich Philipp zu Hannes. »Wenn dem Vater doch nicht ganz so viel daran läge«, sagte er, »dann wäre es leichter für mich. Aber ich verstehe deinen Wunsch, daß ich das einmal erleben sollte. Es ist unbeschreiblich schön!«

Auch am folgenden Tag hielt das schöne Wetter an. Es war gut, Meinhard wieder neben sich zu wissen und den seltsamen, adlergleichen Falken neben dem blauen Querbalken wehen zu sehen. Freilich hatten sie kaum Zeit füreinander, denn die Knappen mußten bei den Vorbereitungen so kräftig mit anfassen, daß Philipp seinen Rücken wieder spürte; doch das verging meist über Nacht.

Gemeinsam wappneten sie sich in aller Frühe, die seidenen Wappenröcke über dem Panzerhemd, an deren Farben sie im Kampfspiel zu erkennen waren: silbern und blau bei Philipp, rot und silbern bei Meinhard. Dann holten sie die Pferde, und Philipp freute sich über den bewundernden Blick, mit dem Meinhard seinen Grauschimmel maß. Ein gutes Pferd war die einzige Vergünstigung, die Hannes ihm stets eingeräumt hatte.

Vom Festplatz her drang der erwartungsvolle Lärm einer großen Menschenmenge, und der kam nicht nur von den Tribünen der Gäste, sondern auch von dem Teil der Absperrung, den Hannes gegen jeden höfischen Brauch den Leuten aus den Dörfern eingeräumt hatte. Und als dieser jetzt zu ihnen trat, erfuhr Philipp auch den Grund dafür.

»Es geht deinem Vater heute nicht nur um ein fröhliches Kampfspiel«, erklärte Hannes, »er will auch endlich der Ungewißheit ein Ende machen, wie es später auf dem Schwarzenstein weitergehen soll. Er will dich heute den Leuten zeigen. Denn, überleg einmal, was wissen sie eigentlich von dir?«

Das stimmte. Viele hatten Philipp in der Krankenstube des Klosters gesehen, dann als einen Schüler des Arztes und meist im Habit des Ordens. Sie mußten sich fragen, ob der junge Herr bei den Zisterziensern eintreten wollte, weil er sich nach seinem Unfall im Knappendienst zu schwer tat. Das konnte den Leuten in den Dörfern nicht gleichgültig sein, denn ihr Schicksal hing von dem Herrn auf der Burg ab. Wenn die Herrschaft verfiel, wirkte sich das zuerst auf die Bauern aus. Deshalb hatte sich die Nachricht von der bevorstehenden Schwertleite wie ein Lauffeuer verbreitet und die Leute in Scharen zum Festplatz gelockt. Sie wollten sich selber ein Bild machen.

Das war also die Absicht des Vaters, und deshalb hatte er auch den Tag so geschickt an dem Landgrafen vorbei an sich gezogen! Wahrhaftig kein schlechter Schachzug! Aber hätte er ihn nicht wenigstens mit seinem Sohn besprechen können? Aufgeregt wie er war, spürte Philipp eine heftige Regung von Zorn auf den Vater in sich aufsteigen.

Aber als er seinen Hengst zu den Turnierschranken lenkte, an denen die Kameraden sich nun fertig gerüstet sammelten, vergaß er seinen Groll wieder. Es war ein herrlicher Morgen, die Rückenschmerzen von gestern waren weg, und er ritt das beste Pferd auf dem Platz. Dieser

Tag gehörte noch zu seinem Pakt mit Hannes; den ließ er sich nicht vom Vater verderben!

Und wirklich stand Philipp im Kampfspiel unter einem guten Stern. Erste, rasche Erfolge rissen die Zuschauer mit, und unter ihren anfeuernden Rufen steigerte sich seine Zuversicht fast zum Übermut. Beherzt und geschickt wand er sich aus allen gegnerischen Knäueln im Buhurt heraus, und seine Partei gewann so sicher, als müsse das heute so sein.

In den Kampfpausen, die die Knappen bei ihren Zelten zum Überprüfen und Auswechseln der Waffen nutzten, trieb der stetig anschwellende Lärm vom Festplatz her auch die Stimmung der angehenden Ritter immer höher, und Philipp ließ sich hochgemut mittragen. Ohne große Mühe kam er denn auch in den Einzelkämpfen durch alle Runden des Kampfspiels bis zur letzten, in der er auf Meinhard traf.

Vor dieser Begegnung hatte er sich ein wenig gefürchtet, aber nach einem schnellen Abtasten der Kräfte merkte er überrascht, daß sie einander immer noch – oder wieder – ebenbürtig waren. Wie auf Verabredung wurde nun der Kampf zwischen ihnen zu einem siegeslustigen Spiel, von den Zuschauern mit Jubel und Beifall begleitet. Philipp spürte nun, daß er wirklich gut war, und für den Augenblick fiel alles von ihm ab: Er hatte einmal Ritter werden wollen, und nun war er es; keine Schwertleite der Welt konnte dazu noch etwas hinzutun oder etwas davon wegnehmen.

Als schließlich im letzten Zusammenprall ihrer beider Lanzen splitterten, gab Meinhard noch vor Philipp das Zeichen zum Verzicht auf den Schwertkampf zu Fuß, sprang ab und umarmte den Freund. »Du warst großartig, Philipp!« sagte er, »ich bin so froh!«

Das gleiche ließ Philipp sich gerne von Hannes sagen. Dann kam er zum Vater, und auch der schloß ihn freudestrahlend in die Arme.

»Du hast dich glänzend gehalten, mein Junge«, sagte er, und einen Augenblick lang war Philipp sich der Antwort auf seine Kinderfrage sicher: der Vater hatte ihn wirklich gern.

»Wenn das so ist«, fuhr der alte Graf aufatmend fort, »dann bin ich ja wirklich meine Sorgen los! Dann hast du mir heute mächtig vorangeholfen!«

Er warf einen raschen, triumphierenden Blick über den Festplatz, und es schien, als nehme er dessen fröhliches Treiben jetzt erst richtig wahr. Doch dann wandte er sich mit einer knappen Bewegung ab und setzte fast grimmig und wieder so nüchtern wie immer hinzu: »Es wird aber auch höchste Zeit, daß dieser Spuk ein Ende nimmt. Dieses ständige Lauern der anderen auf mein Erbe hat mich rasend gemacht! Und auch der Landgraf braucht sich jetzt für diese Schwertleite nicht mehr zu schämen. Natürlich ist sie für meinen Sohn eine reine Formsache, eine Angelegenheit zwischen dem Landgrafen und mir. Aber es ist schon besser, wenn man sich das nicht mehr ins Gesicht sagen lassen muß!«

Die Worte waren gewiß nicht auf Philipp gemünzt, doch er hörte sie, und sie stießen den Stachel tief in die Wunde. Jäh kippte seine Hochstimmung in ihr Gegenteil um; sofort war die rebellische Stimmung wieder zurückgeholt, zusammen mit wütenden Rückenschmerzen, und er reagierte blindlings mit einer Aufwallung seines alten, lange im Zaum gehaltenen Jähzorns.

»Ach! Und wenn ich schlechter gewesen wäre, dann müßte sich der Landgraf meinetwegen schämen? Und du wohl auch? Und dabei hast du mich nicht einmal gefragt, ob ich diese Schwertleite überhaupt wollte! Du hast einfach beschlossen, mich heute vorzuführen, und denkst wohl noch, ich merke das nicht! Und jetzt, nachdem ich gut war, ist die Schwertleite bloß eine Formsache? Für deinen Sohn? – Verdammt, ich wünschte, ich hätte sie dir verdorben!«

»Aber Philipp, was ist denn?!« Der Vater war ehrlich erschrocken. Doch Philipp hatte sich abgewandt und wäre sofort verschwunden, wenn sich nicht die Kameraden und Gäste zum Gratulieren herangedrängt hätten.

Die Höflichkeit gegen Gäste und das Maßhalten im eigenen Benehmen gehörten fest zu den ritterlichen Pflichten; Philipp mußte bleiben. Aber er hörte kaum, was man ihm sagte, und stellte sich blind und taub gegen Respekt und Mitfreude. Zu lange hatte er sich zusammennehmen müssen, zu karg hatte der Vater es ihm gedankt; jetzt brodelte hilfloser Zorn in ihm.

Es hätte keinen schlechteren Augenblick geben können, um Armgard wiederzusehen, als diesen, in dem er, endlich aus dem Gewühl im Festzelt entkommen, langsam zu seinem eigenen Zelt hinüberging. Er hatte des Vaters Augen die ganze Zeit über auf sich gespürt; er wußte, daß er zu heftig reagiert hatte und daß er hätte einlenken müssen. Aber er war nun zum Umfallen müde und hatte immer noch Rückenschmerzen; für heute hatte er ganz einfach keine Lust mehr.

Armgard stand plötzlich da, als er in die enge Zeltgasse einbog; es gab kein Ausweichen oder Umkehren. Er hatte gar nicht gewußt, daß sie heute hier war und dem Turnier zugeschaut hatte.

Es war nun lange her, seit er sie zum letztenmal gesehen hatte, und sie sah fremd und erwachsen aus in dem höfisch geschnittenen Kleid aus honigfarbenem Samt mit den langen, offenen Ärmeln zu dem weiten, gebauschten Rock. Das krause, dunkelblonde Haar fiel noch immer lang auf den Rücken, aber es war jetzt mit dünnen Goldketten und mit Bändern durchflochten. Der Farbe ihrer Augen brauchte er sich nicht mehr zu vergewissern; die wußte er seit langem auswendig.

Einem ersten heftigen Impuls folgend, wollte er sich mit einem knappen Gruß an ihr vorbeidrücken, aber das ging nicht, und so blieb er stehen.

»Armgard –«, sagte er schließlich langsam.

»Du kennst mich also doch noch«, erwiderte sie, »ich war mir schon gar nicht mehr sicher. In dem Gewühl dort drüben wollte ich's nicht drauf ankommen lassen. Du – das Turnier war großartig, und ich wollte dir dazu gratulieren.«

»Es war halt so, wie es jetzt geht«, antwortete er widerborstig, »aber es war ja auch nur eine Formsache.«

Eine Pause entstand. Dann sagte sie zögernd: »Philipp – kann es denn nicht mehr so sein wie früher?«

Er wußte schmerzhaft genau, was sie meinte: die Zuflucht beieinander, das Vertrauen ohne viele Worte. Aber noch hatte sich der Aufruhr in ihm nicht gelegt, und so mißverstand er sie mit voller Absicht.

»Nein«, sagte er, flüchtig an sich herunterweisend, »das kann nicht wieder so werden wie früher, das siehst du doch. Das bleibt so.«

»Ich weiß«, antwortete sie, »aber das ist doch nicht schlimm! Das habe ich nicht gemeint.«

Philipp wußte später selbst nicht, welcher Teufel der Querköpfigkeit ihn in diesem Augenblick geritten hatte, als er sagte: »Ich weiß nicht, was du sonst noch meinen könntest!«

Aber er sagte es und hätte sich sofort danach die Zunge abbeißen mögen.

Denn Armgard starrte ihn einen Augenblick lang fassungslos an; dann raffte sie ihren Rock und machte einen tiefen Knicks.

»Viel Glück – du gespielter Ritter!« sagte sie und war fort.

»Warum gehen wir so miteinander um?«

›Du gespielter Ritter!‹ – ›eine reine Formsache‹ – ›für meinen Sohn‹! Aus diesen drei Wortfetzen und einer dumpfen Verzweiflung bestand für Philipp die ganze nächste Woche. Es drängte ihn, Armgard nachzureiten, aber er fand den Absprung nicht. ›Du gespielter Ritter!‹ – das Wort nagelte ihn fest.

Meinhard hatte nur den Wortwechsel mit dem Vater mit angehört und schüttelte den Kopf über das Benehmen des Freundes. »Er hat's doch nicht böse gemeint, Philipp«, sagte er. »Väter sind so, und meist merken sie's nicht einmal. Sei nicht so empfindlich, er war doch so stolz auf dich!«

»Warum habe ich mir damals nicht den Hals gebrochen?« fragte Philipp dagegen, »dann wäre ich jetzt nicht so eine Plage!«

»Es gibt schlimmere Plagen als dich«, erklärte Meinhard, »oder vielmehr, es gab sie bis gestern. Aber wenn du den Landgrafen hinter dir hast, dann wird dir auch wieder besser.«

Aber Meinhard wußte ja nichts von der Sache mit Armgard, und Philipp hütete sich, sie ihm zu erzählen.

Endlich war nun Pfingsten, der Tag der Schwertleite in Eisenach, herangerückt. Landgraf Hermann von Thüringen, der vielgelobte und vielgeschmähte Fürst, war um diese Zeit schon so krank, daß alle Blicke in der landgräflichen Hofhaltung auf dem sechzehnjährigen Jungen ruhten, der neben seinem Vater stand und ihm bei den Handgriffen der Schwertleite half. Philipp kannte und mochte ihn, den künftigen Landgrafen Ludwig, der nur um ein Jahr jünger war als er selbst, und er freute sich, daß ihm dieser ernsthaft zulächelte, als die schwierige Prozedur geschafft war.

Das anschließende Gespräch führte der alte Landgraf freilich noch selber. Er sprach lobend über Philipps Turnierkünste vom vergangenen Montag, von denen man ihm berichtet habe und drückte die Hoffnung aus, Philipp möge auch künftig der thüringischen Ritterschaft zur Ehre gereichen. ›Eine reine Formsache‹ und: ›Du gespielter Ritter!‹ – mehr fiel Philipp dazu nicht ein.

Dann kam der Landgraf zur Sache und beschwor die langjährigen engen Verbindungen zwischen den beiden Häusern in diesen wechselvollen Zeiten; er bat, Philipp möge sich zu der so bewährten Zusammenarbeit auch für die Zukunft bereitfinden und schloß mit der Hoffnung, hierin den eigentlichen Sinn dieses Tages sehen zu dürfen. Natürlich: ›Das macht es dem Landgrafen einfach‹!

Nach diesem Gespräch trieb es Philipp ins Freie, in den

Garten der Hofhaltung; dort wußte er einen ruhigen Winkel. Er kannte sich hier auch sonst von früher her aus, und als er in den Hof trat, hielt er einen Augenblick inne. Was hatte er hier früher zu sehen bekommen, als am Hof noch die großen Dichter und Sänger aus und ein gingen und miteinander gewetteifert hatten! Es war ihm einmal gelungen, einen von ihnen, Herrn Heinrich von Veldeke, zu hören, und einen anderen, den berühmten Herrn Wolfram von Eschenbach, hatte er wenigstens gesehen. Aber den berühmtesten von allen, Herrn Walther von der Vogelweide, hatte er jedesmal verpaßt; nur manchmal war ein Lied von ihm ins Haus geschneit, wie an jenem Winterabend neulich.

Aber heute war ihm ohnehin nicht nach vergangenen Herrlichkeiten zumute, und so wandte er sich zu dem Torbogen, der den Weg in den Garten und zu einer kleinen Bank freigab.

Doch unter dem Tor blieb er wie angewurzelt stehen. Die Bank in der Gartenecke vor ihm war nicht leer. Zwei junge Menschen saßen dort; der Junge hatte den Arm um das Mädchen gelegt, und die beiden unterhielten sich leise und vertraulich miteinander.

Es war der junge Landgraf, der ihm vorhin über der Schwertleite zugenickt hatte, und Philipp brauchte nicht lange zu raten, wer das Mädchen neben ihm war. Jedermann in Thüringen kannte die Geschichte von dem ungarischen Königskind, das man vor fünf Jahren auf den weiten Weg von Preßburg nach Eisenach gebracht hatte, damit es sich frühzeitig an das fremde Land und an den künftigen Gemahl dort gewöhne. Man hatte das vierjährige Mädchen nach der Ankunft statt in sein eigenes, silbergetriebenes Bettchen einfach in das des Jungen gelegt, und ganz offensichtlich hatten sich die beiden seither aneinander gewöhnt – der künftige Landgraf Ludwig und die künftige Landgräfin Elisabeth von Thüringen. Philipp hatte wieder die Bank unter dem wilden Holunder zu Hause vor Augen. Warum war er Armgard am Montag nicht nachgeritten?

Er mußte sich wohl bewegt haben, denn das Mädchen hob den Kopf und sagte: »Da kommt jemand.«

Philipp trat aus dem Torbogen und ging zu den beiden hinüber. »Ich habe zu spät gesehen, daß jemand hier ist«, sagte er entschuldigend. »Ich wollte nicht stören, aber hier draußen ist es viel schöner als drinnen.«

»Das stimmt«, erwiderte der junge Landgraf und erhob sich, »und es ist ein Jammer, daß wir beide wieder drinnen erwartet werden, Elisabeth und ich. Die Bank ist frei.«

»Danke«, sagte Philipp und wartete. Er hatte den Blick bemerkt, den das Mädchen über ihn gleiten ließ – den Blick, den er kannte –, und er wollte doch wissen, was noch kam.

»Es ist hier draußen wirklich viel schöner als drinnen«, sagte sie nach einer kleinen Pause. »Ich wünschte, wir könnten hierbleiben und uns noch ein bißchen unterhalten. Ludwig hat mir von dir erzählt.«

Wieder zögerte sie einen Augenblick und setzte dann hinzu: »Du bist doch nicht traurig, wenn ich es gerecht finde, daß so etwas auch einmal jemanden von uns trifft und nicht immer nur die Armen?«

»Elisabeth!« sagte Ludwig erschrocken, aber sie fragte mit unbeirrter Freundlichkeit weiter: »Ist es noch schlimm? Tut es noch weh?«

»Manchmal ein bißchen«, erwiderte Philipp ernsthaft; »aber es ist nicht mehr schlimm.«

»Wer hat dich damals gepflegt und geheilt?«

»Mein Waffenmeister und ein Arzt im Kloster.«

»Denk dir einmal«, sagte sie mit großer Eindringlichkeit, »denk dir einmal, du wärst armer Leute Kind gewesen, und es hätte sich niemand um dich kümmern können – was wäre dann aus dir geworden?«

Jetzt war auch Philipp verblüfft. Mit einem Armen verglichen zu werden war für einen Ritter nun doch ungehörig; schließlich gab es eine feste Ordnung der Welt, in der jeder, ob vornehm oder gering, seinen Platz hatte. Darüber dachte man nicht nach.

Doch plötzlich regte sich etwas in ihm. Dachte man

wirklich nicht darüber nach? Wer hatte denn zu Meinhard gesagt, er wisse nicht, ob er das Rittersein noch ganz ernst nehmen könne; und zu Hannes, für ihn, Philipp, sei dies ein Spiel mit eigenen Regeln? Und warum trieb ihn denn Armgards Wort so um? Doch nur deshalb, weil es stimmte. So sicher war das mit der Ordnung der Welt vielleicht gar nicht!

Unwillkürlich schob Philipp die Handbewegung des Landgrafen beiseite und sagte: »Verzeiht, aber sie hat ja recht!« Und, zu Elisabeth gewandt: »Ich habe noch nicht genügend darüber nachgedacht, aber ich will es tun.«

»Ach, bitte!« erwiderte sie. »Siehst du, es könnte doch ein Weg dabei herauskommen, ein Weg zu Gott, meine ich. Oder weißt du schon einen?«

»Ich habe noch bis vor kurzem daran gedacht, ins Kloster zu gehen«, sagte Philipp betroffen. »Aber es ging dann nicht, weil ich jemandem etwas anderes schuldig war.« Doch er wußte, daß das nicht die Antwort auf ihre Frage war, und sie schüttelte den Kopf.

»Das meine ich nicht«, sagte sie. »Ich meine einen Weg, auf dem man in jedem Augenblick ganz genau weiß, was Gott von einem will.«

Er vergaß, daß er ein neunjähriges Kind vor sich hatte, und sagte: »Ich weiß, was du meinst. Nein, einen solchen Weg habe ich nicht.«

»Elisabeth!« mahnte Ludwig nun. »Es ist heute Schwertleite. Frag ein andermal!«

»Verzeih!« sagte sie. »Ich dachte nur –«

»Es ist genau der richtige Tag zum Fragen!« erwiderte Philipp, in dessen Kopf das Dröhnen der drei unseligen Wortfetzen zum ersten Male nachließ. »Ich bin sogar dankbar dafür, denn ich sehe meinen eigenen Weg auch sonst noch nicht deutlich.« Unwillkürlich setzte er hinzu: »Es tut mir leid.«

»Es braucht dir nicht leid zu tun«, sagte sie rasch. »Es ist schade, daß wir jetzt hineingehen müssen. Aber du bist doch nachher beim Bankett, nicht wahr?«

Sie gingen, und Philipp hatte die Bank für sich. Seine Gedanken kehrten nur langsam zu seinen eigenen Fragen zurück, aber er war Elisabeth dankbar für die neue Richtung, die sie ihnen gewiesen, und auch für den Mut, den sie ihm damit gemacht hatte. Mit dem heutigen Tag, mit dem Tag der Schwertleite, lief ja sein Pakt mit Hannes aus. Von heute an hatte er es mit seinem eigenen Weg zu tun. Er überlegte eine Weile; dann suchte er den Vater in der Pfalz auf und bat ihn um eine Unterredung für den Abend nach ihrer Rückkehr.

Der Vater war in so aufgeräumter Stimmung, daß es nicht leicht war, das Gespräch dahin zu bringen, wohin Philipp es haben wollte.

»Ich würde gern mit dir über meine Zukunft sprechen, Vater«, sagte er schließlich. »Verzeih, aber ich glaube, es wird Zeit dafür.«

»Gewiß. Aber so sehr viel ist da ja gar nicht zu besprechen. Ich denke . . .«

Philipp unterbrach ihn. »Vater«, sagte er, »ich habe es mir überlegt – ich will fort. Ich bin schon zu lange hiergeblieben; ich weiß, es ging nicht anders, aber es war dennoch zu lange. Es ist besser, wenn ich jetzt erst einmal eine Weile weg bin.«

»Fort, Philipp?« fragte der Vater dagegen, überrascht und sehr betroffen. »Aber warum denn jetzt, da doch alles überstanden ist? Ich habe lange auf diesen Tag gewartet, und ich brauche dich für Pläne, an die ich nun endlich gehen will.«

»Das habe ich vermutet. Aber deine Pläne«, sagte Philipp und mußte nun wirklich einen Rest Angst niederkämpfen, »deine Pläne machst du vorläufig besser nicht mit mir.«

»Nicht mit dir? Was soll das heißen? Mit wem denn sonst?«

Philipp hob die Schultern und ließ sie wieder sinken.

Der Vater sah ihn fassungslos an. Einen Augenblick lang schien es, als wolle er heftig auffahren; doch dann fragte er ruhig: »Willst du mir nicht wenigstens den Grund dafür sagen, daß du fort willst, Philipp? Und auch, für wie lange und wohin? Vielleicht können wir uns einig werden.«

»Der Grund, Vater, ist der, daß es zwischen uns beiden nicht gut geht. Ich mache Fehler, wenn ich mit dir zusammen bin.«

»Nanu! Und wenn du allein bist, machst du keine?«

»Weniger.«

»Und wenn du mit Hannes zusammen bist, machst du auch weniger Fehler? Es kann sein, daß du recht hast. Woran liegt das?«

»Vielleicht daran«, sagte Philipp, »daß Hannes die Menschen nicht wie einen Spielstein schiebt; daß er mit ihnen nicht so umgeht, als gehörten sie ihm.«

»Sie gehören ihm ja auch nicht«, erwiderte der Vater sachlich. »Ach so, aber ich tue das? Ich gehe mit den Menschen, und das heißt ja wohl: mit dir, so um, als gehörten sie mir?«

Philipp nickte. »Genau das.«

»Und das reizt dich so, daß du Fehler machst? Was für Fehler?«

Philipp dachte an Armgard und sagte: »Das ist meine Sache.«

»Wie du willst«, erwiderte der Vater in aufsteigendem Zorn, doch wieder besann er sich und setzte sanfter hinzu: »Philipp, ich habe letzthin mehr von anderen als von dir selber über dein Tun und Lassen gehört; mag sein, daß du mit deinem Vorwurf nicht ganz unrecht hast. Mit Hannes habe ich natürlich über dich gesprochen, aber auch mit dem Bruder Ansfried unten aus der Abtei. Dabei war von Neigungen und auch von Begabungen die Rede, die ich an dir nicht kannte – nach denen ich dich freilich auch nie gefragt habe. Habe ich meinen Sohn unterschätzt?«

»Vielleicht. Aber nach dem Unfall –«

»Laß den Unfall. Sag mir lieber, ob du an die Abtei denkst, wenn du sagst, daß du fortwillst?«

Philipp wich aus. »Ein bißchen weiter will ich schon weg.«

Der Vater atmete auf. »Gottlob«, sagte er; »ich bekam schon Angst, dieser Alptraum sei immer noch nicht ausgestanden.«

Er lehnte sich in seinen Sessel zurück und fragte: »Könntest du mir nicht verraten, wohin es dich zieht?«

»Am liebsten«, erwiderte Philipp, »ginge ich auf eine Weile an den Hof des Königs und lernte endlich ihn und die Welt kennen. Aber dazu hätte ich nicht vom Pferd fallen dürfen. Außerdem: das Feld ist nun von Meinhard besetzt, und dabei soll es bleiben.«

»Wenn dir sehr viel daran liegt«, sagte der Vater zögernd, »dann könnte ich dennoch ein Wort –«

»Daran liegt mir gar nichts«, erwiderte Philipp rasch, »im Gegenteil! Ich will mich nun schon auf eigene Faust in der Welt umsehen, aber auch als mein eigener Herr. Ich habe mich nie viel um unseren Besitz gekümmert; wie steht es mit den Gütern in Franken? Sie gehören zum Erbteil meiner Mutter, nicht wahr?«

»Ja. Sie gehen vom Erzbischof von Mainz zu Lehen. Möchtest du sie übernehmen? Das wäre mir recht!« Der Vater wurde eifrig. »Sehr recht sogar! Dann wärst du von hier fort, wenn dir wirklich so viel daran liegt, und wärst dennoch nicht aus der Welt. Und den Gütern täte es nötig; es muß sich dringend jemand um sie kümmern, denn der Verwalter ist kürzlich gestorben, und der Vogt, der jetzt die Wirtschaft mit übernommen hat, war noch nie sehr zuverlässig und wird auch nicht jünger. Wenn du dort nach dem Rechten sehen würdest, wäre das eine sehr brauchbare Lösung!«

Philipp mußte lachen, und der Vater runzelte die Stirn. »Was ist?«

»Ach – ich dachte nur an ein Wort von Meinhard – darüber, wie Väter sind. Aber gut, du brauchst jemanden für die fränkischen Güter, und ich will fort von hier, ohne eine große Wahl zu haben. Das trifft sich. Nächste Woche breche ich auf, und von Franken aus sehe ich weiter. Abgemacht, Vater?«

»Abgemacht, Philipp – obwohl es schade ist. Ich hatte – aber gut, lassen wir das für heute.«

Damit hätte es das friedliche Ende haben können, das Philipp von Hannes ans Herz gelegt worden war, aber noch war keines der Worte gefallen, derentwegen er das Gespräch gesucht hatte. Und auch der Vater hatte offenbar noch etwas auf dem Herzen, denn er machte keine Anstalten, sich zu erheben. Er war es auch, der nach einer Weile das Schweigen brach.

»Ich möchte noch etwas sagen«, begann er, »aber vorher möchte ich auch gern noch etwas fragen, Philipp. Letzte Woche nach dem Turnier hätte ich dir gern etwas Gutes gesagt, denn ich war stolz auf dich, und du hast mir sehr geholfen. Aber du warst an dem Abend zu nichts zu brauchen, wolltest nichts hören und nichts annehmen. Was war denn passiert?«

Philipp überlegte etwas beschämt und fragte dann: »Erinnerst du dich daran, wie du nach meinem Unfall nach Hause kamst? An Weihnachten?«

»O ja, weiß Gott!«

»Du hast dich damals lange mit mir unterhalten, das einzige Mal. Und am Schluß hast du gefragt: ›Was tun wir dann?‹ Es war auch das einzige Mal, daß du ›wir‹ gesagt hast. Erinnerst du dich?«

»Nein. Aber ich bin froh, daß ich wenigstens einmal eine väterliche Eingebung gehabt habe. Und am letzten Montag, vermute ich, habe ich statt dessen ›ich‹ gesagt? Und das genügt, um dich um Sinn und Verstand zu bringen?«

»Wie die Dinge liegen, ja. Es war ja nicht alles, womit du mich in den letzten Jahren alleingelassen hast.«

»Alleingelassen? Aber du hattest doch Hannes und deine Kameraden und den Bruder Ansfried!«

»Dann laß mich's anders sagen: Du hast mich nie wieder an etwas teilhaben lassen, auch dann nicht, wenn es mich ebensoviel anging wie dich.«

»Dazu war doch kein Anlaß!«

»So? Und wessen Zukunft ist das, über die du da verfügt hast?«

Der Vater machte eine ungeduldige Bewegung. »Deine. Aber der Platz, an den du eines Tages gehörst, ist vorerst der meinige.«

»Und wenn ich mir über den Platz, an den ich gehöre, erst klar werden möchte?«

»Über deinen Platz klar werden? Philipp, was soll denn das? Du hast nun deine Ritterweihe, und jetzt muß es weitergehen. Wir haben nicht mehr viel Zeit; ich bin alt.«

»Gib mir ein Jahr!« sagte Philipp nun entschlossen, Hannes' dringende Warnung vor einem Streit im Ohr. »Ein Jahr Unabhängigkeit, das muß reichen. Laß mich mein eigener Herr werden, dann reden wir weiter.«

»Ein Jahr?« fragte der Vater betroffen. »Das ist sehr lange – zu lange, Philipp!«

Als sei er zu einem Entschluß gekommen, erhob er sich, ging zu der schweren Eichentruhe hinüber, die die Wertgegenstände der Burg enthielt, öffnete sie und nahm ein Pergament heraus. »Hier ist etwas, das ich dir am Tag nach deiner Schwertleite nun doch zeigen möchte.« Er reichte es Philipp hin. »Das Schriftstück ist vor Jahren von unserem Kaplan aufgezeichnet worden, und wenn du willst, lasse ich ihn zum Vorlesen und Übersetzen rufen. Aber wenn es richtig ist, was der Bruder Ansfried sagt, habe ich einen schriftkundigen Sohn. Kommst du damit zurecht?«

Philipp nickte, rollte das Pergament auf und begann zu lesen. Es war ein alter Heiratsvertrag zwischen Armgard und ihm.

Als er fertig war, gab er dem Vater das Pergament zurück. »Ich verstehe, daß dich das reizt«, sagte er, so ruhig er konnte, »aber mich reizt es nicht.«

»Wir brauchen nicht jetzt und heute darüber zu sprechen«, entgegnete der Vater, »du sollst nur davon wissen.«

»Wir müssen jetzt und heute darüber sprechen, wenn du

den Heiratsvertrag meinen solltest. Für ihn ist ein Jahr tatsächlich zu lang. Ich weiß von dem Plan, aber er hat sich erledigt.«

»Was heißt das: erledigt?«

»Es heißt, daß ich nicht will.«

Philipp stand auf, nahm dem Vater die Rolle aus der Hand und warf sie in die Truhe zurück. Dann blieb er stehen, an die Mittelsäule des Wohngemachs gelehnt, wie es seit dem Unfall eine Gewohnheit von ihm war.

»Philipp, du hast gerade selbst gesagt, daß du dich um unsere Besitzverhältnisse nie gekümmert hast. Du übersiehst nicht, wieviel für uns von gesicherten Bündnissen abhängt. Von der politischen Lage im Reich haben wir noch immer keine Sicherheit zu erwarten.«

»Wie alt ist der Vertrag?« fragte Philipp.

»Er wurde in dem Sommer geschlossen, in dem König Philipp von Schwaben ermordet wurde.«

»Und warum ist er bis heute in der Truhe geblieben?«

»An mir lag es nicht.«

»Sondern an Armgards Familie? Warum paßte ihr der Plan so lange nicht mehr? Ich weiß schon: Sie wollten nach dem Unfall erst einmal abwarten, ob ich überhaupt dein Erbe antreten konnte, nicht wahr?«

»Das mußten wir alle, Philipp.«

»Ich weiß. Und außer Hannes habt ihr es alle beim Abwarten bewenden lassen; genau das meinte ich vorhin: Du hast mich alleingelassen. Aber gut. Und jetzt, nach der Ritterweihe, sieht das offenbar anders aus. Armgard selbst weiß natürlich nichts davon.«

»Warum sollte sie nichts davon wissen?«

»Seit wann ist der Vertrag denn wieder auf dem Tisch?« fragte Philipp und löste sich von dem Pfeiler.

»Seit ein paar Tagen. Das Angebot kam gleich nach dem Turnier.«

Philipp stutzte. Doch dann sah er wieder die Szene in der Zeltgasse vor sich: Armgards Bitte, seine eigene, harte Verweigerung, den zornigen Knicks und: ›Du gespielter

Ritter!‹ Nein, danach konnte es so schnell nichts mehr geben, jedenfalls nicht von Armgard aus.

»Sie kann nichts davon wissen«, wiederholte er, »und sie wird es auch nicht wollen.«

»Und warum nicht?«

»Ach – dafür gäbe es Gründe ...« Er brach ab und schrak zusammen, als der Vater mit hellsichtiger Schärfe fragte: »Philipp, du hast vorhin von Fehlern gesprochen, vor denen du dich fürchtest. Hast du einen Fehler in dieser Sache gemacht?«

Philipp fuhr auf; der Vater hatte so genau und so schmerzhaft getroffen, daß er einen Augenblick lang rote Funken sah.

»Habe ich dir nicht gesagt, daß es zwischen uns nicht geht, Vater!« stieß er hervor. »Deshalb wollte ich ja fort und zu mir selbst kommen, ehe ich neue Fehler mache, auch mit Armgard. Aber jetzt ist es mir gleich, jetzt können wir gleich alles erledigen!«

Vor jähem Zorn lodernd, blieb er vor dem Vater stehen. »Hör zu: Entweder du läßt mich ohne jede Einschränkung und Auflage gehen und läßt den Heiratsplan fallen, oder aber ich überlege es mir anders und werde geistlich, meinetwegen gleich morgen. Ich brauche dein Erbe und deinen Ehrgeiz nicht!«

Doch nun war auch der Vater aufgesprungen, und die Kampfhähne standen einander gegenüber. »Glaubst du denn im Ernst«, schrie der Graf wütend, »daß sie unten in der Abtei meinen einzigen Erben gegen meinen Willen nähmen? Sie bekämen es nicht nur mit mir zu tun, sondern auch mit dem Landgrafen und vor allem mit dem König, und wenn sie zehnmal unter diesem verdammten Königsschutz stehen, mit dem sie sich mir entziehen! So dumm ist der Staufer nicht, daß er ohne Not den Frieden hier in Thüringen gefährden würde!«

»Dann gehe ich eben nicht zu den Zisterziensern«, erwiderte Philipp ohne Besinnen, »dann gehe ich zu den Dominikanern!«

»In einen Bettelorden?! Philipp, das tust du mir nicht an!«

»Warum nicht? Dort beurteilen sie einen Mann hoffentlich nicht nach seinem Geld, sondern nach seinem Kopf!«

»Du bist verdammt selbstbewußt!«

»Nicht so, wie du meinst, Vater.«

»Und ein Mädchen wie Armgard? Ist dir das gleichgültig? Sie hat es nicht nötig zu warten.«

»Sie soll nicht warten, jetzt nicht mehr. Sag ihren Eltern noch heute ab!«

»Philipp!«

»Ich will nicht, ich kann nicht! Laß mich!« Er schleuderte den schweren Eichensessel gegen den Tisch, daß es krachte. »Ach, Vater, warum müssen wir so miteinander umgehen?«

Der Bruder Ansfried brachte die Sache am anderen Morgen wenigstens halbwegs ins Reine. Philipp hatte sich noch in der Nacht zu ihm geflüchtet.

»Wenn ich der Prior eines Dominikanerklosters wäre und Ihr kämt zu mir«, sagte er, »ich würde Euch abweisen. Und nicht etwa wegen Eurer vorrangigen Liebe zu den Wissenschaften, denn gerade bei den Dominikanern bemüht man sich ja, diese der Glaubenslehre dienstbar zu machen; sondern deshalb, weil diese Liebe dort unter allen Umständen hinter der Glaubenszucht zurückzutreten hat. Das darf auch gar nicht anders sein, wenn die neuen Orden mit den unruhigen Menschen in den großen Städten fertigwerden wollen. Vor aller Wissenschaft kommen bei ihnen die Seelsorge und der Kampf gegen religiöse Irrlehren. Ihr könntet Euch da auf eine harte Probe gestellt sehen.«

»Zweifelt Ihr denn an meiner Glaubensfestigkeit?« fragte Philipp betroffen.

»Nein, gar nicht. Aber deren bester Teil ist Euer Gewissen, und mit dem könntet Ihr dort zwischen Mahlsteine geraten. Glaubt mir, ich habe mir in der langen Zeit, die Ihr nun mein Schüler seid, meine Gedanken über Euch gemacht, und nicht nur Euch zuliebe. Ihr gehört nicht ins Kloster und schon gar nicht zu den Dominikanern.«

»Sondern?«

»In die Welt, trotz allem; auf die andere Seite der Scheidelinie. Euer Vater ist ein alter Mann. Sucht einen Weg, der für Euch beide gangbar ist, und bedenkt dabei, daß wir hier unten uns später über einen guten Nachbarn oben auf dem Schwarzenstein freuen, und nicht nur wir.«

Er überlegte einen Augenblick und fügte dann freundlich hinzu: »Vielleicht habe ich nicht alles erfahren, was in der letzten Zeit vorgefallen ist, aber laßt mich Euch dennoch ein wenig vor Euch selber warnen. Nicht alles, was man im Zorn zerschlägt, läßt sich hernach wieder zusammenflikken.«

Mehr als alles andere trug dieses Wort dazu bei, daß Philipp sich aufmachte und zur Burg zurückritt, leicht benommen von dem Kopfweh, das er sich beim Anrennen gegen die Mauern von Kirche und Welt geholt hatte.

Oben suchte er den Vater noch einmal auf.

»Vater«, sagte er, »wenn du jetzt noch willst, dann bitte ich dich nur um das eine, mir den Heiratsplan zu erlassen. Dafür bringe ich dir die Güter in Franken in Ordnung – auf meine Weise und so gut ich kann. Laß mich für jetzt. Ich muß mein eigner Herr werden.«

»Auf deine Weise und so gut du kannst –?« wiederholte der Alte langsam. »Und was soll hier in Thüringen werden?«

Philipp schwieg.

Da sagte der Vater etwas sehr Unerwartetes: »Ach, Philipp – ich wollte, ich wäre anders mit dir umgegangen!«

II. DAS ZAUNKÖNIGREICH

Das Gehäuse in Franken

Bis zum letzten Augenblick schob Philipp die Entscheidung auf, ob er Baran zum Mitkommen bewegen oder sich lieber hier von ihm verabschieden sollte. Denn es war ein weiter Ritt hinauf zum Kamm des Thüringer Waldes und über den Rainstieg hinunter ins Tal der fränkischen Saale bis zum Main und über Würzburg hinaus; Baran hatte in letzter Zeit alle weiten Wege verweigert.

Doch als alles aufgepackt und der Abschied von Hannes und dem Vater genommen war, stand Baran schweifwedelnd und aufbruchsbereit bei Philipps Begleitung neben dem Reisepferd. Er lief den ganzen Weg über wie in seinen besten Zeiten, und seine Anwesenheit war wirklich ein Trost, als Philipp sich schließlich in seinem neuen Gehäuse einzurichten begann.

Die Besitzungen in Franken hatten es wahrhaftig nötig, daß sich jemand um sie kümmerte. Aber Philipp merkte rasch, daß jemand, der deswegen kam, nicht sehr willkommen war. Kaum, daß der mürrische alte Vogt jemanden auftrieb, der die verquollenen Türen öffnete und die lose in den Angeln hängenden Fensterläden so weit aufstieß, daß ein erster Schwarm Fledermäuse aus dem Wohngemach ins Freie gescheucht werden konnte.

Es roch nach Staub und Stein und nach modrigem Gerümpel, und Philipp nahm für die ersten Nächte lieber mit seinen Leuten im Wirtschaftsteil der Burg Quartier. Auch der lag freilich in halbem Ruin, aber keiner der Burgleute, die sich nach und nach einfanden, schien es anders gewohnt zu sein.

Nach Staub und Stein roch es auch noch, als endlich auch die letzten Fledermäuse und das Gerümpel ihren Auszug genommen hatten und Türen und Fenster zurechtgehobelt worden waren. Nach und nach fand sich ein Teil der Möbel wieder, die einstmals hier gestanden haben mußten, und schließlich hatte auch der Kamin wieder Zug. An weitere Bequemlichkeit war vorläufig nicht zu denken.

Das alles war doch ein bißchen anders, als Philipp es sich gedacht hatte! Es kam ihm in dem leeren Hause so vor, als seien Baran und er zwei Erbsen in einem Steintopf, die noch nicht einmal bei kräftigem Schütteln die Wände zum Scheppern brachten. Ein wenig besser wurde es, als nach ein paar Tagen einer der Kameraden aus der Knappenzeit zu ihnen stieß: Martin war jünger als Philipp und deshalb erst später als die anderen zu Hannes gekommen; er mußte noch eine Weile auf seine Ritterweihe warten und hatte angeboten, so lange als Knappe mit nach Franken zu gehen. Mit Martin ließ sich gut auskommen, und drei Erbsen in einem Topf waren schon einmal besser als zwei. Nun galt es, sich mit dem Vogt über die Wirtschaft auseinanderzusetzen.

Doch ehe Philipp damit noch ernsthaft hatte anfangen können, kam aus Thüringen eine Nachricht, die ihn leer und müßig am Fenster des Rittersaales lehnen und hinausstarren ließ, ohne daß er dabei das mindeste wahrnahm. Armgard hatte sich daheim in Thüringen vermählt, mit einem von Philipps bisherigen Gefährten, den er eigentlich immer gern gemocht hatte.

Als Philipp schließlich meinte, gleich müsse ihm unfehlbar das Dach auf den Kopf fallen, rief er Baran, ließ den Grauschimmel satteln und ritt, den verdutzten Martin mit einer kurzen Erklärung zurücklassend, ohne Ziel davon, irgendwohin in den Wald.

Wie hatte er doch einmal die Geschichten der irrenden Ritter in Armgards Gegenwart verspottet? ›Wer stellt sich denn wegen einer Dame so furchtbar an und verliert, wenn's drauf ankommt, den Kopf und rennt obendrein wie verrückt in den Wald . . .‹ Nun, viel fehlte ihm nicht mehr zu seinem eigenen Spottgemälde; er brauchte sich jetzt nur noch auf einen Irrweg zu begeben, dann war er soweit. Er verzichtete dann aber doch darauf, sich in einer Meile Entfernung von seiner eigenen Burg zu verirren und schlug bei Dunkelwerden den Heimweg ein. Das war schon Barans wegen nötig, denn der schleppte sich so jämmerlich dahin, als habe er alles verstanden und wisse auch keinen Rat.

Ein paar Tage später war Baran tot, und damit war das alte Leben endgültig und schmerzhaft zu Ende gegangen. Das steinerne Gehäuse aber war nun nicht nur leer, sondern so trostlos, daß Philipp sich in eine dumpfe Gleichgültigkeit fallen ließ.

Martin sah das eine Weile mit an, aber nicht lange. »Wenn du doch nur die ganze Zeit über am Fenster stehst«, sagte er nach ein paar Tagen entschlossen, »dann hätten wir ebensogut die Fledermäuse dort hängen lassen und in Thüringen bleiben können. So geht es jedenfalls nicht weiter, wir sollten hier doch nach dem Rechten sehen, und das ist wahrhaft nötig! Ich habe da . . .«

»Laß mich in Ruhe!« sagte Philipp.

»So?« Martin ließ sich nicht abschütteln. »Und was sag ich dem Mann, der vorhin gefragt hat, ob du den nächsten Gerichtstag selber hältst oder ihn wieder vom Vogt wahrnehmen läßt? Er behauptet, der Vogt habe bei der letzten Verhandlung eine falsche Aussage zugunsten des Mainzer Vogts durchgehen lassen, gegen Geld, meint er, und er weiß nun nicht, wie er zu seinem Recht kommen soll. Was soll ich ihm sagen, falls er überhaupt wiederkommt? Er hatte nämlich Angst, die Leute hier könnten ihn beim Vogt verpfeifen.«

»Sag ihm, er soll mich . . .«, begann Philipp und merkte erst dann, daß er nicht zugehört hatte. »Wie war das? Noch mal!«

Er folgte Martins Worten diesmal mit widerwilliger Aufmerksamkeit und sagte dann betroffen: »Das geht nicht. Wenn er wiederkommt, bring ihn herein, und wenn nicht, such ihn im Dorf – falls du ihn nicht erfunden hast, um mich zu ärgern!«

Aber der Mann kam wirklich wieder. Er grüßte den jungen Burgherrn mit dem schuldigen Respekt, aber dann maß er ihn und die schief hängende Decke des Gemachs doch mit bedenklichen Blicken. Dennoch ließ er sich dazu bewegen, seine Geschichte und auch gleich noch ein paar andere von ähnlicher Art zu erzählen.

Als der Mann fort war, trat Philipp wieder ans Fenster, aber diesmal riß er sich rasch wieder los. Es hatte keinen Sinn, sich im Niemandsland zu verschanzen! Der Mann hatte offenbar nicht viel Vertrauen gefaßt, und Philipp konnte es ihm nicht verdenken. Er ließ nun selbst seinen Blick über Decke und Wände gleiten und bemerkte erst jetzt, daß es nicht mehr sehr lange dauern konnte, bis ihm das Dach ganz buchstäblich auf den Kopf fiel. Er mußte noch heute mit dem Vogt reden, und auch mit dem Mann selbst sprach er wohl besser noch einmal in mehr Ruhe!

So trat Philipp die Flucht nach vorne an und stürzte sich in die Arbeit, die vor seiner Tür lag. Er schüttelte erst einmal alles von sich ab; denn an der Sache mit Armgard war jetzt nichts mehr zu retten, und zum Nachdenken war später noch Zeit.

Als erstes mußte er sich an das Reiten ohne Baran gewöhnen, und es war eine harte Hilfe dabei, daß seine neuen Wege sich gründlich von denen unterschieden, die er mit ihm geritten war.

Sie führten ihn keineswegs in die große Welt, in der er sich hatte umsehen wollen, im Gegenteil. Sie galten den Menschen in der unmittelbaren Umgebung, die der Burg Dienste aller Art zu leisten hatten und denen er dafür Schutz vor Willkür und Gewalt schuldig war. Und hier lag Arbeit, die einem den Kopf warm machen konnte.

Denn es war schon bei geordneten Verhältnissen nicht leicht, die Fülle der einzelnen Leistungen zu überblicken, aus denen sich die Bewirtschaftung eines Herrenhofs zusammensetzte, und wie dann erst jetzt! Natürlich gab es hier wie überall die Verpflichtungen der unfreien, halbfreien und freien Bauern, es gab deren Tagewerke, Gespanndienste und Abgaben. Aber über die mußte man auch Bescheid wissen; denn wer nicht wußte, was er verlangen konnte, der besaß nicht viel.

Philipp merkte bald, daß die Leute mit dem säumigen Vogt trotz allem gar nicht schlecht gefahren waren, denn dieser hatte viele Rechte des Herrenhofs lange nicht mehr wahrgenommen, so daß sie halb in Vergessenheit geraten waren. Als Philipp jetzt die Abgabepflichten neu überprüfte, stieß er auf wortkarge Gegenüber. Mochte der junge Graf doch sehen, wie er zu seinen Auskünften kam, solange er dabei nicht Gewalt anwandte, so dachten die Bauern.

Philipp wußte so gut wie sie, daß die Anwendung von Gewalt zu seinen Herrschaftsrechten gehörte; der Vater war nicht zimperlich damit. Und er selber hatte gegenwärtig ohnehin Probleme mit seiner Geduld. Aber jedesmal, wenn er zornig werden wollte, kam ihm das Gespräch mit der künftigen Landgräfin in den Sinn. An seinem Wege sollten jedenfalls nicht die Armen zurückbleiben, die den hartherzigen Burgherrn verfluchten, der sie drangsalierte und ausplünderte. Es mußte bei den Bauern auch ohne Gewalt gehen! Wozu hatte er schließlich fragen gelernt?

Nach einer Weile empfingen die Leute den jungen Herrn auch schon bereitwilliger; und als Philipp, klüger geworden, in den Urkunden des kleinen Hausklosters und der Pfarrkirchen viele der Angaben fand, die er brauchte, ohne doch deren Verheimlichung zu ahnden, ließ sich mit den Bauern einvernehmlich verhandeln.

Es war diesen recht, daß Philipp, der sich auch sonst gründlich umgesehen hatte, nun einen Teil der alten Abgaben und Frondienste in Geldzahlungen umwandelte. Denn bares Geld war für die selbständig gewordenen Bauern auf dem Markt leichter zu verdienen als auf dem Herrenhof, auf dem sich wiederum mit Bargeld günstiger wirtschaften ließ als mit starren Diensten. Bald war den Leuten der Wechsel auf der Burg nur recht, zumal sich der neue Herr von selbst um Markt, Gericht, Wege, Brücken und auch um die heillos verfallene Armen- und Siechenpflege kümmerte.

Über all dem wurde die kleine Welt der ersten Wege allmählich größer, denn es gab noch einen Grund, warum Philipp so rasch dazulernte. Er war nämlich beim Erzbischof von Mainz im Großen in der gleichen Lage wie seine Bauern bei ihm im Kleinen: die erzbischöfliche Kurie forderte Zahlungen und meldete hohe Rückstände an – kein Wunder bei der Wirtschaftsführung des Vogtes! Philipp überlegte nun doch, ob er zu Hause um Hilfe bei diesen mühseligen Geschäften bitten sollte, aber dann verwarf er den Gedanken. Wozu hatte er selbst lesen und schreiben gelernt? Und wozu hatte er sein eigener Herr sein wollen?

So führten seine nächsten Ritte zur Kanzlei in Mainz, und damit war er schon näher an der Welt, in der er sich hatte umsehen wollen. Denn hier in Mainz herrschte ein anderer Zuschnitt als an dem doch so berühmten Hof in Eisenach; der Erzbischof von Mainz war nicht umsonst der mächtigste Fürst des Reiches.

In der erzbischöflichen Kanzlei wunderte und ärgerte man sich über den jungen Herrn, der seine Geschäfte selbst führen wollte, nur weil er aus leicht ersichtlichen Gründen lesen und schreiben gelernt hatte. Außerdem war er offenbar willens, die rückständigen Zahlungen selbst herauszuwirtschaften, statt sich, wie sein Vogt, durch Verkauf oder Verpfändung einzelner Güter an den Erzbischof aus der Klemme zu ziehen. Das war ein sperriger Lehnsmann für eine Kanzlei, der an einer gefälligen Abrundung des erzbischöflichen Besitzes lag.

Philipp ließ sich auch hier die Urkunden und dazu die Zahlungslisten der letzten Jahre vorlegen, und als er sah, daß gegen die Mainzer Forderungen nichts auszurichten war, handelte er einen Aufschub heraus, schickte den Vogt aufs Altenteil, sah sich nach einem guten Verwalter um und stellte mit diesem zusammen, so gut er das inzwischen konnte, einen Wirtschaftsplan auf. Wozu hatte er rechnen gelernt?

Über all dem wurde auch der leere Erbsentopf voll, denn die Burg brauchte nun Menschen für Wirtschaft, Bauarbeiten, Torhaus, Turm, Stallungen und Werkstätten, dazu Burgmannen und Knappen. Und als Martin sich nach Jahresfrist seine Ritterweihe geholt hatte, machte Philipp ihn zu seinem Burghauptmann und hatte nun auch jemanden für die militärischen Pflichten, die er den Mainzern schuldete.

Und noch etwas fand sich, was Philipp ausgerechnet hier nicht vermutet hatte: etwas zum Lesen. Die drei Schriftstücke rochen wie das Mobiliar, aus dem sie aufgetaucht waren, nach Staub und Stein, aber sie söhnten Philipp fast mit diesem Geruch aus. Er legte die Lebensbeschreibung des heiligen Kilian von Würzburg und das lose Blatt aus einer Sammlung von Kirchenrecht beiseite und nahm den Pergamentstreifen zur Hand, auf dem ein kleines Gedicht geschrieben stand, das die Freude über einen ersten, warmen Maitag nach einem langen, kalten Winter beschrieb. Es war seltsam zu lesen, und erst, als Philipp es sich halblaut vorsprach, begriff er, daß es auf deutsch geschrieben war. Außerdem merkte er, daß er das Gedicht schon einmal gehört hatte: von dem Spielmann, der an dem Abend gekommen war, an dem Hannes die Entscheidung zwischen Kirche und Welt angemahnt hatte. Es war von Herrn Walther von der Vogelweide, den er am landgräflichen Hof so gern einmal getroffen hätte.

Neben dem Gedicht stand eine Zeichnung: Ein Ritter mit einem blauen Querbalken in silbernem Feld nahm von einer Dame Abschied. Hatte der Vater hier auf dieser Burg einst um die Mutter geworben? Unwillkürlich forschte Philipp in dem Bild der Dame nach den Zügen, die er inzwischen nur noch wie einen Schatten erinnerte; aber weder das lächelnde Gesicht noch die liebliche, hoheitsvolle Gebärde, mit der ihre Rechte den Mantel über der Brust geschlossen hielt, verrieten etwas anderes als höfische Zucht.

Als Philipp alle drei Schriftstücke auswendig konnte, hielt er nach einem jungen Kleriker Ausschau, der im Lesen und Schreiben sicher war und auch ein wenig rechnen konnte, und nach einer Weile fand er, was er suchte. Bertram kam wie Meinhard und Martin aus einer Familie mit vielen Kindern; den geistlichen Stand hatte er nur halb aus Neigung in Aussicht genommen. Er war sofort bereit, außer der Rechnungsführung der Burg auch das Abschreiben von Manuskripten zu übernehmen und zur Falkenjagd und zum Spielen am Schach- oder Zahlenkampfbrett hinzugezogen zu werden. Philipp nahm ihn mit, wenn er zur Mainzer Kurie oder nach Würzburg mußte und suchte mit ihm zusammen die Bibliotheken der dortigen Klöster auf. Bertram war entschieden ein Gewinn.

Als das erste Jahr um war, konnte Philipp aufatmen. Zwar war dieses Jahr sehr anders gewesen, als er gedacht hatte, härter und mühseliger, und zum Nachdenken war er überhaupt nicht mehr gekommen. Aber er merkte plötzlich, daß es dennoch ein sehr gutes Jahr gewesen war, denn es hatte etwas bewirkt, das Hannes für unmöglich gehalten hatte: es hatte seine beiden Welten miteinander verschmolzen. Er war jetzt nicht nur sein eigener Herr – das war ja nicht schwer, wenn man in ein Gehäuse nur einzuziehen brauchte –, sondern er stand auf wirklich eigenem, selbstgelegtem Grund. Hätte Armgard doch nicht damals so unerwartet vor ihm gestanden! Jetzt war er soweit, daß er eine Begegnung mit ihr gesucht hätte.

Neuigkeiten aus Italien

Um diese Zeit meldete Meinhard seinen ersten Besuch in Franken an, und die Ankunft seines sonnenverbrannten, staubigen Reisetrupps, in dessen Reihen italienische Rufe ebenso geläufig hin- und herflogen wie deutsche, brachte einen neuen, fremden Pulsschlag in das gleichmäßige Leben in Franken. Offenbar lernte man es auf den weiten Ritten im Dienste des Königs, ohne viele Umstände mit fremden Menschen und fremden Dingen umzugehen, und Philipp fühlte sich anfangs von dem neuen Tempo des Freundes fast überrannt.

Aber Meinhard wusch in dem mächtigen Badezuber, den die neue Beschließerin einem so weitgereisten Gast mit besonderer Sorgfalt richten ließ, mit dem Reisestaub auch die Hetze des Reiselebens ab. Er sah sich in den nächsten Tagen gründlich um und beobachtete mit Staunen, wie Philipp mit den Leuten die Wirtschaft und die Arbeiten des Tages besprach.

»Na, mir scheint, es hat jeder von uns beiden etwas dazugelernt«, sagte er, als sie am nächsten Tag nach der Besichtigung eines Vorwerks auf einem Mäuerchen im Schatten einer Buche saßen.

Die Pferde waren in der Nähe angepflockt; der Verwalter hatte nach der Besichtigung der Wirtschaft drinnen im Haus noch etwas zu erledigen. Es war schön hier. Einen guten Steinwurf entfernt lag ein kleiner Weiher, in dessen Uferschilf sich jetzt, da der Lärm im Vorwerk abgeebbt war, die Wasservögel regten.

Meinhard nahm das Gespräch wieder auf. »Konntest du denn nicht ein bißchen von dem Verstand, den du hier so reichlich aufbringst, zu Hause anlegen?« fragte er. Er wußte inzwischen von Armgards Vermählung und konnte sich nun auf des Freundes Verhalten einen Reim machen. Philipp erzählte ihm jetzt die ganze Geschichte.

»Wenn ich wenigstens wüßte, ob sie gern in die Heirat eingewilligt hat, oder ob es doch ein bitterer Entschluß für sie war«, schloß er das Gespräch ab. »Solange man nur sich selber weh tut und nicht auch dem anderen, ist es nicht ganz so schlimm.«

Meinhard nickte. »Wem sagst du das?«

Meinhard hatte jemanden mitgebracht: einen Falkner – einen Mann, der sich auf die Aufzucht und Abrichtung von Jagdfalken verstand. »Ich bin in Italien auf ihn gestoßen«, sagte er, »wir haben Gefallen aneinander gefunden, und er wollte gern in meine Dienste treten. Als ich ihm sagte, ich besäße nur Luftschlösser und könne mir keinen eigenen Falkner leisten, war er enttäuscht. Kannst du einen brauchen?«

»Und wie!« sagte Philipp, aufs höchste erfreut, »ich will endlich wieder zum Jagen kommen! Er soll mir eine Falkenzucht aufbauen, und wenn ich dafür den Erzbischof um die nächste Zinszahlung prellen muß. Man merkt, daß du mit dem König zu tun hast!« Philipp wußte noch aus Meinhards früheren Berichten, daß die Falkenjagd die große Leidenschaft des Staufers war.

»Der kennt wirklich jeden einzelnen seiner Falken«, bestätigte der Freund, »er jagt mit ihnen, wann immer er es über den Regierungsgeschäften einrichten kann. Aber weißt du was?« Meinhard wurde beinah aufgeregt. »Du hast doch das Vorwerk mit dem Weiher und den vielen Wasservögeln in der Nähe, das wäre genau der richtige Standort für eine Falkenzucht! Das nächste Mal nehmen wir den Falkner dorthin mit und zeigen es ihm. Du könntest dir dort eine Art Jagdvilla einrichten, so wie der Kaiser sie hat.«

»Schöne Villa!« entgegnete Philipp und dachte an das armselige, strohgedeckte Gehöft mit den lehmverschmierten Flechtwerkwänden, aus dessen Türöffnung von Zeit zu Zeit neugierige Kinderköpfe aufgetaucht waren. »Aber dein Gedanke ist gut, Meinhard, und dem Vorwerk kann ein kleiner Ausbau nichts schaden.«

Das zweite, was Meinhard mitgebracht hatte, war ein gefleckter junger Jagdhund, der fast so aussah wie das Fellbündel, das damals, als Philipp selbst noch klein war, in seine aufgehaltenen Hände gefallen war; nur daß dieses schon ein bißchen größer war.

»Das könnte doch glatt Baran sein, nicht wahr?« fragte Meinhard, sehr zufrieden mit sich selber, »aber sei so gut und erzähl niemandem, woher du ihn hast, ich hab ihn nämlich so gut wie gestohlen!«

So lief wirklich bald wieder ein Baran neben Philipp her;

zwar war es nicht ganz der alte Baran, aber es war ja inzwischen auch nicht mehr ganz der alte Philipp.

Mit Meinhard kam auch wieder die Welt weiter draußen ins Haus, und nicht nur bei der Falkenjagd war nun vom König die Rede.

»Du warst also noch nicht am Hofe?« vergewisserte sich Meinhard, als sie wieder einmal unter der Buche saßen. Vom Vorwerk her klang das Hämmern, mit dem die Arbeiter nach den Weisungen des Falkners die Pfosten für die Vogelgehege in den Boden trieben.

Philipp schüttelte den Kopf. »Ich hatte keine Zeit. Außerdem hätte ich das natürlich mit dir abgesprochen. Was soll ich beim König, wenn du in Italien bist?«

»Den König kennenlernen!«

»Der läuft nicht weg!«

»Na –?!« sagte Meinhard. »Irgendwann einmal doch!«

»Ich komme ja auch mal!« versicherte Philipp, »aber erzähl mir erst noch ein bißchen von ihm, vom König. Du brauchst übrigens keine Angst mehr zu haben, daß ich eifersüchtig werde. Ich bin mit mir im reinen, außer in der Sache mit Armgard.«

»Du warst aber eifersüchtig, nicht wahr?« fragte Meinhard. »Ich war mir nie ganz sicher.«

»Ein bißchen, aber das ist vorbei. Du mußt mir noch von deiner Schwertleite erzählen; wir haben uns ja seit Hannes' kleinem Pfingstturnier nicht mehr gesehen, und ich wüßte doch gerne, wie es ist, wenn einem ein König die Schwertleite erteilt.«

Von der Schwertleite kamen sie auf die anderen Ereignisse in der Welt.

»Rate mal, mit wem ich in den letzten Wochen unterwegs war!« fragte Meinhard vergnügt.

»Mit dem König!«

»Ja, aber mit welchem?«

»Es gibt doch nur noch einen. Der Welfenkaiser ist ja vor kurzem gestorben.«

Meinhard schüttelte den Kopf. »Es gibt immer noch zwei, das ist es doch. Ich habe den kleinen König Heinrich von Sizilien, den Sohn des Staufers, hierher nach Deutschland begleitet. König Friedrich will seinen Sohn hier haben, und ich wüßte gern, warum. Nicht nur ich übrigens. Darüber herrscht großes Rätselraten am Hof.«

»Vielleicht will er ihn ganz einfach wiedersehen?« fragte Philipp. »Wie alt ist denn der Kleine jetzt?«

»Sieben Jahre ungefähr«, erwiderte Meinhard. »Er ist in Sizilien bei seiner spanischen Mutter aufgewachsen, und er lernt seinen Vater jetzt erst kennen, denn der ist ja schon seit sechs Jahren hier in Deutschland. Weißt du, es ist schon seltsam . . .«, Meinhard unterbrach sich und wartete, bis eine plötzliche Meinungsverschiedenheit zwischen den Knechten im Vorwerk hinter ihnen abebbte, »es ist sogar sehr seltsam«, fuhr er fort, und man merkte ihm an, daß ihn etwas umtrieb, »wenn man in dem heißen Land dort unten in einem der streng gehüteten normannischen Königspaläste am Mittelmeer plötzlich so einen kleinen rotblonden Schopf vor sich hat, ein Stauferkind! Wir haben uns unterwegs gut mit diesem kleinen Reisekameraden unterhalten; er ist gar nicht uneben. Er wußte, daß sein Vater inzwischen König in einem Land hinter den großen Bergen ist, in dem es im Winter Eis und Schnee gibt und aus dem seine Familie früher einmal gekommen ist. Er wußte auch den Namen: Deutschland oder das Römische Königreich; aber was soll ihm das schon sagen?«

»Und ihr habt italienisch mit ihm gesprochen?« erkundigte sich Philipp.

Meinhard nickte. »Er spricht bis jetzt nur das italienische Volgare, die Volkssprache, und die ist ja auch die Muttersprache seines Vaters. Es war ihm aber ganz recht, daß wir ihm schon einmal ein bißchen Deutsch beibrachten; er wird es brauchen, ganz gleich, was er hier oben soll.«

Sie mußten das Gespräch abbrechen, denn der Falkner kam und meldete, er sei für heute fertig.

Den ganzen Tag über ging Philipp der Gedanke an den

rotblonden Jungen auf den weiten Wegen von Palermo bis nach Hagenau im Elsaß nicht aus dem Kopf. Hagenau war die Lieblingspfalz seines Vaters; dorthin hatte Meinhards Trupp ihn gebracht.

»Vielleicht will der Staufer seinen Sohn ganz einfach wiedersehen?« nahm Philipp seinen Faden wieder auf, als sie abends beim Frankenwein zusammensaßen.

Baran der Zweite spielte mit einem Knochen, der ein bißchen zu groß für ihn und den Korb war, in dem er auf dem Estrich zu ihren Füßen lag.

Meinhard lachte. »Bei aller Liebe – aber so ist der Staufer nicht, daß er jemanden riefe, nur weil er ihn wiedersehen möchte. Nein, dahinter steckt etwas anderes, und ich wüßte gerne, was.«

»Soll ich es dir sagen?« fragte Philipp, in dessen Erinnerung plötzlich das halbvergessene Gespräch wachgeworden war, in dem der Vater gefragt hatte: ›Was tun wir dann? Wenn der Staufer seinen kleinen Sohn ruft?‹

Meinhard machte große Augen. »Nanu! Hast du einen Raben, der dir wahrsagt?«

»Nein, aber einen Vater.« Und Philipp erzählte Meinhard die Geschichte von dem Lebkuchenkönig. »Kann es sein, daß der kleine König hierher geholt worden ist, weil der Staufer jetzt wirklich die Königreiche tauschen will? Weil er Deutschland für ihn und Sizilien für sich haben möchte?«

»Wie sollte das zugehen?« fragte Meinhard nachdenklich; »König Friedrich hat ja dem Papst feierlich versprochen, nicht zu tauschen. Und Papst Innozenz war nicht jemand, der sich narren ließ, wahrhaftig nicht! Er hat auf dem großen Konzil vor ein paar Jahren, kurz ehe er starb, der Kaiserkrönung des Staufers zugestimmt – aber eben unter der Bedingung, daß die beiden Kronen nicht in einer Hand vereinigt werden und daß der kleine König Heinrich in Sizilien bleibt. – Warte!«

Er bückte sich, um dem jammernden Baran zu seinem Spielzeug zu verhelfen, das über den Korbrand gefallen war. Eine Weile sahen sie dem drolligen Geschöpf beim Spielen zu und lachten.

»Der wird mal gut!« sagte Philipp; »wo hast du ihn denn gestohlen?«

Aber Meinhard machte ein geheimnisvolles Gesicht und schüttelte den Kopf. »Kennt dein Vater Sizilien?« fragte er statt einer Antwort.

»Ja. Warum?«

»Weil er dann weiß, was den Staufer dort reizen könnte«, erwiderte Meinhard. »Sizilien ist nämlich ein ganz modernes Land; ich bin ja jetzt ein paar Monate dort gewesen, und ich habe gestaunt! Dort ist der König wirklich Herr, ganz anders als bei uns. Dort braucht er nicht wie hier den Fürsten jeden Vorteil abzukaufen, und am liebsten gleich gegen die Kronrechte. Dort ist er Herr über Gericht und Geld. Außerdem ist das Land da unten mit seinen Häfen im Mittelmeer reich! Nein, wenn ich es mir so überlege – dein Vater könnte recht damit haben, daß der Staufer tauschen will. Er könnte sich dann auf dem Weg nach Sizilien auch gleich ein bißchen um seine alten Kronrechte in Norditalien kümmern, denn von denen haben wir auf unserem Weg hierher nicht mehr viel gemerkt.«

»Nein!« sagte Philipp entsetzt.

»Wieso ›nein‹?« fragte Meinhard.

»Wieso? Soll denn hier das ganze Elend von früher wieder von vorn anfangen? Kein König im Land, der den Namen wert ist?!«

»Natürlich soll es das nicht! Das wäre doch gar kein Vergleich! Wenn – ich meine: falls der Staufer wirklich nach Italien zurück ginge, dann würde er sich von dort aus weiter um Deutschland kümmern. Italien liegt ja nicht auf dem Mond!«

»Aber beinah!« sagte Philipp aufgebracht. »Und sein Versprechen? Das gilt doch auch gegenüber dem neuen Papst!«

»Ach ...«, erwiderte Meinhard und sah plötzlich so aus, als sei er wieder hinter einem roten Fuchs her, »ach, weißt du, das lassen wir einfach die Sorge des Königs sein! Wir brauchen uns ja nicht seinen Kopf zu zerbrechen. Wollen wir eine Partie Schach spielen? Um die Wette? Wenn du gewinnst, bleibt König Friedrich hier, und wenn ich gewinne, geht er nach Sizilien. Aber gib mir einen Bauern vor!«

»Ich denke nicht dran!« sagte Philipp entgeistert. »Meinhard – du wirst doch nicht etwa wollen, daß der Staufer nach Italien geht?!«

Aber er war schon dabei, die Schachfiguren aus der Truhe zu holen; es waren noch immer die alten aus der Zeit nach seinem Unfall, nur daß er seither immer wieder an ihnen herumgebastelt hatte, so daß es eigentlich neue waren. »Warum könntest du das wollen?« fragte er den Freund eindringlich.

»Weil ich dann mitginge!« erwiderte Meinhard prompt. Und als er den Widerstreit der Empfindungen auf Philipps Gesicht sah, fügte er hinzu: »Verzeih! Aber weißt du, für mich sind die Staufer Kaiser und nicht Könige, und dieser Staufer ist überhaupt nichts anderes als ein Kaiser, ganz gleich, wann er dazu gekrönt wird. Ein Kaiser ist aber nicht ohne Italien zu haben. Und außerdem, Philipp – weil du gesagt hast, du seist nicht mehr eifersüchtig auf mich, bin ich ganz ehrlich: Ich möchte ihn erleben, ganz gleich, was es mich kostet! Sei so gut und verliere diese Partie!«

Der Nachbar mit dem Unmutston

Sie brachen das Spiel ab, als sich ein Patt abzeichnete, so, als fürchte jeder, die Partie für sich zu entscheiden. Und wirklich blieb die Lage im Reich noch eine ganze Weile in der Schwebe.

König Friedrich baute seine Stellung weiter aus und

richtete sein Augenmerk dabei auf die Mehrung des Reichslandes und seines staufischen Hausgutes im Südwesten ebenso wie auf die Schlichtung und Befriedung widerstreitender Interessen im Reich. Noch deutete nichts auf einen Aufbruch nach Italien hin – es sei denn, zur Kaiserkrönung in Rom; aber die hatte ja noch nichts mit Sizilien zu tun.

Philipp hatte während der Zeit, in der er sein Haus in Franken ausbaute, die Besuche am Hof vorerst dem Vater überlassen. Noch war der ja der nächste dazu, und noch war er auch rüstig genug. Doch er hielt sich jetzt in Mainz und in Würzburg auf dem laufenden, denn dort ritten die Boten des Königs ein und aus. Es wurde immer deutlicher, was sie dort und an den übrigen geistlichen Höfen aushandeln wollten: die Zustimmung der geistlichen Reichsfürsten zur Wahl des kleinen sizilischen Königs zum deutschen König. Wenn es aber schon soweit war, dann konnte des Staufers Bleiben in Deutschland kaum mehr lange sein.

Doch es war dann nicht Meinhard, der die Nachricht vom bevorstehenden Aufbruch des Königs nach Italien brachte, sondern ein anderer, sehr überraschender Gast, und als er wieder aufbrach, wußte Philipp, daß er sich beeilen mußte, wenn er den Staufer kennenlernen wollte, weil der sonst über alle Berge war. Und daß ihn keine Scheu mehr an dieser Begegnung hindern durfte.

Es war ein unfreundlicher Februartag, der diesen Gast ins Haus brachte.

»Politische Nachrichten reisen auf winterlichen Straßen nur mühsam«, sagte der Fremde, dem Philipp, von Bertram in die Halle gerufen, nun dort gegenüberstand. »Ich bin mit Eurem jungen Kleriker das letzte Stück von Würzburg hierher geritten. Er drängte mich, hier für die Nacht Quartier zu suchen und Euch zu erzählen, was ich an Wissenswertem gehört habe.«

»Er hat recht. Ich bin sehr an Nachrichten interessiert, und wenn Ihr sie bringt, seid Ihr mir willkommen«, erwiderte Philipp. »Sonst übrigens auch«, fügte er mit einem Blick auf die Kleidung seines Gegenübers hinzu, die weder warm noch heil genug war für einen Februartag, an dem die Graupelschauer draußen in Sturmböen überzugehen begannen.

Dann musterte er den Fremden genauer. Der war weit älter als er selber, zwischen vierzig und fünfzig vielleicht, und offenbar schon von ganz anderen Wettern gebeutelt. Aber er begegnete dem Blick seines Gastgebers mit großem, ein wenig spöttischem Selbstbewußtsein und mit einer unerwarteten Geste der Sympathie, als er nun seinerseits den Burgherrn von Kopf bis Fuß musterte. Offenbar hatte der Sturm da keinen alltäglichen Gast ins Haus geblasen.

Außerdem konnte der Fremde Gedanken lesen. »Es waren nicht so sehr der Sturm oder meine nassen Kleider, die mich in Euer Haus gebracht haben«, sagte er mit lässiger Höflichkeit; »ich hatte nicht vor, ein zweites Mal durch dieses Tor zu reiten, nachdem mich beim ersten Mal ein boshafter Geizkragen von einem Vogt wie fahrendes Gelichter behandeln wollte. Aber Euer Bertram hat mich wirklich gedrängt. Ihr wärt das Gegenteil vom alten Vogt, meinte er, und sehr an Gesellschaft interessiert.«

»So?« fragte Philipp mit leisem Vergnügen und drehte sich nach Bertram um, der an der Tür wartete. »Da kennt er mich womöglich besser als ich mich selber! Aber an Eurer Gesellschaft bin ich jedenfalls sehr interessiert – sobald Ihr trocken und warm seid. Bertram soll sich um beides kümmern, und zum Nachtessen erwarte ich Euch.«

»Es geschieht nicht oft«, sagte der Fremde und zögerte noch, »daß man auf sein Gesicht hin ins Haus und zu Tisch gebeten wird. Wollt Ihr nicht wenigstens meinen Namen wissen?«

»Später«, sagte Philipp, »laßt mir das Vergnügen, Euch auf Euer Gesicht hin einzuladen. Nach Euren Erfahrungen mit meinem Vogt habe ich ja an der Gastlichkeit meines Hauses etwas gutzumachen.«

»Und wenn es kein ritterlicher Name wäre?« fragte der

andere und reichte seinen Mantelsack, in dem offenbar ein Saiteninstrument steckte, an Bertram.

Philipp zuckte die Achseln. »Dann wäre es eben keiner«, sagte er.

Der Fremde lächelte. »Wie Ihr wollt. Danke!«

Erst als Philipp dem Fremden an einem Kaminfeuer, das alle Schnee- und Sturmböen draußen vergessen ließ, den ersten Becher Wein reichte, sagte er höflich, aber doch mit verhaltener Spannung: »Nun ist die rechte Gelegenheit; jetzt wüßte ich gern, mit wem ich das Vergnügen habe!«

»Mit jemandem, der vielleicht gar kein Vergnügen ist«, entgegnete der andere und verzog den ausdrucksvollen Mund. »Wer ich bin? Walther von der Vogelweide nennt man mich. Es würde mich freuen, wenn Euch dieser Name Eure Gastlichkeit wert wäre.«

Einen Augenblick lang verschlug es Philipp die Sprache. »Und ob er sie wert ist!« sagte er schließlich staunend. »Ihr selber, Herr Walther? Was für ein Gast!«

Er trank dem Dichter zu. »Seid mir doppelt willkommen«, fügte er hinzu, »aber sagt mir auch, was Euch bei diesem Wetter auf die Straßen in Franken führt. Es hieß, man fände Euch gegenwärtig am staufischen Hofe.«

»Von dorther komme ich, und von dorther kommen auch die Nachrichten, die ich habe. Und was ich hier tue? Dasselbe wie Ihr: ich wohne hier. Oder besser: Ich werde hier wohnen, wenn auch weit weniger stattlich als Ihr. Der König hat mir ein kleines Lehen gegeben, nur ein paar Stunden von hier – endlich! Aber woher wißt Ihr, wer ich bin?«

»Ich bin aus Thüringen«, erklärte Philipp; »ich kenne den Hof in Eisenach und von dorther Euren Namen. Aber nicht nur den, sondern auch manche Eurer Lieder.«

»Am Thüringer Hof war ich lange nicht mehr«, sagte der fahrende Dichter. »Mein großer Gönner, Landgraf Hermann, ist gestorben, und das junge Paar habe ich nur flüchtig kennengelernt. Kennt Ihr es? Habt Ihr das ungarische Königskind, die künftige Landgräfin Elisabeth, einmal erlebt?«

Philipp nickte, aber er mochte mit einem Manne, der Gedanken lesen konnte, nicht gleich am Anfang über seine Begegnung mit Ludwig und Elisabeth sprechen.

So sagte er rasch: »Nur flüchtig. Und der König, sagt Ihr, hat Euch ein Lehen hier in Franken gegeben? Nun, er hatte Anlaß dazu, denn wenn es im Lande eine Stimmung zugunsten der Staufer gibt, dann nicht zuletzt dank Euch.«

Denn Herr Walther war ja nicht nur der weithin bekannte Verfasser der schönsten, widerspenstigsten Liebeslieder, er war zugleich auch der berühmteste politische Dichter und Liedermacher des Tages. Wer ein aufmerksames Ohr für die Meinungen im Lande hatte, traf über kurz oder lang auf ihn; und Philipp hatte nicht umsonst jede Gelegenheit genutzt, seine Gedichte zu hören.

Der Dichter zuckte die Achseln. »Ich muß zusehen, wie ich zu trockenem Unterschlupf und zu heilen Kleidern komme«, erwiderte er, »und danach muß sich leider auch meine Begeisterung für die eine oder andere Sache bemessen. Aber es ist richtig, ich habe Spaß am Meinungmachen, wenn ich es mir gerade leisten kann, und an den Staufern habe ich mehr als nur Spaß. Meine Sprüche waren dem König gerade jetzt sehr willkommen: ein bißchen Wahlhilfe für seinen Sohn zuvor und ein Jubelgedicht hernach – und siehe da, auf einmal war das Gütchen für den Dichter da, der so lange vergeblich gebettelt hatte.«

Philipp schwieg.

»Oh, das Jubelgedicht kam von Herzen«, sagte sein Gast freundlich, als er Philipps zweifelnden Blick sah, »das braucht Euch nicht zu kränken; ich habe schon aus geringerem Anlaß gejubelt. Ihr wißt nicht, was es heißt, lauter gnädigen, hochmögenden Herren seinen Lebensunterhalt abzuschmeicheln, wenn man sie doch zehnmal in die Tasche stecken könnte. Was meint Ihr, warum ich so erstaunt über Eure rasche Gastlichkeit war?«

»Die war ich Euch schuldig«, wiederholte Philipp und fügte in einer raschen Aufwallung des Vertrauens hinzu: »Ihr habt ja sicher gesehen, daß auch ich zurückstecken muß. Ihr seid nicht der einzige, der die Dinge nicht so zusammenbringt, wie er es möchte.«

Der andere nickte. »Ich glaube gern, daß Ihr auf Eure Weise Eure Erfahrungen macht, und es sollte mir leid tun, wenn ich Euch vorhin gekränkt habe. Ich war müde, und Ihr schient mir zu jung zum Hochmut. Aber woher kommt denn das Hinken?«

»Von einem Sturz mit dem Pferd.«

»Und jetzt geht's Euch manchmal auch so, daß das Glück der Welt, die Dame Fortuna, schneller mit dem Umdrehen ist als Ihr?«

»Nicht nur die Dame Fortuna«, erwiderte Philipp und dachte an Armgard.

Sein Gast lächelte. »So schlimm kann's nicht sein; Ihr seid halt noch jung; da hadert man leicht mit Gott und der Welt.«

»Vielleicht«, erwiderte Philipp, »aber auch wenn wir Gott einmal weglassen – die Welt allein ist schwierig genug, wenn sie nicht stimmt.«

»Die Welt –?« fragte der Gast mit freundlichem Spott, »ist für Euch die Welt etwa nicht heil? Obenan thront Gott in seiner Herrlichkeit, das wißt Ihr doch, und unter ihm der Kaiser und die Könige in der ihrigen und wieder darunter die Herren auf den Burgen, die Bürger in den Städten und die Bauern am Pflug, ein jeder hübsch nach seinem eigenen Recht und Gesetz. Noch heiler kann die Welt doch gar nicht sein!«

»Und das glaubt Ihr? Und fallt dabei nicht in die finstersten Abgründe der Melancholie?« fragte Philipp. »Was soll denn heil sein in einer Welt, in der das Glücksrad die Menschen absetzt, wo es ihm beliebt?«

»Nun, mir scheint, Euch hat es noch immer ziemlich weit oben abgesetzt. Aber zu welch seltsamen Nachbarn man doch kommen kann! Zu fragen, ob die Welt heil sei! Wart Ihr nicht vorhin eher an politischen Nachrichten interessiert?«

»Doch«, sagte Philipp und wurde rot, »verzeiht, aber

man gerät nicht alle Tage an jemanden, mit dem man so reden kann wie mit Euch. Ich freue mich, daß ich in Zukunft an Eurer Straße wohne. Aber jetzt die politischen Nachrichten!«

Herr Walther von der Vogelweide, von dem man wirklich nicht wissen konnte, ob er nun ein Ritter war oder nicht, hatte jedenfalls einen vorzüglichen Kopf zur Einschätzung einer politischen Lage. Und er wußte genau, wie es um die Wahl des sizilischen Kindes zum deutschen König stand. Zu dieser Wahl würden sich im April die Fürsten in Frankfurt versammeln, erklärte er. Aber als sich Philipp, von dieser Mitteilung endgültig aus seiner Melancholie gerissen, nach dem Versprechen des Königs gegen den Papst erkundigte, hob der Gast die Schultern.

»Ich weiß nur, daß an dem Tage, an dem ich aus Hagenau aufbrach, eine Bulle, eine Urkunde, für den Papst ausgefertigt wurde. Wartet, ich habe den genauen Wortlaut beim Kanzler gehört: Der König verspricht, daß er nach seiner Krönung zum Kaiser seinen Sohn aus der väterlichen Gewalt entläßt und ihm das Königreich Sizilien übergibt; das bedeutet, daß er selbst, der Kaiser, danach nicht mehr König von Sizilien ist, noch so genannt werden darf. Es geht noch weiter: Bis zur Volljährigkeit des Kindes soll Sizilien nach dem Wohlgefallen des Papstes durch eine geeignete Person regiert werden, damit deutlich zutage tritt, daß dieses Land vom Kaiserreich getrennt ist. So steht's in der Bulle.«

»Das heißt, der Papst rechnet damit, daß das Kind nach Sizilien zurückkommt und der König hier in Deutschland bleibt?« vergewisserte sich Philipp.

»Genau das.«

»Aber hier in Deutschland geht man vom Gegenteil aus: daß der König nach Sizilien geht und das Kind hierbleibt?«

»Ja.«

»Und?« fragte Philipp.

»Mehr weiß ich auch nicht. Aber ich kann's mir zusammenreimen. Wie, wenn der Staufer den Fürsten, vor allem den geistlichen Fürsten, denn die haben viel Macht, weitgehende Hoheitsrechte in ihren Ländern einräumte und diese sich dafür erkenntlich zeigten?«

»Womit denn?« wollte Philipp wissen.

»Zum Beispiel, sie wählten den kleinen Heinrich zum deutschen König. Und das an einem Tag, an dem Friedrich zufällig abwesend ist. Der würde dann von der Königswahl überrascht werden, könnte sie aber nicht mehr rückgängig machen.«

»Das wäre ein abgekartetes Spiel!« rief Philipp erregt.

»Ohne Zweifel!« fuhr der Gast ungerührt fort, »König Friedrich könnte aber dem Papst später sagen, daß er von der Wahl nichts gewußt habe, nun aber den Willen der Fürsten respektieren müsse.«

»Und das soll der Papst glauben?«

»Etwas anderes wird er kaum zu hören bekommen«, sagte Herr Walther gleichmütig. »Der Staufer rührt damit ja weder an die Trennung Siziliens vom Reich noch an die päpstliche Lehnshoheit über das Land – vorläufig! Er tauscht nur die Könige. Laßt Euch sagen: Die beiden, der Papst und er, spielen ein schwieriges Spiel miteinander, und sie sind auf eine verzwickte Weise aufeinander angewiesen, allein schon wegen des geplanten Kreuzzugs.«

»Dann ist wirklich kein Zweifel daran, daß der König nach Sizilien zurück will?« fragte Philipp erregt.

»Nicht der mindeste. Vielleicht muß er es sogar, wenn ihm das Land nicht entgleiten soll. Er war jetzt acht Jahre lang hier, und Macht wartet nicht.«

»Ich weiß. Und er läßt seinen Sohn allein mit den Fürsten zurück? Für die deutsche Krone genügt ihm ein Kind?«

»Für Kaiser Karls Krone – ja, für die genügt ihm ein Kind. Er braucht es ja nur als Platzhalter.«

»Und die Fürsten – da Ihr Euch so gut auskennt – die Fürsten lassen ihn ziehen?«

»Je weiter, je lieber. Die Interessen fallen zusammen,

seht Ihr das nicht? Er will fort, und sie lassen ihn gerne ziehen. Ohne ihn sind sie mächtiger.«

»Und wir, die wir gehofft hatten, er bliebe? Ihr macht mir doch nicht weis, daß Ihr das nicht auch gewünscht habt.«

»Weiß Gott, daß ich das wünschte. Nun – wir hoffen eben, daß er zurückkommt.«

Dann sah der Dichter seinen Gastgeber fragend an. »Kennt Ihr denn überhaupt König Friedrich, den Staufer?«

»Noch nicht.«

Der andere lachte. »Warum reibt Ihr Euch denn hier an den Mängeln der Welt und an Euren eigenen und friert an matten Feuern, wenn anderswo ein wirklich großer Atem geht? Niemand, auch der Papst nicht, wird diesen Staufer daran hindern, seine Bahn zu ziehen, und wer hofft, er möge zurückkommen, der tut das auf eigene Rechnung. Aber kennen muß man ihn, sonst weiß man nicht, wie hoch hier gespielt wird. Geht im April nach Frankfurt, es ist der letzte Hoftag des Königs auf deutschem Boden für lange Zeit!«

Als der Gast am anderen Tage aufbrach, hatte Philipp eine Bitte an ihn. »Habt Ihr in Eurem Gepäck eine Abschrift von einigen Eurer Lieder?« fragte er, als dieser schon den Fuß in den Steigbügel setzen wollte.

»Freilich«, erwiderte der Dichter, »ein paar Blätter habe ich immer bei mir; das gehört zu meiner Kunst. Warum fragt Ihr?«

»Weil es schön wäre, wenn Bertram sie abschreiben könnte«, erklärte Philipp.

Der Dichter ließ seinen Blick über die Baumaterialien auf dem Hofgelände gleiten. »Wenn mich das in den Besitz von ein paar festen Strohballen und dazu einigen Dachsparren setzt«, sagte er, »oder noch besser: von einer Ladung Dachziegel, dann gern. Ein Herdfeuer, in das nicht der Schnee hineinzischt, ersetzt glatt ein Paar heile Stiefel. Bertram könnte mir die Sachen bringen und zu den gleichen Bedingungen neue Gedichte mit zurücknehmen.«

Bertram fand es etwas unter seiner Würde, bei seinem nächsten Weg über Land außer dem Manuskript auch einen Karren mit Baumaterial anvertraut zu bekommen; aber die Verse, die er abgeschrieben hatte, waren es wert gewesen, und umsonst waren schließlich auch Gedichte nicht zu haben.

Die Bahn des Königs

So fand sich Philipp auf dem letzten Hoftag ein, den König Friedrich vor seinem Aufbruch zur Kaiserkrönung und zur Rückkehr nach Sizilien in Frankfurt abhielt; dort sollte sein Sohn dem Erzbischof Engelbert von Köln anvertraut werden, der zum Vormund und Reichsverweser bestellt war. Außerdem ordnete der König, wie es vor einem Romzug Brauch war, die Geschäfte des Reichs und erließ Gebote und Gesetze zur Wahrung von Recht und Frieden.

Auch Philipps Vater hatte sein Kommen angekündigt; sie waren auf einem nahe bei Frankfurt gelegenen Außenbesitz der Familie verabredet, einem alten Stützpunkt des Vaters bei allen Unternehmungen im Rhein-Maingebiet. Doch Philipp, der dem Wiedersehen mit zwiespältigen Gefühlen entgegensah, fand bei seiner Ankunft nur Hannes vor, dazu Kämmerer und Schreiber von zu Hause.

»Dein Vater ist krank«, erklärte Hannes, »ziemlich krank sogar. Er wollte dennoch unbedingt mit, weil der Hoftag die letzte Gelegenheit ist, ein paar wichtige Streitfragen vor dem Hofgericht des Königs zu klären; aber ich habe ihn dann doch davon abbringen können. Er war sehr unruhig, weil er auch mit dir sprechen wollte, und das wäre nach eurem letzten Gespräch wohl auch nötig.« Hannes seufzte. »Wenn man bei euch einmal nicht den Daumen dazwischen hält . . . ! Ich habe ihm mehr oder weniger versprochen, daß du dich hier um die Geschäfte kümmern würdest, und das hat ihn schließlich beruhigt. Aber du darfst mich damit jetzt nicht im Stich lassen, Philipp. Der Kämmerer weiß Näheres.«

Sie hatten sich lange nicht gesehen, Hannes und er, und Hannes war bedrückt.

»Es geht nicht mehr lange mit deinem Vater«, sagte er, »ich hoffe, du hast deine Zeit genutzt. Du wirst bald gerufen werden.«

»Mach dir wegen der Geschäfte keine Sorgen, Hannes«, erwiderte Philipp kurz entschlossen. »Schicke einen unserer Leute als Boten nach Hause. Er soll dem Vater ausrichten, daß ich unsere Angelegenheiten hier in Frankfurt in Ordnung bringe – auf meine Weise und so gut ich kann. Laß es ihm genau mit diesen Worten sagen, dann weiß er Bescheid.«

Die Besprechung mit dem Kämmerer des Vaters machte Philipp klar, daß dessen Sorgen nur zu begründet waren. Viele Rechtstermine der thüringischen Besitzungen waren verfallen, andere nur noch knapp zu halten, und das hieß, daß große Teile der Güter gefährdet waren. Mit Staunen sah Philipp, daß sein eigener kleiner Besitz in Franken inzwischen weit besser und moderner gehalten war als der ungleich größere des Vaters zu Hause.

Philipp seufzte. Ehe er daran denken konnte, den Staufer kennenzulernen, mußte er sich mit dessen Kanzlei auseinandersetzen, um die Familiengeschäfte zu regeln, und dabei hatte er eigentlich schon von der Mainzer Kanzlei genug. Er haßte es mittlerweile, mit welchem Blick die Kleriker ihn dort maßen und ihm zu verstehen gaben, daß er ja wohl besser einer der ihrigen geworden wäre, statt den Ritter zu spielen. Die Räte des Königs würden sich natürlich ebenso wundern.

Aber die Räte des Königs wunderten sich gar nicht, denn die wandernde staufische Hofkanzlei war, anders als die vielen kleinen Residenzen des Reiches, modern zu nennen. Die Herren aus den schwäbischen Ministerialenfamilien waren an die Zusammenarbeit mit den gebildeten Kollegen der sizilischen Kanzlei gewöhnt; sie hatten nichts gegen einen Ritter einzuwenden, der sich für den Umgang mit Griffel und Rechenbrett nicht zu schade war, im Gegenteil. Philipp kam rasch an die Leute, die er brauchte: an den Kanzler, Herrn Konrad von Scharfenberg, Bischof von Speyer, an den Marschall, Herrn Anselm von Justingen, an die Herren von Bolanden, von Neiffen und von Winterstetten und an die übrigen Räte des Königs, von denen längst nicht mehr alle dem geistlichen Stand angehörten.

Wieder lernte er eine Menge dazu.

Der Vertrag, den der König mit den geistlichen Fürsten geschlossen hatte, um die Königswahl seines Sohnes zu sichern, räumte diesen in der Tat viele Rechte ein. Unter anderem konnten jetzt der Erzbischof von Mainz und die Bischöfe von Würzburg und Bamberg Streitfragen vor ihren eigenen Gerichten aushandeln, ohne daß ihren Prozeßgegnern noch der Weg an das königliche Hofgericht offenstand. Mit diesen drei geistlichen Fürsten hatte Philipp es vor allem zu tun.

»Gern würde ich versuchen, die bisherige Praxis noch einmal anzuwenden«, erklärte der Kanzler, »aber wenn wir damit nicht durchkämen, hätten wir schon einen ersten Präzedenzfall zu unseren Ungunsten, und daran liegt mir nichts. Vielleicht später, wenn der König fort ist und wir unseren Einfluß auf seinen Sohn gefestigt haben – vielleicht läßt sich dann wieder mehr für die Krone herauswirtschaften!«

Es war nicht schwer zu merken, daß den Räten die Zugeständnisse des Königs an die geistlichen Fürsten zu weit gingen.

Bei den weltlichen Fürsten lag das noch anders. »Wenn Ihr eine Klage gegen einen weltlichen Fürsten habt, so bringt sie vor«, drängte der Kanzler. »Gerade jetzt wäre es mir lieb, sie an uns zu ziehen!«

Aber der weltliche Streitgegner in den Angelegenheiten des Vaters war der Landgraf von Thüringen, und Philipp mochte sich nicht mit Ludwig anlegen. Er einigte sich zu des Kanzlers Bedauern lieber mit den gleichfalls anwesenden Räten aus Eisenach auf einen Vergleich.

Es war im übrigen ein glanzvoller Hoftag, und wie Herr Walther von der Vogelweide vorhergesagt hatte, wählten die Fürsten in einem Augenblick, in dem der König abwesend war, seinen Sohn zum König. Der Staufer hatte klug gespielt.

Natürlich war auch Meinhard in Frankfurt, denn sein Wunsch war in Erfüllung gegangen: er gehörte zu den deutschen Rittern, die den Staufer nach Italien begleiten sollten. Er hatte sich eifrig um eine Gelegenheit bemüht, Philipp beim König einzuführen, und war nun enttäuscht, daß der Freund den Kopf mit ganz anderen Dingen voll hatte.

»Nun bist du endlich einmal hier«, sagte er ungeduldig, »und nun bringst du deine Zeit mit so unnötigen Sachen herum! Die Kanzlei bleibt ja hier, das läuft doch alles nicht weg!«

Aber Philipp schüttelte den Kopf. »Ich will das hinter mir haben, sonst habe ich den Kopf nicht frei«, sagte er, »und leider ist das alles ziemlich nötig!«

So hatte er den König erst ein einziges Mal flüchtig gesehen, als er endlich am letzten Tage noch kurz vor dem großen Schlußbankett die Ergebnisse seiner Verhandlungen mit Hannes und dem Kämmerer besprechen und sie dem Schreiber diktieren konnte; und als er schließlich zur Pfalz aufbrach, mußte er sich schon beeilen.

Meinhard fing ihn an der Tür ab. »Wo bleibst du nur?« fragte er fast zornig. »Wir müssen jetzt mit der Einführung bis zum Schluß des Banketts warten; hoffentlich kann ich dann noch einen günstigen Augenblick abpassen. Jetzt hat es keinen Sinn mehr, jetzt drängt sich alles um den König. Komm!«

Doch als sie sich im Saale trennten, um ihre Plätze

aufzusuchen, setzte er hinzu: »Aber wer weiß, es schadet vielleicht gar nichts, wenn du den Staufer vorher erst einmal richtig erlebst!«

Es war seltsam: Die Bilder dieses Hoffestes, die doch an jenem Tage in Wirklichkeit bunt durcheinander gegangen waren, spalteten sich später in Philipps Erinnerung immer wieder in zwei deutlich getrennte Sphären – so als hätten kommende Ereignisse schon damals ihre Schatten vorausgeworfen.

Da saß einmal der künftige Kaiser inmitten der Fürsten des Reichs, die sich bemühten, dieses Reich vor aller Welt als ein fest gegründetes Gebäude erscheinen zu lassen, dessen tragende Pfeiler sie selbst, dessen wölbendes Dach der Kaiser war. Die herkömmlichen fürstlichen Tischdienste wurden mit großer Ehrerbietung geübt.

Und da war zum anderen der Junge, der hier zurückbleiben und deutscher – oder nach der alten Formel vielmehr: römischer – König sein sollte, König Heinrich von Hohenstaufen, inzwischen neun Jahre alt. Er saß unter den Räten des Hofes, die Augen unverwandt auf den jungen Vater gerichtet.

Jetzt endlich erlaubte sich auch Philipp den Blick auf den Staufer, dem er als Kind so entgegengefiebert hatte und dem er dann in der Zeit seiner Bedrängnis so sorgfältig ausgewichen war. Und seine Anspannung löste sich im Aufatmen einer raschen, heimlichen Freude.

Dieser Staufer war wirklich ein König unter den Fürsten, wie man ihn sich nur wünschen konnte, und er besaß die vielberufene staufische Heiterkeit, die von Stirn und Brauen strahlte, die unwiderstehliche Freundlichkeit Kaiser Friedrich Barbarossas und König Philipps von Schwaben. Ganze fünfundzwanzig Jahre alt war König Friedrich II. von Hohenstaufen in diesem April des Jahres 1220, wenige Monate vor seiner Kaiserkrönung, und die Wirkung seiner Jugend war stärker als alles andere im Saal.

Aber es war, als wolle er den heutigen Tag mit niemandem und schon gar nicht mit dem eigenen Sohne teilen.

Kein Blick des Einverständnisses oder der Ermutigung ging zu dem Kind hinüber.

Philipps Blicke glitten zu diesem zurück, zu dem Jungen, dessen blondes Haar wirklich den rötlichen Einschlag des staufischen Hauses zeigte. Es war ein frühreifes Kind, vielleicht ein wenig berauscht von dem Tag, vielleicht auch nur ein bißchen ängstlich, weil so gar kein Zeichen vom Vater kam. Philipp spürte plötzlich den Stachel seiner eigenen Kindheit; die Freude verebbte.

Als Meinhard gegen Ende des Banketts zu Philipp herüberkam, war er enttäuscht. »Es hat keinen günstigen Augenblick für uns gegeben«, sagte er, »der König hat seinen Kopf heute natürlich nicht frei. Probieren wir's jetzt; aber es wird nach der Hofroutine ablaufen.«

Wirklich war das Interesse des Königs an den Fürsten und Herren des Reiches sichtlich erlahmt, als die Freunde schließlich zu ihm gelangten. Ein freundliches Lächeln für Meinhard, ein rascher Blick auf Philipp und nach der Nennung des Namens immerhin eine höfliche Frage nach dem Befinden des Vaters. Dann zu ihrer beider Erstaunen eine wohlinformierte Bemerkung zu Philipps Verhandlungen mit dem Kanzler und schließlich eine Schlußformel: »Ihr brecht morgen wieder auf? Nach Franken? Oder gleich nach Thüringen zu Eurem Vater?«

»Morgen bin ich noch hier«, erwiderte Philipp, »mein Schreiber sieht die Handschriften der hiesigen Klöster durch, und ich will mich selbst noch um sie kümmern. Erst wenn ich weiß, was in Frankfurt liegt, lohnt ein nächster Versuch in Köln.«

»Handschriften?« fragte der König, »was für Handschriften?«

»Medizinische oder astronomische Texte – was sie eben haben.«

»Astronomische Texte?« fragte der König erstaunt weiter. »Ihr werdet aber doch wissen, daß die auf lateinisch geschrieben sind! Sucht Ihr Euer Horoskop? Das kann ich Euch geben lassen; ich lasse es mir ohnehin stellen.«

»Danke!« erwiderte Philipp, dem gerade rechtzeitig der Wunsch seines alten Lehrers eingefallen war, »aber viel mehr läge mir zum Beispiel an dem ›Almagest‹ des Ptolemäus. Wenn ich irgendwo auf den stieße...«

Des Königs Augen weiteten sich und wurden dann schmal, als müsse er sein Gegenüber noch genauer erfassen. »Hier ist keine Ruhe zum Unterhalten«, sagte er dann, »seid Ihr später am Abend frei? Dann erwarte ich Euch in meinen Gemächern.«

Als sie aus der Reichweite des Königs waren, hatte Meinhard seine Sprache immer noch nicht ganz wiedergefunden. »Na –!« sagte er, »das war alles andere als Hofroutine! Die Ehre wird sonst nur seinen Italienern zuteil, weil sich niemand von uns über so etwas unterhalten kann. Wer in aller Welt ist dieser Ptolemäus?«

»Ein griechischer Astronom; der Bruder Ansfried sucht nach dem Buch«, sagte Philipp ein wenig abwesend. »Meinhard, ich wüßte gern etwas ganz anderes: Du hast vorhin genauso wie ich diese beiden gesehen, das Kind und den Vater. Kannst du dir vorstellen, daß dieser Staufer irgendwann einmal, und sei es nur ein einziges Mal, zu seinem Sohn sagt: ›Was tun *wir* dann‹ ? – ›Wir‹?«

»Du hast Fragen!« sagte Meinhard kopfschüttelnd. Dann überlegte er. »Kaum! Das ist nicht jemand, der ›wir‹ sagt; der braucht niemanden außer sich selbst. Na, viel Spaß nachher!«

Es war ziemlich spät am Abend, als der letzte Besucher durch des Königs Vorgemach hinausgeleitet und Philipp hineingebeten wurde.

»Eigentlich hatte ich vor, auch mit Euch vorweg ein paar Fragen, die Lage im Reich betreffend, zu besprechen«, sagte der König zur Begrüßung, »aber jetzt bin ich die Politik leid. Sagt mir lieber, wie es kommt, daß mir ausgerechnet heute und hier der ›Almagest‹ begegnet. Woher kennt Ihr ihn?«

»Ich würde ihn ja gern erst kennenlernen«, erwiderte Philipp und berichtete knapp von seinem Unterricht im Kloster.

»Und Euer Lehrer dort war gleichzeitig Euer Arzt, sagt Ihr?« fragte der König. »Hat er Euch nach einem Unfall behandelt? Denn das da ist weder angeboren noch kommt es von einer Verwundung; das ist eine Verkürzung nach einer schweren Fraktur, wahrscheinlich noch aus Eurer Kindheit.«

Philipp bejahte.

»Schade«, sagte der König, »das hätten die Ärzte an meiner medizinischen Hochschule in Salerno vielleicht wieder in Ordnung gebracht, aber jetzt wird es für eine Operation zu spät sein.«

»Ich glaube nicht, daß etwas versäumt worden ist«, erklärte Philipp. »Der Bruder Ansfried hat in Pisa studiert, und ich bin nach allen Regeln des Galenus behandelt worden. Mit dem hat meine Liebe zur Wissenschaft übrigens angefangen; danach bin ich von ihr nicht wieder losgekommen.«

Der König lachte. »Ein gebildeter Ritter ist in Deutschland ein seltener Vogel! Wißt Ihr übrigens, daß mein eigener Großvater zu dieser raren Art gehörte? Nicht Barbarossa natürlich, sondern der Vater meiner Mutter, König Roger von Sizilien; der war ein großer Geograph vor dem Herrn. Und in der griechischen Bibliothek meines Vetters und Vorgängers auf dem sizilischen Thron, des Königs Wilhelm, liegt auch Euer ›Almagest‹, aber auf Griechisch, zusammen mit vielen anderen Schätzen, die ich nicht mehr heben konnte, ehe ich hierher mußte. Auf diese Bibliothek freue ich mich! Aber des Griechischen werdet Ihr doch nicht mächtig sein?«

»Bewahre«, sagte Philipp, »ich muß dankbar sein für jedes Buch, das es auf Lateinisch gibt, wie den Galenus.«

»Euer Galenus ist ebenso aus dem Griechischen wie aus dem Arabischen ins Lateinische übersetzt«, erklärte der König, »für den ›Almagest‹ dagegen wärt Ihr auf die Übersetzungen aus dem Arabischen, aus Toledo, angewiesen, die ich übrigens wegen der Bildung der Araber denen aus dem Griechischen vorziehe. Sobald ich weiter bin, werde ich mir jemanden aus Toledo suchen, der für mich das tierkundliche und astronomische Werk des Aristoteles und die Kommentare des Averroes übersetzt. Die Tiere, vor allem die Vögel, sind meine Leidenschaft. Und die Eure?«

Philipp sah den Mann an, von dem sein Vater gehofft hatte, er werde deutscher König bleiben wollen, und ihm fielen die Geschichten ein, die man sich über dieses »Kind aus Apulien« erzählte: die Geschichten von dem elternlosen Jungen, der sich in Sizilien jeder Bevormundung und den Wirren seiner Umgebung entzogen und seinen Weg selbst gesucht hatte, und sei es auf den vielsprachigen Märkten und Gassen von Palermo. Niemand, so hieß es, habe wirklich Gewalt über den Heranwachsenden gehabt, der sich seines Wissensdurstes und seiner Zukunft unbeirrbar sicher gewesen sei.

Der König mochte die Gedanken seines Gastes erraten haben. »Jedenfalls«, sagte er mit leisem Spott, »werdet Ihr den ›Almagest‹ weder hier noch in Köln noch sonst irgendwo in diesem sogenannten Lande finden. Liegt Euch so viel an der Astronomie? Ihr habt meine Frage noch nicht beantwortet.«

»Mehr an der Medizin«, sagte Philipp rasch.

»Kommt das von Euren eigenen Erfahrungen? Oder steckt mehr dahinter?«

»Es steckt dahinter«, erwiderte Philipp, »daß ich gern soviel wie möglich darüber wissen möchte, wie die Dinge in der Natur zusammenhängen. In der Abtei haben sie darüber kaum Bücher. Wo lernt man das?«

»Indem man seine eigenen Augen und seinen eigenen Verstand benutzt, um die Dinge so zu erfassen, wie sie sind«, entgegnete der König, »durch Fragen, Beobachten und Vergleichen. Laßt Euch von keinen Büchern, nicht einmal von denen des Aristoteles, beirren. Versteht Ihr Euch zufällig auf die Falkenjagd?«

»Oh ja«, sagte Philipp eifrig, »überhaupt nur auf die Falkenjagd. Die Wildsauen sind jetzt zu flink für mich.«

»Wer wird Sauen stechen, wenn er mit Falken jagen kann?« fragte der König verwundert. »Habt Ihr einen guten Falkner? Einen italienischen?«

Philipp nickte.

»Dann laßt Euch von ihm im Kleinen in die Kunst des Beobachtens einführen; die Wissenschaft fängt im Alltag an. Und wenn Ihr Euch Belehrung holt, worin auch immer, fragt nur bei Menschen nach, die wirklich etwas wissen, ganz gleich, ob Christen, Heiden oder Juden.«

Philipp fiel der Philosoph Peter Abaelard ein, von dem der Bruder Ansfried erzählt hatte: der wollte kein Wissenschaftler sein, wenn ihn das von Christus schied.

»Und wenn Bedenken des Glaubens dagegen stünden?« fragte er.

Der König wischte das fort. »Glauben und Erkenntnis sind zweierlei«, sagte er, »und man darf das eine nicht an das andere binden. Wenn ich die Antworten auf meine Fragen nicht anders bekomme, dann suche ich sie mir an allen Rändern des Mittelmeeres zusammen, wo die Gelehrten leben, die die Weisheit der Griechen hüten. Wißt Ihr, was ich zum Beispiel erfahren will?«

Der König hatte sich in Leidenschaft geredet, und es war nun keine Spur mehr von der staufischen Heiterkeit um Stirn und Brauen an ihm, sondern nur noch ein kühler, klarer, ungeduldiger Verstand. »Ich will wissen, warum das Wasser an den verschiedenen Stellen der Erde verschieden salzig ist, obwohl es doch einen geschlossenen Wasserkreislauf gibt. Und: Welche Kraft hält das Wasser in den Meeren fest, daß es nicht ins Weltall hinausfließt, wenn die Erde wirklich eine Kugel ist, wie Euer Ptolemäus lehrt? Und: Wie ist der Himmel über der Erde aufgebaut, wie mißt man seine Sphären aus und errechnet die Höhe von Gottes Thron in der höchsten von ihnen, in der er in seiner Wesenheit gegenwärtig ist? Das alles will ich wissen und noch viel mehr.«

Doch ehe Philipp noch mit der Überlegung fertig war, wie weit es wohl noch von der Ausmessung des Gottesthrones bis zum Konflikt mit den Lehren der Kirche sein könne, fuhr der König mit einem leisen Unterton der Schärfe fort: »Mißversteht mich nicht! Das sind Fragen der Wissenschaft, nicht des Glaubens! Ich zweifle nicht daran, daß Gottes Thron, ausmeßbar oder nicht, von den Heiligen und Engeln umstanden wird. Die Lehren der Kirche sind unantastbar; wer sie wissentlich in Zweifel zieht, ist ein Ketzer und beleidigt nicht nur Gott, sondern auch des Kaisers Majestät. Er wird die Schärfe des kaiserlichen Schwertes ohne Nachsicht erfahren!«

Mit einem ungeduldigen Griff hatte der König ein schön gebundenes Buch herangezogen, das auf seinem Arbeitstisch lag, und spielte nun abwesend mit seinen Seiten; dann klappte er den Deckel wieder zu, drückte ihn vorsichtig auf die Pergamentblätter und wandte sich erneut seinem Gast zu.

»Laßt Euch noch etwas sagen: Einen Kaiser mißt man allein an den Herausforderungen, die er sich selber setzt. Und da sind mir nicht die gebildeten Araber, sondern ist mir die Antike alleiniger Maßstab. Nach den Vorbildern der römischen Kaiser will ich meine Macht entfalten und bis weit in die Zukunft hinein planen, von der Baukunst bis zur Gesetzgebung. Auch gegen die Ketzer werde ich meine Gesetze auf das Römische Recht gründen. Das wird ihnen noch über die Kirche hinaus Nachdruck verleihen.«

Ein Schweigen entstand. Philipp war unbehaglich zumute. Was mochte wohl zukunftsweisender sein: wissenschaftliche Erkenntnis mit den Maßstäben des Glaubens zu prüfen, wie es die Dominikaner taten, oder aber: ihr erst die Freiheit der Erkenntnis zu gewähren und ihr dann mit dem kaiserlichen Schwert Grenzen zu ziehen? Sein Blick folgte den Fingern des Königs, die nun spielerisch die Linien der Zierate am Buchdeckel nachzogen.

Der König bemerkte den Blick und legte das Buch außer Reichweite. »Was rede ich von Ketzerei!« sagte er lebhaft.

»Bleiben wir bei den Rändern des Mittelmeeres. Ihr werdet wissen, daß ich vor fünf Jahren, nach meiner Krönung, in einer Aufwallung meiner heiligsten Gefühle das Kreuz genommen habe. Dieses Gelübde des Kreuzzugs muß noch eingelöst werden. Kann ich dabei auf Eure Gefolgschaft zählen?«

»Ich weiß nicht, ob ich nach meinem Unfall in einem Kreuzheer sehr nützlich wäre«, sagte Philipp ehrlich, »Ihr habt mich selbst auf ihn angesprochen. Noch habe ich das Glück gehabt, in keiner Schlacht auf die Probe gestellt zu werden.«

»Ihr würdet sie völlig ausreichend bestehen«, erwiderte der künftige Kaiser. »Aber mit Schlachten würde ich mir im Heiligen Land ja gerade die Menschen verärgern, denen ich hernach Fragen stellen will; ich denke über eine andere Art Kreuzzug nach. Überlegt es Euch und bedenkt, daß Euch der Weg über Sizilien führen würde. Bis dahin könnten dort die Bücher des Aristoteles und vielleicht auch der ›Almagest‹ auf Lateinisch vorliegen. Aber es hat noch etwas Zeit mit dem Kreuzzug.«

Er erhob sich, um seinen Gast zur Tür zu geleiten. »Wenn ich jetzt schon Sizilien erwähnt habe«, sagte er, noch einmal stehenbleibend, »kann ich ebensogut noch ein Wort zu Deutschland sagen. Der Kanzler hat mir berichtet, daß Ihr auf eine Anrufung meines Hofgerichts gegenüber den Bischöfen verzichtet habt. Eure Entscheidung ist mir sehr lieb, denn je öfter sich in den nächsten Jahren die Fürsten und Herren im Reich ohne die Mitwirkung meiner Räte einigen, desto besser! Es wäre gegenwärtig unklug, die Hoheitsrechte in den einzelnen Ländern für den König zu beanspruchen. Nicht erst seit gestern übt sie schließlich jeder der Fürsten, sozusagen als Zaunkönig, in seinem Territorium selbst aus. Aber man muß sie auch nicht ohne Not preisgeben, und je weniger mein Sohn darüber mit den Fürsten in Streit gerät, desto heiler bleibt die Autorität der Krone, und desto freiere Hand habe ich, wenn ich – später einmal zurückkehre.«

»Und wann wäre das – später?« fragte Philipp ein wenig zu

schnell und dachte einen flüchtigen Augenblick lang an den Lebkuchenkönig, den er seinem Vater empfohlen hatte.

»Wenn ich Sizilien geordnet und den Kreuzzug hinter mich gebracht und ein brauchbares Verhältnis zu den norditalienischen Städten und zum Papst hergestellt habe«, entgegnete der König, »dann ist wieder Zeit für Deutschland. Ich bin acht Jahre lang hier gewesen, und die Lage ist stabil.«

Beide schwiegen, aber beide dachten wohl gleichzeitig an König Heinrich, an das Kind, das diese Lage stabil halten sollte. Denn der Staufer fuhr fort: »Erzbischof Engelbert von Köln hat als Reichsverweser mein volles Vertrauen, aber ich wäre dankbar, wenn mein Sohn über ihn und den Regentschaftsrat hinaus auch auf Freunde im Reich zählen könnte und zwar auf zuverlässigere Freunde, als mein Haus sie bisher besonders in Thüringen fand. Würdet Ihr mir versprechen, ihm zur Seite zu stehen, falls er in Not kommt? Ich weiß, daß Euch das auch in Ungelegenheiten bringen könnte, aber es läge mir viel daran!« Er lächelte: »Wie wäre es, wenn Ihr ein solches Versprechen als Unterpfand für ein nächstes Gespräch zwischen uns nähmt? An Stoff sollte es uns bis dahin ja nicht mangeln.«

»Gern!« sagte Philipp überrascht und nun doch überwältigt. »Gern und mit Freuden, wenn es irgend in meiner Macht steht, ein solches Versprechen zu erfüllen.« Wieder stand der Bankettsaal vor seinen Augen. »Noch aus einem anderen Grunde übrigens«, fügte er hinzu. »König Heinrich hat mich an etwas aus meiner eigenen Kindheit erinnert.«

Als sie in den Vorraum hinaustraten, erhob sich Baran der Zweite, der hier gewartet hatte, und lief seinem Herrn entgegen.

»Ein schönes Tier!« sagte der König bewundernd. »Wenn ich nicht wüßte, daß es das Eurige ist, würde ich meinen, es käme aus meiner eigenen Zucht.«

»Auf meine Weise und so gut ich kann«

Kurz nach Philipps Rückkehr kam ein Bote aus Thüringen mit dem Ruf an das Sterbelager des Vaters.

»Es ist ganz plötzlich bergab gegangen«, berichtete er, noch außer Atem von seinem scharfen Ritt. »Herr Hannes läßt Euch ausrichten, Ihr sollt Euch beeilen. Euer Vater möchte Euch noch etwas sagen.«

Philipp entließ den Boten und traf mit seinen beiden Getreuen in aller Eile die Vorbereitungen für einen Aufbruch auf unbestimmte Zeit; denn es war ihm klar, daß er so rasch nicht wieder hierher zurückkommen würde. Bertram sollte mitkommen, weil er in Thüringen gebraucht wurde; Martin blieb vorerst in Franken. Man konnte ihm die dortigen Aufgaben unbedenklich anvertrauen, und später ließ sich weiter sehen.

Als Philipp nach einem Ritt, auf dem die Zeit stillzustehen schien, schließlich in das Wohngemach neben dem Rittersaal trat, sah ihm der Vater aus wachen Augen entgegen, und als er zu sprechen begann, hatte die Stimme noch immer viel von ihrem alten Klang. Sonst freilich schien kaum mehr etwas an ihm lebendig.

»Sehr gut«, sagte er, »reiten konntest du immer. Ich hätte dich gleich von Frankfurt aus hierher rufen sollen, dann hättest du Zeit gespart. Setz dich.«

Er schloß die Augen, und Philipp sah fragend zu Hannes hinüber; doch der nickte beruhigend.

Langsam öffnete der Vater wieder die Augen. »Hör zu, Philipp! Du hast damals, als du im Zorn fortgingst, alle meine Hoffnungen zerstört. Aber du hast dein Versprechen gehalten, die Güter in Franken in Ordnung zu bringen. Und auf dem Hoftag in Frankfurt hast du mir meine Sorgen abgenommen. Willst du hier in Thüringen weitermachen? Es ist jetzt soweit.«

»Ja, Vater«, erwiderte Philipp. »Auf meine Weise und so gut ich kann.«

»Es gilt!« sagte der Alte und setzte mit einem Anflug von Vergnügen hinzu: »Du kannst gut. Ich habe die Berichte aus Frankfurt noch bei ganz gutem Verstand gehört. Du kannst sehr gut – möcht wissen, woher. Hättest du doch nur gewollt! Ich hätte so gern einen Enkel gesehen!«

Wieder schwieg er, und auch Philipp war nicht nach Reden zumute.

»Gut«, fuhr der Vater fort, »ich verlasse mich darauf, daß es gilt. Auf deine Weise, meinetwegen. In Mainz sind sie nur halb gut auf dich zu sprechen, und das kann heißen, daß deine Weise nicht schlecht ist. Aber der junge Landgraf ist gut auf dich zu sprechen, und das ist mir lieb. Du hast den Staufer gesprochen? Wie gefiel er dir?«

Philipp überlegte. »Er ist mehr kaiserlich als königlich«, sagte er dann. »Und jedenfalls nicht in unserer Backstube gebacken. Aber er ist schon sehr eindrucksvoll.«

Der Vater nickte; dann fiel er wieder zurück. Diesmal dauerte es so lange, bis sich die Augen wieder öffneten, daß Philipp aufstand und sich vorsichtig über ihn beugte. War das alles gewesen? Doch es kam noch etwas.

»Philipp – ich war immer dankbar dafür, daß gerade du das Kind warst, das mir geblieben ist, wenn es denn nur ein einziges sein sollte. Habe ich dich das wirklich so wenig merken lassen, daß du so blindwütig gegen mich aufbegehrt hast?«

Das brachte Philipp neben dem Lager des Vaters auf die Knie. »Doch«, sagte er, von der Angst gejagt, das Wort könne den Sterbenden nicht mehr erreichen. »Doch, und ich hätte es merken müssen! Warum konnte ich das nicht?«

»Du warst nicht einfach genug«, sagte der Vater leise, »oder ich war zu einfach für dich. Ich habe das zu spät begriffen. Ich glaubte, weil Gott mir nur dich gelassen hatte, dürfte ich dich verwenden – als Werkzeug für meine Pläne. Das war auch zu einfach gedacht.«

»Vater«, sagte Philipp und zwang alle seine widerstreitenden Empfindungen in ruhige und deutliche Worte, »Vater, ich habe mir mein Leben lang gewünscht, du würdest mir sagen, daß du mich gern hast. Nun hast du es gesagt, und mehr braucht es nicht zwischen uns. Du hast mein Versprechen, daß ich da weitermache, wo du aufhörst.«

Wieder nickte der Alte. Dann sagte er mit einer Stimme, die nun rasch erlosch: »Komm näher.«

Regungslos ließ Philipp sich den Segen des Vaters geben. Dann wartete er die beiden langen Tage hindurch, die der Vater nun, da er mit der Welt abgeschlossen hatte, noch zum Sterben brauchte. Es mußten wohl mächtige Erscheinungen sein, böse und gute, die er da zu Häupten und zu Füßen seines Lagers miteinander ringen sah. Und wer mochte wissen, wem seine Seele zugefallen war, als sich schließlich der Kaplan nach stundenlangem Gebet erhob und als Hannes herzutrat, um dem Toten die Augen zuzudrücken?

Als dulde das Versprechen gegen den Vater keinen Augenblick Aufschub, durchlebte Philipp die nächsten Tage fast mehr in Ungeduld als in Trauer. Aber er bezwang sich und ließ Hannes und dem Kämmerer freie Hand für die Prachtentfaltung, die dem Vater nach ihrer Meinung auch auf seinem letzten Wege anstand; der Herrschaftswechsel auf dem Schwarzenstein vollzog sich in dem glanzvollen Rahmen, den man an der Burg kannte.

Das gab Philipp Zeit, sich von den Ereignissen der letzten Wochen zu lösen. Von Meinhard hatte er einen Abschied auf ungewisse Zeit genommen.

»Ich komme bestimmt zwischendurch einmal mit einem Auftrag hierher«, hatte der Freund versichert. »Für so etwas braucht der König uns deutsche Ritter, so wie er bis jetzt die Italiener für die Verbindung mit Sizilien brauchte. Aber erst einmal kommt im Herbst die Kaiserkrönung in Rom!«

Mit Meinhard ging auch ein Teil von Philipp selber fort: der Teil, der nur Ritter und nichts anderes sein wollte, und der von der Nähe zum König geträumt hatte. Zurück blieb der Teil, der an den Platz hier zu Hause gebunden war, und jetzt fester denn je.

Und auch der leise Rausch, in den ihn das Gespräch mit

dem Staufer versetzt hatte, ebbte nun langsam ab; zurück blieb die Verheißung eines Wiedersehens und ein winziges Wort: »Zaunkönig«. Nun ja, wenn die Adler und Falken davonflogen!

Philipp gab bei einem Steinmetzen aus Erfurt eine Grabplatte in Auftrag. Unter seinem steinernen Abbild, geharnischt und mit Helm, Lanze und Schwert gewaffnet, sollte der Vater in dem schönen, alten Hauskloster, ein Stück weit auf dem Wege nach Eisenach, seine letzte Ruhestätte finden. Eine ansehnliche Stiftung an die dortigen Mönche sicherte die Gebete um sein Seelenheil.

Doch dann drängte Philipp voran. Er hatte die mühsamen Verhandlungen auf dem Frankfurter Hoftag nicht vergessen, und so berief er nun die Menschen, auf die er zählen konnte, zu einer Besprechung in das Wohngemach neben dem Rittersaal zusammen. Es war jetzt auch das Sterbezimmer des Vaters, so wie es einmal Philipps Geburtszimmer und seither vieles andere gewesen war.

Als er eintrat, ließ er seinen Blick über die Runde schweifen. Hannes hatte sich den Sessel an den Kamin geschoben; Kaplan, Kämmerer und Schreiber des Vaters saßen schweigend am Tisch beisammen, und Bertram lehnte am Fenster.

»Hannes«, fragte Philipp, als er sich niedergelassen hatte, »wie alt war der Vater, als er die Herrschaft hier übernahm?«

»Ein wenig älter als du jetzt bist«, erwiderte Hannes; »dreiundzwanzig oder vierundzwanzig.«

»Vor fünfzig Jahren hat hier also zum letzten Mal die Herrschaft gewechselt!« sagte Philipp nachdenklich. Er wandte sich an den Kämmerer: »Gibt es eine Aufstellung, ein Verzeichnis der Güter, die zur Herrschaft gehören?«

»Nichts Geschriebenes«, erwiderte dieser. »Wir hatten das im Kopf; hier auf der Burg im Großen und dann immer weiter herunter im Kleinen. Das ging mündlich und nach der Gewohnheit. Wir sind hier in Thüringen altmodischer als die Leute in Franken.«

»Das wird dennoch auch hier nicht mehr reichen«, sagte Philipp, »wir brauchen eine genaue Aufnahme des ganzen Besitzes bis hinunter zum letzten Weiler. Laß die Verwalter und Vögte wissen, daß ich in der nächsten Woche meinen Umritt beginne. Sie sollen heraussuchen, was dennoch an Geschriebenem da ist und das übrige im Kopf bereithalten. Mit den Lehnsleuten und Burgmannen spreche ich, wenn sie zur Eidesleistung kommen. Sobald wir alles beisammen haben, entscheiden wir weiter.«

»Was meinst du damit?« fragte Hannes ein wenig beunruhigt.

»Ich meine, daß es dann hier ein bißchen anders zugehen muß als bisher, Hannes«, erwiderte Philipp, »mit weniger Pracht und weniger Turnieren zum Beispiel.«

»Turniere – für wen denn?« sagte Hannes traurig, und Philipp spürte wieder den Stachel. War er trotz allem Erreichten auch für Hannes kein richtiger Ritter? Aber er wußte, daß Hannes an die langen Jahre der Gemeinsamkeit mit dem Vater dachte, und so sagte er freundlich: »Für mich, für dich, für uns alle. Aber Turniere kosten Geld, Hannes!«

Mit einem Ruck kehrte der Alte in die Gegenwart zurück. »Ich weiß, Philipp! Nein, ich habe nicht vergessen, wie du dich in Frankfurt wegen der gefährdeten Güter geplagt hast. Du hast recht.«

Mit Hannes' Hilfe holte Philipp nun aus dem Kaplan, dem Kämmerer und dem Schreiber die nötigen Auskünfte über die Wirtschaftslage heraus.

»Sie ist schwierig«, räumte der Kämmerer ein. »Seit Eure Knappenrunde sich aufgelöst hat und die Hofhaltung kleiner geworden ist, haben wir von manchem zuviel, vom Getreide zum Beispiel, und von anderem zu wenig.«

»Vom Geld zu wenig, nicht wahr?« fragte Philipp. »Warum ist das überschüssige Getreide nicht verkauft worden?«

»Darauf verstehen wir uns nicht. Früher hat das Geld auch gereicht, ohne daß wir etwas verkaufen mußten. Es liegt wohl an den neuen aufwendigen Rittermoden, die sind so teuer.«

»Das Verkaufen und überhaupt der Umgang mit dem Geld gehört halt auch zu den neuen Moden«, erklärte Philipp, »das werden wir einführen müssen. Was ist aus dem Getreide geworden?«

Der Kämmerer zuckte die Achseln. »Verdorben ist es.«

»Verdorben?! In den Dörfern war Hunger; man hätte es dorthin geben können, gegen zusätzliche Arbeit meinetwegen.«

»Wir brauchten keine zusätzliche Arbeit, wir fielen ja schon über unsere eigenen Leute; wir brauchten nur bares Geld«, beharrte der Kämmerer.

Jetzt meldete sich der Kaplan. »Ich habe Euren Vater oft gebeten, das Getreide an die Armen zu verteilen. Es war wirklich Hunger in den Dörfern. Ein wenig hat er auch freigegeben, aber nicht genug. Die Barmherzigkeit sei genau festgelegt und den Kirchen und Klöstern verbrieft, das war seine Meinung.« Der Kaplan lächelte. »Da geht es anderswo anders zu!« fügte er noch hinzu.

»Hier in Thüringen? Denkt Ihr vielleicht an den Hof in Eisenach?« fragte Philipp schnell. Wie lange hatte er nichts mehr von Ludwig und Elisabeth gehört!

»Ja. Die künftige Landgräfin Elisabeth schenkt alles her, was sie hat, um die Armen fröhlich zu machen.«

»Ich kann es mir denken«, stimmte Philipp zu. »Nach Eisenach muß ich übrigens als nächstes; der Landgraf wird den Lehnseid erwarten. Hat der Vater das Landding, den Gerichtstag in Mittelhausen, noch wahrgenommen, Hannes?«

»Seit langem nicht mehr! Darum wirst du dich kümmern müssen, sonst geht der Schöffensitz eurer Familie verloren.«

»Ich weiß. Wer hat das Grafengericht gehalten?«

»Die Vögte. Auf einen Teil des Grafengerichts erhebt neuerdings der Landgraf Anspruch.«

»Kein Wunder, wenn man es sich entgleiten läßt!«

Als er schließlich einen ersten Überblick hatte, war Philipp doch ziemlich betroffen. Er mußte von Grund auf ändern, wenn er das Versprechen gegen den Vater einlösen wollte, und er konnte für jede Stunde dankbar sein, die ihn in Franken herausgefordert hatte.

Ein Lehnseid, wie Philipp ihn für Teile seiner Besitzungen dem Landgrafen schuldete, war eine feierliche Angelegenheit. Doch als Philipp sich vom Knien erhob und seine gefalteten Hände aus denen des Landgrafen löste, in die er Treue und Gefolgschaft gelobt hatte, da lächelte Ludwig ihm ebenso zu wie einst dem frischgebackenen Ritter über der Schwertleite. Aber es war diesmal ein kampflustiges Lächeln, und das Gespräch im Anschluß an die Zeremonie war nicht nur freundschaftlich. Auch Ludwig sprach von den guten Beziehungen zwischen den beiden Familien, aber er mahnte darüber hinaus Philipps Einordnung in das Gefüge der landesherrlichen Rechte in Thüringen an. Philipps Einlenken auf dem Frankfurter Hoftag sei nur ein erster Schritt in diese Richtung gewesen.

Doch Philipp lächelte ebenso kampflustig zurück. So hatte er das nicht gemeint! Einem König zuliebe konnte man zur Not einen Verzicht auf Herrschaftsrechte erwägen, aber gegen einen Landgrafen galten die Spielregeln unter Zaunkönigen. Auf mehr als auf seine Lehnsrechte konnte der Landgraf nicht pochen; das ließ Philipp ihn in seiner Antwort höflich wissen.

Dennoch war der Händedruck am Ende des Gesprächs ehrlich gemeint, und als Philipp danach bat, auch die künftige Landgräfin sehen zu dürfen, antwortete Ludwig bereitwillig mit einer Einladung zu Tisch. »Elisabeth erwartet Euch; das soll ich Euch ausdrücklich sagen.«

Doch der Speisesaal in der landgräflichen Hofhaltung, in dem der gedeckte Tisch wartete, war noch leer; aus einem Nebenzimmer drang durch die geöffnete Tür ein leises Stimmengewirr und das Weinen eines Kindes.

Ludwig ging zu der Tür hinüber. »Dort wird Elisabeth sein«, sagte er lächelnd und winkte Philipp zu sich.

Auch im Nebenzimmer war ein Tisch gedeckt, und um ihn war eine ungewöhnliche Gesellschaft versammelt, die unter leisem Murmeln und Lachen aus einer gemeinsamen Schüssel in der Mitte des Tischs eine Suppe löffelte. Es waren abgerissene, blasse Gestalten, manche von schwerer Krankheit gezeichnet; einigen mußte eine Dienerin helfen. Elisabeth selbst kniete neben dem Kind, dessen Weinen man eben gehört hatte, und fütterte es aus einem Teller mit Brei. Beim Eintritt des Landgrafen verstummte das Stimmengewirr.

»Dein Gast ist da, Elisabeth«, sagte Ludwig freundlich, »deine nächsten Pflichten beginnen.«

Sie erhob sich und übergab das Kind einer Dienerin, dann wandte sie sich Philipp zu. Sie mußte jetzt dreizehn Jahre alt sein; Ludwig war zwanzig. Für das kommende Jahr war ihre Vermählung geplant.

»Ich bin froh, daß gerade Ihr heute mein Gast seid«, sagte sie und reichte ihm die Hand. »Es ist manchmal schwierig zu wissen, was Gott mit den nächsten Pflichten meint.«

Die Tür wurde geschlossen, und die Mahlzeit verlief so heiter und freundlich, wie man es nur wünschen konnte. Philipp erzählte von seinem Gespräch mit dem König in Frankfurt.

Nach Tisch hielt Elisabeth ihn noch fest. »Wenn Ludwig es erlaubt und wenn Ihr Euch wirklich ein wenig auf die Medizin versteht, wie Ihr es eben erzählt habt«, bat sie, »dann würde ich Euch gern ein oder zwei Fragen stellen.«

»Frag doch unseren Arzt!« mahnte Ludwig, doch sie schüttelte den Kopf. »Der versteht nichts von den Armen.«

Die Fragen waren ganz leicht zu beantworten, und Philipp gab bereitwillig Auskunft.

»Ihr seid uns jederzeit willkommen«, sagte Ludwig beim Abschied lachend, »aber ich fürchte fast, Ihr werdet Euch dann doppelt wappnen müssen: einmal gegen mich, und einmal für Elisabeth!«

Doch Philipp fand in der nächsten Zeit kaum Gelegenheit zu Besuchen in Eisenach. Er hatte zu Hause vorerst alle Hände voll zu tun. Es dauerte Wochen, bis er allein mit seiner Bestandsaufnahme fertig war, und am Ende hatten Bertram und er viel dazugelernt. Zum Beispiel die lateinischen Zahlzeichen über Tausend, die man brauchte, um die Menge der von den Zinsgütern geschuldeten Waren zu erfassen: von Käse und Eiern, von Scheffeln mit Roggen, Hafer, Gerste, Hirse, Erbsen und Bohnen, von Hühnern, Gänsen und Enten. Anderes, wie Schweine, Salzeimer, Flachsballen, Leinsamensäcke, Weinschläuche und Ölkrüge ließ sich in Hundertern messen, und wieder anderes wie die Abgabe von Schafböcken zur Zucht war doch schon unter dem Vater durch Geldzahlungen abgelöst worden.

Und natürlich mußte man die Menschen zählen, die Unfreien, die zu jedem Stück Land gehörten und mit ihm zusammen verkauft, verschenkt, verliehen oder verpfändet wurden, manchmal mitten durch die Familien hindurch. Am Ende kannte Philipp sie alle wenigstens vom Namen her, nicht mehr nur die Lehnsleute und Burgmannen oder die Verwalter, Schultheißen und Vögte, sondern auch die Leute draußen im Lande. Der Kämmerer hatte recht: Im ganzen war in Franken manches weiter als hier in Thüringen; um so mehr hing hier von der Person des Grundherrn ab.

Als er alles beisammen hatte, stellte er mit Bertram ein genaues Verzeichnis aller Besitzungen und Einkünfte auf, sauber nach Eigenbesitz und Lehnsgut getrennt, gab es Bertram zum Abschreiben und ließ es dann zwischen zwei Holzdeckel mit festen Schließen binden.

Nun war er klüger und wußte, daß auch der Verkauf aller überschüssigen Waren nicht die Kosten einer ausgedehnten Hofhaltung mit ihrem Bedarf an ritterlichem Zubehör dekken konnte. Allein für ein gutes Ritterpferd durfte man ja schon den Gegenwert von mehreren Ackerpferden oder einer Vielzahl von Kühen rechnen! Als erstes mußte der Zuschnitt auf dem Schwarzenstein zusammengestrichen werden.

Aber das reichte nicht, und vor allem war es gefährlich. Denn Sparsamkeit war eine Tugend der Armen; von einem Ritter erwartete man Freigebigkeit. Wer sie nicht übte und womöglich am Aufwand für sein Gefolge sparte, der wurde zum Gespött, und mit dem ging es bald bergab.

Philipp dachte gründlich nach, dann suchte er Bertram auf. Der hatte in den letzten Wochen eine der ungenutzten Kammern entrümpelt und als Arbeitsraum eingerichtet. Auf einem schmalen Tischchen lagen Griffel, Federn, Farben, Wachstafeln und Pergament bereit, und in einer offenen Truhe waren die aus Franken mitgebrachten Handschriften geordnet. Das neue Güterverzeichnis lag auf einer kleinen Bank griffbereit, aber alle anderen Schriftstücke der Burg waren vorerst beim Kaplan geblieben. Es hätte den alten Mann schwer gekränkt, wenn man an ihm vorbei hier eine wirkliche Kammer für die Verwaltung der Burg eingerichtet hätte.

Philipp sah sich um und zog sich dann einen Schemel neben die Truhe mit den Handschriften. »Sehr gut!« sagte er, »genau das brauche ich. Bertram, wir beide verstehen von der Wirtschaft gerade so viel, daß wir wissen, wie es in ihr nicht weitergehen darf, und für die Güter in Franken hat das gereicht. Aber für eine halb bankrotte Grafschaft muß man auch wissen, wie es weitergehen kann; dazu brauchen wir die Hilfe der Zisterzienser, weil nur die sich auf die Wirtschaft verstehen. Das wird uns zwar die Schenkung von einem oder zweien unserer Höfe an das Kloster kosten, vielleicht auch mehr, aber das hilft nichts; ich muß mit dem Abt sprechen. Eine Handschrift als Gastgeschenk für die Bibliothek der Abtei wäre außerdem nützlich.« Er beugte sich über die Truhe. »Welche nehmen wir? Es muß etwas sein, was auch den Bruder Ansfried freut, wenn wir schon den ›Almagest‹ selbst nicht gefunden haben.«

Sie suchten das Inhaltsverzeichnis eines großen Sammelwerks heraus, in dem mehrere naturkundliche Schriften eines klugen Engländers, der Adelard von Bath hieß, zusammengeheftet waren. Es hatte in Köln gelegen, und

Bertram hatte vorerst aus jeder dieser Schriften ein kleines Exzerpt gemacht, so daß schon das Inhaltsverzeichnis viel Wissenswertes enthielt.

»Das nehmen wir!« entschied Philipp. »Schreib es so rasch wie möglich noch einmal ab, und wenn du fertig bist, reiten wir zusammen in die Abtei; ich führe dich dann gleich beim Bruder Ansfried ein.«

Er half Bertram beim Glätten eines neuen Pergaments und suchte mit ihm zusammen die Farben für die großen Anfangsbuchstaben der Abschnitte aus. »Aber wenn wir zurück sind, Bertram«, sagte er, als dieser schon mit einem schön geschwungenen »I« anfing, »wenn wir zurück sind, dann spielen wir erst einmal drei Abende lang Schach und vergessen diese verdammte Wirtschaft! Wir könnten uns auch schon einmal nach einem Standort für die Falkenzucht umsehen.«

Der Abt hörte Philipps Anliegen aufmerksam an und zog dann den Bruder Cellerarius, den Wirtschaftsführer des Klosters, hinzu. Dieser kannte sich in den Verhältnissen der Nachbarschaft aus.

»Wir haben den Verfall auf der Burg in den letzten Lebensjahren Eures Vaters gespürt«, sagte er. »Aber das allein ist nicht Euer Problem. Die Zeiten ändern sich, und Ihr seid nicht der einzige, dem die Kosten für eine ritterliche Hofhaltung davongaloppieren.« Er lachte. »Es ist eine schlechte Zeit für Grafen, denn die Fürsten bestimmen den Stil, und die können ganz anders wirtschaften. Unser Landesherr würde sicherlich auch Euch gern gegen eine gute Rente auskaufen. Zwanzig Silbermark im Jahr könnte das schon bringen!«

»Bewahre!« sagte Philipp und dachte an Ludwigs kampflustigen Blick. »Deshalb bin ich ja hier. Besser als die Wirtschaftsführung der Zisterzienser kann doch auch die der Fürsten nicht sein! Von Euch will ich lernen.«

Der Abt war entwaffnet. Aber er sagte dennoch: »Wenn wir Euch wirtschaftlich helfen, leisten wir auch politische

Hilfe; und Ihr könntet leicht ein noch mächtigerer Nachbar werden als Euer Vater es war.« Er überlegte. »Aber ich denke, wir haben lieber in Euch einen mächtigen, aber guten Nachbarn, als daß wir einem weiteren Verfall der Herrschaft zusehen mit allem, was das an fremden Einflüssen mit sich bringt. Niemand weiß ja, wie lange König Friedrich fortbleibt und wie stark die Hand seines jungen Sohnes sein wird. Der Bruder Cellerarius hat freie Hand, Euch zu beraten. Ich wünsche Euch viel Glück.«

»Danke!« sagte Philipp. Es kam ihm so vor, als habe er in einem Feldzug neuer Art ein erstes Gefecht gewonnen.

Als er mit dem Wirtschaftsmann allein war, wickelte er sein Besitzregister aus dem Mantelsack. »Damit werden wir anfangen müssen«, sagte er.

Der Mönch blätterte erstaunt in dem Verzeichnis. »Nun, für einen Ritter ist das wahrhaftig nicht übel«, sagte er dann.

Philipp lachte. »Ich bin ja auch nur ein gespielter Ritter!«

»Ein was?!«

»Ach –!« Philipp wurde rot. »Ich habe nach meinem Unfall einfach mehr Zeit zum Nachdenken gehabt als andere Ritter; das ist alles.«

»Nun«, sagte der Wirtschaftsmann und meinte es ehrlich, »dann wünschte ich doch, die ganze Ritterschaft des Reiches bräche sich noch heute die Knochen, wenn das solche Folgen hat! Wenn es Euch recht ist, behalte ich die Aufstellung hier und erwarte Euch über acht Tage zu einer gründlichen Besprechung.«

Bei diesem nächsten Besuch bekam Philipp zu spüren, daß ein erstes gewonnenes Gefecht noch kein Sieg ist. Der Bruder Cellerarius ließ ihn mit gewichtiger Umständlichkeit an dem Tisch Platz nehmen, auf dem schon das Register und eine lange Liste mit Notizen bereitlagen.

»Ihr braucht zweierlei«, erläuterte er und nahm die Liste zur Hand. »Zum einen neues Rodungsland, das hernach zu Eurem Eigengut wird, und zum anderen eine völlige Umstellung Eurer Wirtschaft. Für die Planung und den praktischen Teil dieses Vorhabens stehe ich Euch mit meinem Rat zur Verfügung, und ich habe hier die wichtigsten Punkte notiert. Um alles andere müßt Ihr Euch selbst kümmern. Um die Rodungsbauern zum Beispiel, und um das Geld. Denn Ihr habt Schulden, und Rodungsland ist auf lange Zeit Zuschußland. Da Ihr Euch auf Zahlen versteht, würde ich den Überschlag über die benötigte Summe gern gleich mit Euch zusammen aufstellen.«

Es wurde eine hohe Summe, und Philipp fragte betroffen: »Wie lange brauche ich, bis ich da bin, wo mein Vater früher einmal war?«

»Knappe zehn Jahre, denke ich, wenn wir nur vom Geld her rechnen. Aber natürlich hört die Arbeit an einem solchen Vorhaben Euer Leben lang nie ganz auf. Doch das brauche ich Euch nicht zu sagen.«

»Und an wen wende ich mich wegen des Geldes?«

»Ich gebe Euch den Namen eines Erfurter Kaufmanns.«

»Und den – bitte ich auf die Burg? Oder schicke ihm meinen Kämmerer?«

»Keins von beidem«, sagte der Wirtschaftsmann freundlich. »Ihr reitet nach Erfurt und sucht ihn in seinem Kontor auf. Ihr seid besser als jeder Kämmerer; nehmt Herrn Bertram mit und reitet selber!«

Philipp lehnte sich in den Sessel zurück und schwieg.

Der Mönch beobachtete ihn und sagte schließlich: »Graf Philipp, Ihr könnt es natürlich bequemer haben. Für Euch selbst reicht Euer Besitz auf Lebenszeit. Was Ihr verkauft oder verpfändet, nehmen der Landgraf und der Erzbischof mit Vergnügen.«

Philipp fielen der Hoftag in Frankfurt und das Gespräch mit dem Staufer ein. »Aber dann wäre es aus mit dem Ansehen im Reich, nicht wahr?« fragte er.

»Nicht sofort. Aber nach und nach schon.«

»Ich würde darin gern freie Hand behalten«, erklärte Philipp, »und ich habe meinem Vater versprochen, seine

Stellung, so gut ich kann, zu behaupten; dazu gehört auch ein bißchen politischer Spielraum.«

»Laßt Euch, ehe Ihr Euch entscheidet, noch etwas sagen. Wichtiger als der Umgang mit Geld und Zahlen ist bei einem solchen Vorhaben der Umgang mit Menschen, denn die Umstellung einer Wirtschaft bringt Härten mit sich. Die Fronpflichten Eurer Bauern sind zwar immer hart eingetrieben, aber seit langem nicht mehr erhöht worden, obwohl ihr Wohlstand gestiegen ist. Ihr werdet von Fall zu Fall entscheiden müssen, ob Ihr sie ändert und ob Ihr den Bauern als Gegenleistung für eine Anhebung etwa die begehrte Erblichkeit ihrer Pachtgüter einräumt oder nicht. Dabei können Klagen gar nicht ausbleiben. Ihr werdet eine sehr behutsame Hand brauchen.«

»Und wenn ich sie nicht hätte?« fragte Philipp.

»Dann würde es mir leid tun, die meinige zu dem Vorhaben geliehen zu haben. Denn ungerechte Fürsten sind dem Herrn ein Greuel. Nun, wollt Ihr?«

»Ja«, sagte Philipp nach kurzer Besinnung, »ich denke, es lohnt sich.«

Im Kontor des Kaufmanns Georg Kerlinger in Erfurt lernte Philipp zum ersten Male die Welt kennen, die auf ihre Weise vielleicht mächtiger war als alle Waffen der Ritter und alle Urkunden der Kleriker zusammen, und die jedenfalls zu allen Feldzügen neuer Art gehörte, die Welt des Geldes.

Der Kaufmann empfing ihn in dem holzgetäfelten Kontor seines schönen Giebelhauses am Marktplatz in Erfurt; und wenn eine leicht reservierte Haltung am Anfang vielleicht darauf schließen ließ, daß auch andere Leute von den Schulden des Vaters wußten, so ließ die Höflichkeit des Gastgebers doch nichts zu wünschen übrig.

Er sah mit Respekt das Güterverzeichnis und mit Interesse den Wirtschaftsplan des Bruders Cellerarius durch. Ob in der Planung noch Spielraum sei, wollte er wissen. Er frage sich seit Jahren, wie man den sündhaft teuren indischen Farbstoff, der das prächtige Blau der ritterlichen

Gewänder ergebe, vielleicht billiger gewinnen könne. Ob für einen Versuchsanbau der Waid-Pflanze noch Platz sei? Und ob sich auch sonst zu beiderseitigem Vorteil das eine oder andere Marktinteresse berücksichtigen lasse? Auf eine so solide Planung, versicherte Herr Georg Kerlinger dann, gebe er mit Vergnügen Kredit, und wenn seinem Gast daran gelegen sei, könne er sich bei der nächsten Reise in die Niederlande nach siedlungswilligen Leuten für die geplanten Rodungen umsehen.

Das war ein willkommenes Angebot, und als Philipp diesen Besuch mit ein wenig Abstand überdachte, wollte es ihm scheinen, als sei er da mit mehr Glück als Verstand vor eines der wichtigsten Tore zur Zukunft geraten.

Das neue und das alte Versprechen

Herr Georg Kerlinger hielt Wort: nach der nächsten Schneeschmelze trafen Trupps rodungswilliger Siedler vom Niederrhein ein. Sie kamen unter Führung ihrer eigenen Lokatoren, der Gründungsleiter, und Philipp sah bald, daß man diesen Leuten nach ihrer Einweisung nicht mehr viel erklären mußte. Sie brauchten während der ersten zehn Jahre, bis die Siedlungen aufgeblüht waren, keine Abgaben an die Burg zu zahlen und wußten selber, daß sie diese zehn Jahre nutzen mußten. In den Lokatoren hatten die Siedlungen zudem ihre ersten Schultheißen und Richter. Hier also genügten schon Rat und Ermutigung.

Schwieriger war die Lage in den alten Dörfern. Die Bauern klagten über die vielen Änderungen und über das neumodische Bauen; und es blieb nicht bei Klagen. Immer wieder meldeten die Vögte, daß junge Leute über Nacht die Dörfer verlassen hatten, um in einer der nahegelegenen Städte ihr Glück zu versuchen. Aber an den Toren einer

Stadt endete die Macht eines Grundherrn über seine Hörigen, ganz gleich, wie frei oder unfrei die Luft in der Stadt wirklich war. Philipp wies die Vögte an, Zeichen des guten Willens zu setzen. So konnte man sich in einem Härtefall auch einmal mit der symbolischen Abgabe einer einzigen kleinen Biene statt eines geschuldeten wertvollen Tieres begnügen.

Gebaut wurde dennoch, unten in den Dörfern und oben auf der Burg. Philipp ließ hier die neuen Wirtschaftsgebäude über den alten Mauerring hinaus talabwärts legen, und am liebsten hätte er auch gleich den Schwarzenstein selbst in Angriff genommen. Es schien auch über andere Leute ein wahres Baufieber gekommen zu sein: Landgraf Ludwig baute seine Wartburg bei Eisenach zu einer großen, landesherrlichen Residenz aus; unten in der Abtei wuchs der Neubau, von dem der Bruder Ansfried gesprochen hatte; und wenn man nach Erfurt oder Eisenach kam, fand man eingerüstete Kirchen. Steil aufstrebende Pfeiler und spitze Bogen über schwerelosen Wölbungen traten nun an die Stelle der alten, gedrungenen Bauten mit den schweren, runden Bögen. Die Leute drängten sich und sahen den Steinmetzen zu, die über den Portalen der neuen Dome die Bilder des Jüngsten Gerichts mit der Höllenpein der Verdammten in den Stein meißelten – Bilder der Warnung vor Sünde und Strafe für das Volk, dem die Bibel nicht zugänglich war.

Auf den Burgen türmte man die Außenmauern immer steiler empor, aber zu den Innenhöfen hin öffnete und gliederte man neuerdings die Anlagen mit Bogengängen, Freitreppen und Erkern in kunstvoller Steinmetzarbeit. Es mußte eine Lust sein, so zu bauen – wenn man Geld dazu hatte! Philipp verschloß seine Wünsche vorerst in sich.

Der unermüdliche Hannes tat, was er konnte, um Philipp bei den Leuten den Rücken zu stärken, und so fanden diese bald nichts mehr dabei, daß Philipp nicht wie sein Vater nur auf dem Wege zu Jagd und Politik rasch durch das Land jagte, sondern daß er absaß und sich in den Dörfern und auf den Baustellen im Rodungsland und auf den neuen Wirtschaftshöfen und Vorwerken umsah, Markt und Münze überprüfen ließ und das Grafengericht wieder an sich zog. Viel Rücksicht nahm der junge Herr offenbar nicht mehr darauf, daß er nicht so gut laufen konnte, fanden die Leute, so, wie er auf den Baustellen herumkletterte.

Am Ende des Jahres saßen Philipp und Hannes einander gegenüber und ließen die Zeit des neuen Aufbruchs noch einmal in allen Einzelheiten an sich vorüberziehen. Philipp sah seinen alten Waffenmeister dankbar an: »Du hast tapfer mitgeholfen, Hannes, und ich danke dir dafür. Ohne dich hätte ich das nicht schaffen können.«

Doch Hannes winkte ab und sagte müde: »Es wäre gut, wenn du dir beizeiten einen jüngeren Burghauptmann suchen würdest. Je eher du mich ablöst, desto besser!«

Philipp verstand seinen alten Erzieher und sandte sofort zwei zuverlässige Leute nach Franken, die Martin dort ablösen und ihn nach Thüringen zurückschicken sollten. Hier machte er den bewährten Freund zum Burggrafen und Burghauptmann auf dem Schwarzenstein. Martin brachte auch den Falkner und die Falkenzucht mit, und darüber lebte Hannes noch einmal richtig auf.

»Ich dachte schon, es sollte hier mit Bohnenbrei und Hafergrütze bis ans Ende meiner Tage weitergehen«, vertraute er Philipp an, »aber jetzt sieht es doch schon ganz anders aus.«

Mit dem italienischen Falkner bekam der alte Waffenmeister noch einmal einen jungen Freund, den er nach den neuesten ritterlichen Lebensformen in der Welt draußen ausfragen konnte, und noch einmal erwachte sein Interesse am höfischen Leben.

»Wenn du dir etwas wünschen dürftest, Hannes, wirklich von Herzen wünschen – was wäre das dann?« fragte ihn Philipp einmal, als er ihn mit dem Falkner zusammen sah.

»Ach, Philipp, ein Turnier!«

Philipp lachte schallend. »O, Hannes, du bist unverbesserlich! Aber du sollst dein Turnier haben, und wenn ich Herrn Kerlinger dafür die nächste Ernte verpfänden muß!«

Doch Herr Kerlinger war sehr für ein Turnier zu haben.

»Ein Turnier«, meinte er, »bringt Waren und Geld ins Land und kommt Handel und Handwerk zugute. Von mir aus kann es in Thüringen jeden Tag ein Turnier geben, und der Kredit läßt sich strecken.«

So wurde auch bei diesem Turnier nicht gespart, aber es war doch sehr anders als das »kleine Pfingstturnier« von damals. Einige der einstigen Kameraden kamen zu Philipp und baten um einen Vorschuß auf die Rüstungen und Pferde, die sie zu erbeuten hofften; sonst könnten sie sich die Teilnahme nicht leisten.

Außer den kunstvollen Wappen waren auf die ritterliche Welt auch neumodische Panzerungen und Visierhelme gekommen, so fest geschlossen, daß man ohne die Wappen auf den Schilden und ohne die Helmzieren seine Gegner gar nicht ausmachen konnte. Man brauchte jetzt eigene Turniermarschälle und sehr komplizierte Regeln, und überhaupt war das Rittersein zu einer hohen Kunst geworden, die wohl weniger mit dem lieben Gott als mit dem lieben Geld zu tun hatte.

Hannes, der das Ganze von seinem Sessel aus verfolgte, war selig. Zu gerne hätte er Philipp vor dem Turnier noch ein modernes, den Zeitläuften angemessenes Wappen verpaßt; der Querbalken erschien ihm inzwischen geradezu bäurisch. Philipp wies jedoch Hannes' Entwurf mit drei silbernen Fischen, die sich im blauen Feld kunstvoll bogen, freundlich zurück. Aber auch er war seltsam zufrieden. Lag es daran, daß er auf ein paar Tage Urlaub von seinen eigenen Problemen genommen hatte? Oder einfach daran, daß der Vater sich gefreut hätte, wenn er noch lebte?

Um diese Zeit sah er Armgard zum ersten Mal wieder. Es war reiner Zufall: Sie war bei gemeinsamen Freunden zu Gast und trat eben auf die Freitreppe, als er selbst, ein unangemeldeter Besucher, sein Pferd dem Knappen übergeben hatte. Zunächst erschrak er, doch dann ging er auf die junge Frau zu und reichte ihr die Hand.

»Es tut mir leid, Armgard«, sagte er, als sei seit der letzten Begegnung kein Tag vergangen, »sehr, sehr leid. Es hätte nicht unglücklicher laufen können, und es war allein meine Schuld. Aber nun ist es vorbei, nicht wahr?«

Sie nickte und sagte: »Mir tut leid, was ich gesagt habe, Philipp, das sollst du doch wissen.«

»Du hast die reine Wahrheit gesagt, Armgard. Natürlich war ich ein gespielter Ritter, und ich wußte es auch.«

»Ach – Philipp, warum wurdest du dann so weiß wie die Wand, wenn es dich nicht getroffen hätte? Ich wollte es wieder gutmachen, wollte dich wissen lassen, daß – nun, daß mir an dir lag. Gleich nach dem Turnier habe ich meine Eltern gedrängt, den Vertrag wieder auf den Tisch zu bringen: war das nicht deutlich genug?«

»Du hast gedrängt?!«

Sie nickte wieder. »Aber deine Absage kam rasch und knapp, und ein drittes Mal wollte ich es nun doch nicht versuchen.«

Philipp biß sich auf die Lippen. »Und wie geht es dir jetzt?«

»Ich bin zufrieden!« Sie lächelte und winkte einem Jungen, der eben aus der Halle gerannt kam. »Dies ist unser Ältester. – Albrecht, komm her! Dies ist Graf Philipp, mit dem der Vater seine Knappenzeit verbracht hat. Du wolltest ihn doch kennenlernen.«

Es war ein netter Junge mit krausem, dunkelblondem Haar, aber die Augen waren nicht die seiner Mutter. Er sah einen Augenblick unschlüssig zu dem Fremden auf, nahm dann die Hand der Mutter und wartete höflich, den Blick unverwandt auf Philipp gerichtet.

Der zögerte einen Augenblick, doch dann beugte er sich zu dem Jungen herunter und sagte freundlich: »Albrecht, dein Vater und ich haben uns seit unserer Knappenzeit nicht mehr gesehen. Willst du ihn von mir grüßen und ihm ausrichten, ich würde mich freuen, ihn einmal wieder zu treffen?«

»Ja, gern!« Das kleine Gesicht hellte sich auf. »Er erzählt

oft von der Knappenzeit; sie muß ganz wunderbar gewesen sein. Lebt denn der alte Hannes noch?«

»Oh ja! Soll ich ihn von dir grüßen? Er freut sich bestimmt.«

»Ja, bitte!« Noch einmal musterte Albrecht sein Gegenüber gründlich, dann ließ er die Hand der Mutter los und fragte: »Darf ich meine Knappenzeit auch auf dem Schwarzenstein verbringen, wenn ich soweit bin?«

»Es wird mir eine Ehre sein«, erwiderte Philipp ernsthaft. »Nein, wirklich, eine viel größere Ehre sogar, als du wissen kannst, und eine Freude dazu. Melde dich bei mir, wenn du vierzehn bist, und fall nicht vorher vom Pferd!«

Es war die letzte Geschichte, die er Hannes noch erzählen konnte und die wirklich letzte Freude des Alten. »Was für ein Jammer, daß ich das nicht mehr erlebe!« sagte er, »dann hätte ich vielleicht auch Fräulein Armgard noch einmal wiedergesehen!«

Mit Hannes' Tod kam wieder eine Zeit, in der Philipp müßig am Fenster lehnte und hinausstarrte, ohne dabei das Geringste wahrzunehmen. Als der Vater gestorben war, hatte er sich ohne Besinnen in die Arbeit gestürzt und kaum von ihr aufgesehen. Aber jetzt, da Hannes tot war, war alles leer.

Hatte er wirklich an Rinderzuchten oder Waid-Pflanzungen, an Schafherden und Getreidesorten, am Gedeihen von Rodungsdörfern oder an den endlosen Rechnungen irgend etwas Interessantes finden können? Warum mühte er sich so zäh mit dem Grafengericht, das Ludwig vielleicht viel besser und moderner handhaben würde? Lohnte es sich überhaupt, soviel Energie auf den Ausbau einer kleinen Landesherrschaft zu verwenden, da doch die Zeichen der Zeit so eindeutig auf die großen, geschlossenen Länder der wirklich mächtigen Reichsfürsten wiesen? Und wem zuliebe? Wirklich nur des Vaters wegen? Oder doch im geheimen Gedanken an den Kaiser, der freie Hand gegen diese Fürsten behalten wollte und vielleicht eines Tages für

Bundesgenossen dankbar war? Wenn der Kreislauf von Philipps übermüdeten Gedanken hier ankam, rieb er sich jedesmal die Stirn. Träumte er?

Und hatte er wirklich die ganze Zeit über nicht gemerkt, daß ihn das lange Stehen beim Gespräch mit den Leuten, das Herumklettern auf Baustellen anstrengte und bisweilen auch schmerzte? Jetzt merkte er es jedenfalls, und während er sich lustlos durch die Tage quälte, war er dankbar für alles, was Martin und Bertram ihm abnahmen.

Sie waren sehr verschieden, die beiden, und ein bißchen eifersüchtig aufeinander; aber eines Abends kamen sie doch zusammen in Philipps Zimmer und baten um ein Gespräch.

»Wir dachten, es wäre vielleicht nicht falsch«, begann Martin, »wenn du dich wieder einmal um die Güter in Franken kümmern würdest. Du bist lange nicht mehr dagewesen.«

»Warum?« fragte Philipp erstaunt. »Dort läuft doch alles! Der Vogt erstattet regelmäßig Bericht.«

Bertram hakte ein. »Neulich war ein fahrender Sänger da; du hattest keine Zeit für ihn, aber ich habe mit ihm gesprochen. Er erzählte von neuen Liedern von Herrn Walther von der Vogelweide, Lieder über Gott und die Welt und den Kreuzzug.« Und als Bertram sah, daß Philipp aufhorchte, fuhr er mutiger fort: »Du könntest ihn fragen, ob er uns neue Verse zum Abschreiben gibt.«

Philipp schüttelte den Kopf. »Wir haben keinen guten Schreiber mehr, und du bist hier nicht abkömmlich; es tut mir leid.«

»Das wollte ich gerade sagen«, redete Bertram rasch weiter, »wir brauchen ohnehin einen zweiten Schreiber, denn der deines Vaters ist wirklich zu alt. Und der neue könnte gleich nach Franken mitkommen und dort auch den Text aus den ›Fragen über die Natur‹ dieses Engländers, des Adelard von Bath, übernehmen, den wir aus Köln mitgebracht und dem Bruder Ansfried versprochen haben. Du könntest ihn bei der Gelegenheit auch gleich selber lesen; du hast ihn noch kaum angesehen.«

»Ich hatte keine Zeit«, wich Philipp aus.

»Du hast sie dir nicht genommen«, sagte Martin bestimmt. »Du könntest dich übrigens von Franken aus auch nach einem Baumeister umsehen. Hier auf der Burg wird der Platz knapp, und Bertram meint, die Wirtschaft werde einen Neubau bald ermöglichen.«

Erstaunt und ein wenig gerührt sah Philipp seine beiden Getreuen an. Sie saßen nebeneinander in der Fensternische und spielten sich die Bälle zu.

»Vielleicht findest du sogar jemanden, der an einer staufischen Pfalz mitgearbeitet hat!«

Martin ließ nicht locker, und Philipp wurde weich.

»Ihr wollt mich loswerden!« sagte er.

»Für eine Weile schon!« erklärten beide wie aus einem Munde.

»Werdet ihr hier allein fertig?«

»Jedenfalls besser als mit dir, wenn du so herumhängst«, antwortete Martin entschieden. »Ich verspreche dir einen Eilboten, wenn es nötig ist, und Bertram will dich zwischendurch mit den Schriftsachen von hier aufsuchen, wenn dich das beruhigt. Wie wär's mit einem Aufbruch heut über acht Tage?«

»Na, ihr habt es aber eilig!« Philipp mußte zum ersten Mal seit langem wieder lachen.

So brach Philipp zum zweiten Mal nach Franken auf, und diesmal fand er dort sofort Ruhe. Der neue Schreiber war freilich nicht mit Bertram zu vergleichen, und Philipp tat gut daran, die fertiggeschriebenen Blätter gleich durchzusehen. Doch dabei fand er schnell zu seinen alten Interessen zurück, und nachdem einige Boten von dem Lehnsgütchen des Herrn Walther von der Vogelweide unverrichteter Dinge zurückgekommen waren, fand sich dieser unerwartet von selber ein. Er war auf dem Wege nach Würzburg und hocherfreut, an dem kühlen Sommerabend nicht nur ein Feuer im Kamin, sondern den Hausherrn daneben zu finden.

»Hätte ich gewußt, daß Ihr hier seid und noch dazu alleine, dann hätte ich meine Wege schon früher über diese Straße gelegt«, sagte er. »Habt Ihr Euch kurzfristig entschlossen, wieder hierher zu kommen?«

»Sie haben mich herausgeworfen, Martin und Bertram«, erwiderte Philipp, nicht minder erfreut, »sie meinten, ich sei nicht mehr zu leiden, und jetzt regieren sie mein Zaunkönigreich als Marschall und Kanzler vermutlich besser als ich. Ein paar Bücher haben sie mir mitgegeben und vor allem den Rat, Euch um Eure neuesten Lieder zum Abschreiben zu bitten. Läßt sich das machen?«

»Gern«, erwiderte der Dichter. »Habt Ihr einen Schreiber?«

»Ja, aber diesmal keinen guten. Eure Lieder schreibe ich lieber selber ab, sonst muß ich hernach raten, in welcher Sprache sie verfaßt worden sind.«

Herr Walther lachte. »Immer noch auf deutsch, weil ich das vergleichsweise ganz vorzüglich kann, und weil es außerdem in die Zeitläufte paßt.«

Philipp holte Wein und schenkte ein; dann streckte er sich in seinem Sessel aus. »Erzählt mir von den Zeitläuften!« bat er. »Ich habe seit fünf Jahren kaum mehr über den Rand meines Rechenbretts hinausgesehen. Der Kaiser ist noch in Sizilien?«

»Ja, er ist noch in Sizilien, und der Kreuzzug steht bevor.«

»Wieder einmal? Das tut er doch schon seit zehn Jahren!«

»Diesmal ist es Ernst, denn der Papst hat keine Geduld mehr. Der Kaiser hat jetzt fünf Jahre Zeit für sein Königreich dort unten gehabt.«

»Genauso lange wie ich für meines«, erklärte Philipp vergnügt, »mal sehen, welches schöner ist! Aber Ihr hattet vom Kreuzzug gesprochen.«

»Ja. Der Kaiser läßt im Reich zur Teilnahme werben.«

»Das ist gut zu wissen«, sagte Philipp nachdenklich, »und wem hat er die Werbung anvertraut?«

»Dem Hochmeister des Deutschen Ordens, Herrn Hermann von Salza.«

»Das ist auch gut zu wissen.«

»Kennt Ihr Herrn Hermann? Er ist ja auch aus Thüringen.«

Philipp schüttelte den Kopf. »Ich nicht. Aber mein Vater kannte ihn gut. – Das wäre also der Kaiser. Und wie läuft es im Reich?«

»In zwei verschiedenen Spuren, und manchmal ein bißchen über Kreuz: Der Reichsverweser, Erzbischof Engelbert von Köln, macht Fürstenpolitik und hat die kölnischen Interessen am Niederrhein im Auge. Und die staufischen Räte am Hof machen Städtepolitik, wie sich das ja auch für staufische Räte gehört, und haben die Interessen des Reichs im Auge.«

Philipp lachte. »Soll ich raten, wo Eure Sympathie liegt?«

»Das ist nicht schwer! Ratet lieber, wem meine Sorge gilt!«

»Nun, wem?«

»Dem jungen König. Er ist jetzt vierzehn Jahre alt, und er wächst ein bißchen wild ...«

Philipp saß vollkommen still.

»Was ist?« fragte Herr Walther verwundert.

»Ich hatte den König ganz und gar vergessen! Ich habe mich überhaupt nicht um ihn gekümmert!«

»Warum solltet Ihr?«

»Ach –«, erwiderte Philipp, »das ist schwierig zu erklären, es hat etwas mit einem Versprechen gegen den Kaiser zu tun.«

Er begriff erst jetzt, daß er über dem Versprechen an den Vater wirklich fünf Jahre lang die Welt außerhalb Thüringens vergessen hatte.

»Wo ist der König gerade? Ich würde ihn gern möglichst rasch wiedersehen.«

»Der Hof ist in Würzburg, denn dorthin bin ich zur Unterstützung der Kreuzzugswerbung gerufen worden. Und wo der Hof ist, wird auch der König sein.«

Philipp nickte. »Morgen früh breche ich auf. Macht Ihr

mir das Vergnügen Eurer Begleitung, da wir den gleichen Weg haben?«

Auch diesmal suchte er als erstes den Kanzler und die Räte auf; fast hatte er ja auch den Hof vergessen! Er besprach, was aufgelaufen war, und ließ sich für die Termine des Hofs in die Pflicht nehmen, denn wenn der König in der Nähe war, schuldeten die Grafen und Herren ihm Gerichtshilfe und Gefolgschaft. Dann erbat er eine Begegnung mit dem König und bekam sie für den Nachmittag zugesagt.

Doch im Vorraum wartete Herr Walther auf ihn. »Wenn Ihr den König schon vorher sehen wollt – ich würde ihn Euch gern zeigen. Kommt!«

Er führte Philipp über eine Galerie zu einer Treppe, die den Blick in den Garten der Pfalz freigab; es sah ähnlich aus wie zu Hause, und auch hier blühte der wilde Holunder des Hochsommers. Und auch hier – nahm das Spiel der Wiederholungen denn niemals ein Ende? – auch hier saßen ein Junge und ein Mädchen auf einer Bank beisammen. Der Junge hatte den Arm um das Mädchen gelegt, und sie schwiegen.

Keines der beiden gesenkten Gesichter war zu erkennen, aber es war kein Zweifel, wem das rotblonde Haar gehörte. Das war der König. Und das Mädchen? Das schwarze Haar fiel über ein schmales, zierliches Geschöpf; aber die Linie von Kopf und Nacken verriet sanfte Energie. Jäh wandte Philipp sich ab.

»Nanu«, sagte der Dichter, als sie außer Hörweite der Kinder waren, »Ihr seht aus, als hättet Ihr einen Geist gesehen! Was ist mit Euch?«

»Wer ist das Mädchen?« fragte Philipp, ohne die Frage zu beachten.

»Das ist die Prinzessin Agnes von Böhmen.«

»Und – ist sie die Wahl? Soll sie Königin werden?«

»Wessen Wahl?«

»Die des jungen Königs doch hoffentlich!«

»Die seine ganz offensichtlich. Aber nicht die des Kaisers oder des Reichsverwesers.«

»Und wer ist deren Wahl?«

»Die des Reichsverwesers ist die Prinzessin Isabella von England, die Schwester des englischen Königs, wegen der kölnischen Interessen am Englandhandel. Und die des Kaisers ist die Prinzessin Margarethe von Österreich, die Schwester des Herzogs, wegen der Hoffnung auf eine babenbergische Erbschaft. Eine Hausmacht von Wien bis ins Elsaß, nördlich und südlich des Alpenkamms – damit wären des Kaisers Probleme gelöst.«

»Um Himmels willen!« sagte Philipp.

»Was ist Euch? Das ist Politik, wißt Ihr das nicht?« fragte der Dichter mitleidig.

»Und ob ich es weiß!« sagte Philipp, dem die Begegnung mit Armgard noch nachging. »Aber Ihr hattet recht – ich habe einen Geist gesehen, und ich bin diese Art Geister leid!«

Herr Walther von der Vogelweide sah ihn fragend an und sagte dann freundlich: »Vielleicht hätte ich damals doch nach Eurer Dame Fortuna fragen sollen. Aber wenn Ihr wieder einmal Verse abschreibt, dann nehmt nicht die meinigen, sondern die des Herrn Wolfram von Eschenbach! Der muß einen ähnlichen Geist gesehen haben wie Ihr, nur ist er darüber nicht so erschrocken. Vielleicht helfen Euch seine Verse aus dem ›Titurel‹ ein wenig weiter. In denen kommen zwei Kinder vor, die ebenso beieinandersitzen wie diese hier; aber sie wissen noch nicht, was Liebe ist.«

Der Hochmeister des Deutschen Ordens

Auf den November desselben Jahres erging die Ladung zur Vermählung des jungen Königs in Nürnberg, und der trübe Regen des Hochzeitstages stand zum Holunder des Sommermittags so wie der Lärm von heute gegen die Stille von damals.

Die Braut war Margarethe von Österreich. Der Kaiser hatte sich durchgesetzt, wenn auch nicht im Gespräch mit seinem Sohn, sondern aus der Ferne durch fürstliche Vermittler. Zu mehr hatte er keine Zeit; außerdem waren die Reisewege an den lombardischen Städten vorbei für Kaiser und König derzeit schwierig.

So stand beim Hochzeitsbankett der junge König selbst, fast so erregt wie damals in Frankfurt, im Mittelpunkt der Aufmerksamkeit. Wie oft mochte man ihm versichert haben, er sei ein echter Staufer, weil er genau wie Vater und Großvater das Interesse seines Hauses und des Reiches über sein persönliches Glück stelle? Kein Wort fiel über Agnes von Böhmen.

Es paßte zu diesem seltsamen Hochzeitstage, daß er mit einer Schreckensnachricht endete: Erzbischof Engelbert von Köln, der Reichsverweser und Vertrauensmann des Kaisers, hatte ebensowenig wie dieser selbst an den Feierlichkeiten teilgenommen. Nun traf gegen deren Ende ein Eilbote ein und berichtete, der Erzbischof sei vor wenigen Tagen daheim in Köln einem Mordanschlag zum Opfer gefallen.

Als die verstörte Hochzeitsgesellschaft auseinanderging, wurde Philipp von Herrn Konrad, dem Kanzler, zurückgehalten.

»Der Bote hat auch berichtet«, sagte er, »daß der Mord an dem Reichsverweser von seinem eigenen Neffen verübt worden ist; offenbar fühlte sich der junge Mann hinter den reichsfürstlichen Interessen seines Oheims zurückgesetzt. Er steht zu seiner Tat, und das heißt: Wir brauchen für die Gerichtsverhandlung Schöffen aus seinem eigenen Stand, dem Grafenstand. Ihr habt in Gerichtsfragen Erfahrung, haltet Euch bitte noch für kurze Zeit zur Verfügung. Herzog Ludwig von Bayern wird anstelle des Ermordeten die Reichsverweserschaft wahrnehmen, bis der Kaiser weiter entschieden hat. Er wird Euch bitten lassen.«

Es war kein Zweifel, wie das Urteil in diesem Gerichtsverfahren ausfallen mußte; und so wirkte Philipp zum ersten Mal in seinem Leben an einem Todesurteil mit. Es mußte vollzogen werden an einem jungen Grafen des Reiches, der sich eines übermächtig lastenden Verwandten durch Mord entledigt hatte.

Als dies geschah, war Philipp schon lange wieder zu Hause in Thüringen. Die kurze Freiheit der Sommerwochen in Franken war schnell vergangen, aber sie hatte geholfen, die Dinge zurechtzurücken. Die Arbeit auf dem Schwarzenstein ging weiter, aber sie machte nun nicht mehr das ganze Leben aus; es gab wieder eine Welt außerhalb Thüringens.

Bei dem neuen, regelmäßigen Kontakt zum Hof erlebte Philipp nun mit, wie sich König Heinrich ungeduldig an dem mächtigen Herzog von Bayern rieb, während die staufischen Räte seines Hofes die Tage zählten, bis er alt genug sein würde, um die Vormundschaft abzuwerfen. So stabil wie beim Aufbruch des Staufers war die Lage im Reich schon lange nicht mehr.

Und eines Tages meldete Bertram endlich den Gast im weißen Ordensmantel mit dem schwarzen Kreuz, auf den hin Philipp seit dem Gespräch mit Herrn Walther von der Vogelweide seine Gedanken geordnet hatte: »Herr Hermann von Salza, Hochmeister des Deutschen Ordens, erbittet Gastrecht und Aufmerksamkeit für einen Auftrag des Kaisers. Und er läßt sagen, er freue sich, hier in Thüringen im Hause eines alten Freundes einzukehren.«

»Ich komme!«

Für jemanden, der sich Gedanken und Sorgen über die Lage im Reich machte, war Herr Hermann von Salza ein einzigartiger Gesprächspartner. Denn niemand außer ihm durfte sich rühmen, das Vertrauen, ja die Freundschaft von Kaiser und Papst gleichermaßen zu besitzen; niemand anders in Deutschland und Italien wurde so dankbar für die schwierigsten Schlichtungsaufgaben bemüht. Gerade vor einem Jahr, das wußte Philipp, war dem deutschen Ritterorden ein großes Landgebiet im fernen Litauen zur Erschließung und Missionierung übertragen worden; ein solches

Vorhaben konnte nur von Kaiser und Papst gemeinsam getragen werden.

Nach einem Rundgang durch das Neubaugelände ließen Philipp und sein Gast sich in einer Fensternische des Rittersaals nieder.

»Ich bin nicht das erste Mal hier, auch wenn Ihr das vielleicht nicht wißt«, sagte Herr Hermann. »Euren Vater habe ich gut gekannt, Euch selbst dagegen erinnere ich nur undeutlich als Kind. Als ich das letzte Mal hier war, hatte man Euch zur Behandlung einer Unfallfolge in die Abtei hinuntergebracht. Euer Vater war in Sorge um Euch, aber nach allem, was ich hier sehe, war sie unbegründet. Euer Vater hat das hoffentlich noch erleben können?«

»Ich weiß nicht, was er Euch erzählt hat«, erwiderte Philipp. »Für seine eigenen, geheimsten Hoffnungen hat er wohl nicht zu schwarz gesehen. Es hat Spannungen zwischen uns gegeben, aber wir haben Wege zueinander gefunden, und für mein letztes Gespräch mit ihm bin ich sehr dankbar.«

Der Hochmeister nickte. »Es wird nachher noch Zeit für Persönliches sein; kommen wir erst einmal zur Sache. Ich habe an Euch den gleichen Auftrag wie an alle auf meinem Wege: Der Kreuzzug steht bevor; der Kaiser hat die Einschiffung des Kreuzheeres in Brindisi für den späten Sommer des kommenden Jahres verfügt. Er bietet alle, die mit ihm zusammen oder danach das Kreuz genommen haben, für diesen Ort und Zeitpunkt mit geeigneter Rüstung und Mannschaft auf und mahnt alle anderen, sich ihnen anzuschließen. Ich darf ferner sagen, daß er bereit ist, aus den sizilischen Kassen zu dieser Rüstung beizutragen. Landgraf Ludwig, das wird Euch interessieren, hat dieses Angebot gern angenommen.«

Herr Hermann lehnte sich zurück und wartete, bis Philipp Wein nachgeschenkt hatte.

»Soweit geht mein allgemeiner Auftrag«, fuhr er dann fort. »An Euch hat der Kaiser einen persönlichen hinzugefügt: Ich soll Euch sagen, es sei jetzt nicht mehr schwer, in

Sizilien und besonders in seiner neugegründeten Universität Neapel den lateinischen Text des ›Almagest‹ zu finden. Auch erwarte er an seinem Hof einen Gelehrten aus Toledo, den Magister Michael Scotus, der bereits an den tierkundlichen Werken des Aristoteles und an den Kommentaren des Averroes arbeite.«

Der Hochmeister unterbrach sich und wies aus dem Fenster auf die Bauarbeiten, die nun schon der Burg selber galten. »Ich hoffe doch, ich habe den Auftrag des Kaisers nicht mißverstanden? Es paßt nicht recht zusammen, Aristoteles und Burgenbau. Das heißt, in Sizilien paßt es gut zusammen, aber hier in Deutschland erwartet man es nicht.«

»Der Auftrag ist dennoch richtig«, erwiderte Philipp, und es war ihm schwer ums Herz.

»Und? Fangen wir mit dem Kreuzzug an!«

Für diese Frage hatte Philipp seine Gedanken geordnet. »Ihr habt mich eben auf meinen Unfall angesprochen«, begann er. »Seht – wenn Gott mich für Kriege und Schlachten bestimmt hätte, dann hätte er mich damals anders davonkommen lassen. Sicher, ich bin im ritterlichen Kampf geübt, aber es genügt mir, mich zu verteidigen. Ich will das Heilige Land wohl sehen – aber später, als Pilger. Sagt das dem Kaiser.«

Er wartete einen Augenblick und setzte dann hinzu: »Aber dieser Entschluß soll der Schaden des Kreuzheeres nicht sein. Ich werde für die Zeit des Kreuzzugs mit meinem Burghauptmann die Rollen tauschen: er wird dem Aufgebot des Landgrafen so viele Ritter und Knechte zuführen, wie ich es sonst selbst getan hätte. Die Ausrüstung geht zu meinen Lasten. Das ist meine Antwort auf den ersten Teil Eures Auftrages.«

»Schade – obwohl ich Euch verstehe«, sagte der Hochmeister bedauernd. »Sehr schade sogar, und das um so mehr, als der Kaiser die Absicht hat, den Kreuzzug so weit wie möglich ohne Blutvergießen zu führen.«

»Das hat er mir auch gesagt«, antwortete Philipp; »aber das ist vorerst nur eine Hoffnung.«

Der Hochmeister zuckte die Achseln. »Und wie steht es mit dem zweiten Teil?«

»Der entfällt mit dem ersten. Denn ich kann ja nicht nur den zweiten Teil des Rufs annehmen; und es ist nicht zu erwarten, daß der Kaiser seine Einladung wiederholt.«

»Kaum«, räumte Herr Hermann ein, »und das ist Euer letztes Wort?«

»Ich denke, ja. Und ich zähle auf Euren Ruf als Vermittler, wenn Ihr dem Kaiser meine Antwort überbringt, denn ich habe mich mit ihr nicht leicht getan.«

»Ich will tun, was ich kann«, versprach Herr Hermann, »aber der Kaiser denkt, was er denkt, und er denkt ziemlich gerade.«

»Ich weiß«, erwiderte Philipp. »Aber ich tue es auf meine Weise auch. Ich habe als Kind von einem Kreuzzug geträumt – von einem Kreuzzug unter einem Staufer; der Traum ist zerschlagen worden, und man soll seine Zeichen erkennen.«

»Gut, oder auch nicht – damit wären meine Aufträge erledigt. Aber wenn Ihr erlaubt, würde ich gern noch etwas mehr über den Sohn eines alten Freundes erfahren. Darf ich fragen?«

»Gern«, erwiderte Philipp bereitwillig, »und umgekehrt würde ich gern auch von Euch etwas wissen.«

»Bei unserem Umgang«, sagte der Hochmeister, »habe ich keine Spur von einer Burgherrin oder von Kindern gesehen. Ihr seid nicht vermählt?«

Philipp verneinte und fügte hinzu: »Es hängt alles untereinander zusammen; ich habe Fehler gemacht.«

»Fehler, die aus Eurem Verhältnis zu Eurem Vater entsprungen sind?«

»Auch.«

»Aber Ihr sagtet, dieses Verhältnis sei beim Tode Eures Vaters bereinigt gewesen? Dann darf ich hoffen, daß sich bei meinem nächsten Besuch hier etwas geändert hat? Daß dieser Bau –«, und er wies zu den Grundmauern einer Kemenate hinüber, in die während der letzten Tage die

Kamine zur Heizung eingebaut worden waren, von denen die Frauengemächer einer Burg ihren Namen hatten, »– daß dieser Bau dann bewohnt ist?«

Philipp schüttelte den Kopf. »Das steht dahin. Man baut eine Burg nicht alle Tage um, und irgendwann einmal wird jemand nach mir hier wohnen, ganz gleich, wer. Und der soll dann nicht von vorn anfangen müssen; das ist alles.«

»Schade – aber warten wir ab. Und was wolltet Ihr von mir wissen?«

»Ich wüßte gern«, erwiderte Philipp, »ob der Kaiser nach dem Kreuzzug wieder nach Deutschland kommt. Ihr habt sein Vertrauen und wißt das vielleicht?«

»Ich weiß es dennoch nicht. Warum fragt Ihr?«

»Das hängt mit dem zweiten Teil Eures Auftrages zusammen. Der Kaiser hat in einer Begegnung, die ich nicht vergessen habe, sein nächstes Gespräch mit mir an mein Verhältnis zu seinem Sohn geknüpft. Vielleicht war es nur ein Scherz, aber irgendwie bindet es mich an den jungen König. Und ich sehe, daß dieser mit einer undankbaren Aufgabe in eine immer undankbarere Lage gerät. Außer den Weisungen fürstlicher Mittelsleute erhält er in ihr von seinem Vater keine Hilfe. Es wäre dringend notwendig, daß beide, Kaiser und König, sich miteinander über die Politik dieses Landes abstimmten; daß der Kaiser seinen Sohn wenigstens einmal wiedersähe!«

»Das würde voraussetzen«, sagte der Hochmeister mit einem Seufzer, »daß der Kaiser für dieses Land Energien frei und Interesse übrig hätte.«

»Und das hat er nicht?«

»Vorläufig gehen alle seine Energien in die italienische Politik. Sizilien, der Papst, die lombardischen Städte, die Ketzerbewegung dort, das alles hält ihn in Atem, vom Kreuzzug einmal ganz abgesehen. Und er findet offenbar, daß es in Deutschland nicht schlecht läuft, solange man mit den Fürsten gut zusammenarbeitet.«

»Wenn die Räte seines Sohnes da nur nicht anders denken!« erwiderte Philipp. »Die haben die altmodische

Vorstellung, daß der König auch König sein sollte und nicht nur Weisungsempfänger der Fürsten oder des Kaisers über die Fürsten.«

Der Hochmeister lachte. »Die habt Ihr offenbar auch!«

»Vielleicht«, gab Philipp zu. »Den Herzog von Bayern habe ich nicht gern als Verhandlungspartner, wenn ich den König haben könnte.«

»Und Ihr meint, die Räte beeinflussen den jungen König in dieser Richtung?« fragte sein Gegenüber.

»Ja. Aber man braucht König Heinrich gar nicht erst zu beeinflussen; er ist auf seine Weise ein Staufer, wenn auch anders, als man es ihm einbläst«, sagte Philipp. »Er nimmt seine Pflichten ernst; er ist ehrgeizig und brennt darauf, endlich selbst König sein zu dürfen. Bis er alt genug dazu ist, bräuchte er eine ruhige Hand und nicht diesen Druck von allen Seiten. Wenn der Kaiser will, daß die deutsche Königskrone ...«

»Der Kaiser«, sagte Herr Hermann sachlich, »der Kaiser ist nur in Sizilien wirklich König; wißt Ihr das nicht? In Deutschland dagegen ist er der Kaiser – das heißt, der Schlußstein der Fürsten, die die Säulen des Reiches darstellen. In Norditalien ist er wieder etwas anderes; und natürlich kann man einzelne Reichsteile verschieden regieren.«

Philipp machte eine ungeduldige Handbewegung. »Gewiß!« räumte er ein. »Aber wenn der Kaiser hier in Deutschland keinen König braucht, dann soll er es ganz bei einem fürstlichen Reichsverweser bewenden lassen. Sein Sohn könnte dann bei ihm in Italien auf seine Aufgaben vorbereitet werden, statt hier diese undankbare Rolle zu spielen.«

»Oh – in Italien hat er andere Söhne«, sagte Herr Hermann nun nicht mehr ganz so sachlich. »Söhne, die er liebt. Außereheliche Söhne, die für die deutsche Krone deshalb nicht in Frage kommen. Und einen deutschen König braucht er sogar dringend, weil nämlich die beiden Kronen von Deutschland und Sizilien nicht in der Hand des Kaisers vereinigt werden dürfen.«

»Ich weiß das ja«, sagte Philipp zornig, »aber ich wünschte doch, der Kaiser hätte nur diese italienischen Söhne, die er liebt, und keinen anderen; denn dann müßte er sich wohl selbst zu der Rolle bequemen, für die er jetzt König Heinrich als Werkzeug mißbraucht!«

Der Hochmeister schnitt seinem erregten Gastgeber kurzerhand das Wort ab. »Da reagiert offenbar jemand empfindlich auf seinen eigenen Vater!« sagte er. »Ich vermutete es vorhin schon. Besser hätte ich wohl erzählen sollen, daß Euer Vater damals nicht nur besorgt, sondern mit großer Zuneigung von Euch sprach.«

»Wenn ich das doch damals gewußt hätte!« erwiderte Philipp, stand auf, trommelte einen Augenblick lang heftig gegen das Fenster und blieb dann, an den Fensterrahmen gelehnt, stehen, »dann hätte ich vielleicht jetzt nicht diesen verwünschten, hellsichtigen Blick für die Art, wie der Kaiser mit seinem Sohn umgeht!«

Er setzte sich wieder und fuhr ruhiger fort: »Aber das ist nicht das einzige, was mich an dieser Sache umtreibt, und ich hätte gern Eure Meinung dazu. Im vergangenen Jahr, so haben wir hier im Reich erfahren, hat in Rimini etwas Wichtiges stattgefunden: Der Kaiser hat dort eine Goldene Bulle ausgestellt, mit der er dem Deutschen Orden ein eigenes Land weit oben im Nordosten, zwischen Litauen und Polen, zugewiesen hat, nicht wahr? Einem Ruf des polnischen Herzogs Konrad von Masowien folgend.«

Der Hochmeister nickte. »Das ist richtig, und so Gott will, liegt die Zukunft unseres Ordens dort oben im heidnischen Pruzzenland.«

»Für dieses Land werdet Ihr Ritter brauchen, die es erobern«, fuhr Philipp fort, »denn es wird ja nicht leer sein, und Bauern, die es neu besiedeln. Beide können nach Lage der Dinge nur aus Deutschland kommen.«

Wieder nickte der Hochmeister. »Wenn der Kreuzzug glücklich beendet ist, werden wir mit der Werbung beginnen.«

»Dort im Nordosten reicht die deutsche Siedlung nicht

weit; Ihr habt polnisches Land zwischen Euch und dem Reich. Zwar versichert mir mein Kaufmann in Erfurt, daß der Bund der hansischen Städte mächtig genug sei, um die Brücke zu schlagen und Euch einen Rückhalt zu bieten. Aber wird das genügen? Oder, deutlicher gefragt: Muß dem Hochmeister des Deutschen Ordens nicht vor allem an einem gefestigten deutschen Königreich zu seinem Rückhalt gelegen sein? Und an einem König, der dieses Königreich festigen kann? Und was sagt er dazu« – Philipp hatte sich wieder warmgeredet –, »was sagt er dazu, daß dem Kaiser offenbar nicht viel an diesem Königreich liegt?«

»Dem Kaiser«, sagte der Hochmeister mit großem Nachdruck und doch mit einem leisen Anflug von Müdigkeit, »dem Kaiser ist an einer so gewaltigen Vorstellung von seiner Herrschaft gelegen, daß sie leicht auch ein gefestigtes Deutschland einschließt – wenn sie Wirklichkeit wird. Und weil der Kaiser nicht über kleinere Pläne als seine eigenen nachdenkt, ist es müßig, daß wir das tun.«

»Aber wenn diese Vorstellung nicht Wirklichkeit wird?« drängte Philipp weiter. »Dann hat der Kaiser vielleicht die Menschen zerstört, mit denen jetzt noch ein kleinerer Bau zu haben wäre!«

»Es ist doch schade, daß Ihr nicht mit nach Sizilien kommt«, sagte der Gast; »Ihr würdet dort erkennen, was ich meine. Denn es ist denkbar – es kann möglich werden, was der Kaiser will: alle Elemente, aus denen im Altertum und in unserer Zeit jemals eine Herrschaft errichtet worden ist, zusammenzufassen und sie neu zu errichten. Kein Friedensreich auf Erden, sondern ein Kaiserreich, das Bestand hat und auch unserer Gründung im fernen Litauen Rückhalt bieten kann.«

Der Hochmeister erhob sich und sah einen Augenblick lang wie abwesend den Bauarbeiten draußen zu. Dann wandte er sich zurück.

»Eine solche Herrschaft könnte möglich werden«, nahm er seinen Gedanken wieder auf, »wenn nicht vom Papst in Rom fast der gleiche Anspruch ausginge und sich aus fast den gleichen Quellen speiste. Laßt Euch gesagt sein, daß alles, was Ihr hier an Sorgen habt, nichts ist gegen die Gefahr, die von einem Zusammenstoß zwischen Kaiser und Papst droht! Und wenn ich mich mit der Vermittlung zwischen beiden aufreibe«, schloß er seufzend, »dann tue ich das eigentlich wider alle Vernunft – und fast wider alle Hoffnung.«

Abschied in Schmalkalden

In seine Stadt Schmalkalden südlich von Eisenach hatte Landgraf Ludwig das Kreuzfahreraufgebot bestellt. Für den 24. Juni, den Tag Johannes' des Täufers, war der Aufbruch bestimmt. Dort wollte er, nachdem alle thüringischen Angelegenheiten auf einem letzten Landtag geregelt worden waren, Abschied nehmen von seiner Gemahlin, von seinen beiden Kindern, von dem dritten, noch ungeborenen, das im September zur Welt kommen sollte, von seinen Grafen und Herren, soweit sie zu Hause blieben, und von seinem Bruder, Herrn Heinrich Raspe, dem Thüringen für die Zeit des Kreuzzugs anvertraut war.

Philipps Bitte um ein Abschiedsgespräch hatte sich mit einer Ladung des Landgrafen an ihn gekreuzt, und so fand sich Philipp nach dem Abschied von Martin und seinen Leuten bei diesem ein. Es war ihm schwer ums Herz, und er fürchtete sich vor diesem Gespräch.

»Wenn es Euch recht ist«, begann Ludwig kühl, »ziehen wir meine Angelegenheiten vor und kommen dann auf die Eurigen. Herr Hermann von Salza hat mir Euren Entschluß mitgeteilt, Euer Aufgebot nicht selbst ins Heilige Land zu führen. Das gibt mir Anlaß zu einer Forderung, die ich meinem Bruder und meinem unmündigen Sohn schuldig bin. Ich lasse einen so mächtigen Grafen ungern im Lande zurück, wenn ich fort bin. Zwar kann ich Euch seit dem Tage Eures Lehnseides gewiß keinen Mangel an Treue vorwerfen – im Gegenteil: wenn ich Euch gebraucht habe, wart Ihr zu meiner Verfügung. Aber Ihr habt Eure Herrschaft im Wettstreit mit der meinigen zielstrebig ausgebaut, und der Kreuzzug darf nicht zu einer Verschiebung der politischen Verhältnisse in Thüringen führen. Ihr werdet mir deshalb jetzt und hier einen eigenen Eid darauf leisten, daß Ihr in meiner Abwesenheit keinen Schritt tut, der Eure Macht auf Kosten der meinigen mehrt; daß Ihr alle Bauarbeiten an Euren Burgen sofort einstellt; daß Ihr den allgemeinen Landfrieden ohne jeden Abstrich einhaltet und daß Ihr meinem Bruder und meiner Gemahlin im Notfall beispringt, wie es Eure Pflicht als mein Lehnsmann ist.«

Sehr betroffen und ohne zu zögern legte Philipp den Eid ab, doch dann sagte er: »Ich hätte Euch früher sagen müssen, daß mir diese Absage nicht leicht gefallen ist, Landgraf Ludwig. Seit dem Tag meiner Schwertleite stehe ich in Eurer und der Landgräfin Schuld, und ich gäbe etwas darum, sie heute einlösen zu können; das war alles, was ich Euch heute sagen wollte.«

»Das ist gut zu wissen«, erwiderte Ludwig, und seine Strenge löste sich ein wenig. »Ich mache kein Hehl daraus, daß ich über Euren Bescheid enttäuscht war. Ich hatte Euch immer zu den Menschen gerechnet, auf die ich zählen konnte, wenn es soweit wäre, und Elisabeth ebenso.«

Einen Augenblick lang stieg in Philipp nun doch eine heiße Enttäuschung auf. »Ich habe nur zu gute Gründe hierzubleiben«, sagte er, »wer weiß denn, was Ihr im Ernstfall an mir hättet?«

»Vielleicht einen Freund«, erwiderte Ludwig; »und von einer Schuld kann gewiß keine Rede sein. Schade! Aber heute trennen sich unsere Wege.«

»Glaubt mir, es ist mir Ernst mit dem Gelübde einer Pilgerfahrt«, sagte Philipp drängend, als sei mit dem gleichen Ziel ein Stück des unterschiedlichen Weges gutgemacht, »ich weiß ja, welcher Gefahr Ihr mit dem Heer entgegengeht!«

Ludwig nickte. »In Italien ist jetzt Hochsommer – Fieberzeit! Und wir haben Eilmärsche vor uns, wenn wir den Zeitpunkt des Aufgebots einhalten wollen. Was mich betrifft – ich habe mit allem abgeschlossen, was ich zurücklasse. Elisabeth wird mich noch einen Tag und eine Nacht lang begleiten, und das muß uns genügen. Sie wird in ihrem neugegründeten Hospital den Pflegedienst aufnehmen. Ich wünschte nur, ich ließe sie bei weniger strengen Herren zurück!«

»Herr Heinrich Raspe wird sein Verhalten gegen Eure Gemahlin aber doch nach Euren Wünschen einrichten!« sagte Philipp erstaunt.

»Elisabeth wird ihm das nicht leicht machen. Und mit den strengen Herren meinte ich ihr eigenes Gewissen gegen die Armen und ihren Beichtvater, Herrn Konrad von Marburg, die ihren Weg jetzt bestimmen werden.«

Philipp sah wieder die Bank im Garten der Pfalz von Eisenach vor sich. »Aber diesen Weg hat sie doch schon als Kind gesucht!« sagte er rasch, »erinnert Ihr Euch denn nicht mehr?« Und er wiederholte ihre Worte von damals: »›Ein Weg, auf dem man jederzeit weiß, was Gott von einem will.‹ – Ich habe das nie vergessen.«

Ludwigs Anspannung löste sich nun ganz. »Wenn Ihr Euch daran wirklich noch erinnert«, sagte er lächelnd, »dann lasse ich Euch doch nicht mehr so ungern hier.«

Das war kein Abschied, nach dem man gleichmütig seiner Wege ritt! Philipp schickte Bertram zum Schwarzenstein voraus und wandte sich selber nach Eisenach. Während des Gesprächs mit Ludwig war ein Gedanke in ihm gekeimt, von dem er sich fragte, warum er ihm nicht schon früher gekommen war: Er wollte selbst ein Spital gründen. Pilgerfahrten waren schön und gut, aber man hatte leicht pilgern, wenn andere ihr Leben aufs Spiel setzten. Er mußte hier und jetzt etwas tun, auf der Stelle, sonst kam er von dem Abschied dieses Tages nicht los. Wo hatte er seine Gedanken gehabt? Brauchte ausgerechnet er einen Anstoß wie diesen?

Vor allem aber wollte er nach dem Gespräch mit Ludwig nun Elisabeth selber sehen. Und so lenkte er, mit sich selbst und manchem anderen hadernd, seinen Ritt zu ihrem Spital unterhalb der Wartburg.

Doch es war mit Krankheit und Sterben eine eigene Sache, wenn man sie plötzlich mit geschärften Augen sah. Natürlich kannte er beides, und nicht nur aus der Krankenstube des Klosters; von dort kannte er aber den Saal mit dem breiten Mittelgang, zu dessen beiden Seiten die Lagerstätten der Kranken aufgereiht waren: die der Sterbenden hinten, nahe an der Kapelle, und die der Beweglicheren vorn, damit sie in der Pflege mit Hand anlegen konnten. Das Sterben war eine alltägliche Sache; wer es unter geistlicher Betreuung und in der Geborgenheit eines Spitals erleiden durfte, war gut dran; draußen wurde ganz anders gestorben.

Aber als er sich nun von der Dienerin, die den Eingang des Spitals unter der Wartburg hütete, Zutritt erbat und leise eintrat, verschlug es ihm doch den Atem. Was hatte er bisher gewußt und gesehen?

In diesem Raum wurde nicht nur der alle Tage fließende Strom der menschlichen Gebrechen recht und schlecht mit ärztlichen Mitteln bewältigt; hier suchten Menschen Hilfe für ein Leben, das vom baldigen Tode bestimmt war und dem darüber hinaus das täglich neue Entsetzen der Umgebung galt.

Natürlich kannte Philipp die Siechen und Verkrüppelten, die zum Betteln geschickt wurden, weil ihre Entstellungen und Verstümmelungen die Gesunden im Vorübereilen zu einer raschen Gabe des Mitleids und des Schauderns veranlaßten; denn wer konnte wissen, ob solche Leiden nicht eine Strafe Gottes für unerkannte Sünden waren? Und ebenso kannte er das Klappern und die Rufe, mit denen die Unglücklichsten unter ihnen, die Aussätzigen, andere vor sich selbst warnen mußten, sobald sie ihre Behausungen außerhalb der Ortschaften verließen; schrecklich anzusehen mit dem Verfall ihrer Gliedmaßen und schon zu Lebzeiten durch Sterbemessen aus der Gemeinschaft der Lebenden ausgeschlossen. Aber bisher waren das selbst für ihn nur einzelne Unglückliche, vielleicht wirklich Schuldige, gewesen, den ärztlichen Möglichkeiten meist schon entzogen und nur noch der biblisch gebotenen Barmherzigkeit empfohlen.

Eben diesen Unglücklichen aber war das Spital der Landgräfin Elisabeth gewidmet, und dort war sie selber, inmitten der Kranken. Sie konnte eben erst von dem Abschied von Ludwig zurückgekommen sein. Philipp legte den Finger auf die Lippen und blieb, von der Dienerin erstaunt gemustert, an der Tür stehen.

Wieder hatte sie, der man die eigene Schwangerschaft ansah, ein Kind auf dem Schoß, aber es war nicht nur ein hungriges Kind. Es wand sich in den Krämpfen eines epileptischen Anfalls, die Augen verdreht und Schaum vor dem Mund. Elisabeth hielt es vorsichtig fest, wischte seinen Speichel ab und schützte seinen Kopf vor Stößen. Sie war so einfach gekleidet wie die Dienerinnen; kein Zeichen ihres Ranges war an der klösterlichen Tracht zu erkennen.

Philipp hatte sie seit jenem ersten Besuch immer nur kurz gesehen, inmitten des Hofes an Ludwigs Seite. Sie waren glücklich miteinander, daran war kein Zweifel, und doch war stets etwas an ihr gewesen, das über den Augenblick des Glücks hinauswies. Bei jedem neuen Besuch war sie ihm heller erschienen, war der Glanz ihrer Juwelen und der Hofpracht dagegen schwächer gewesen. Und nie war sie heller gewesen als jetzt, noch verweint von dem Abschied von gestern.

Der Anfall des Kindes ebbte ab, und unter den Kranken auf den Lagerstätten des Saales, die geduldig gewartet hatten, erhob sich nun ein leises Gebettel um Aufmerksamkeit, als sei diese Zuwendung das einzige, was die Schmerzen der Geschwüre und Wunden lindern könne. Philipp löste sich von der Tür und ging zu der Landgräfin hinüber.

Er nahm ihr das Kind ab und bettete es sorgfältig auf sein Lager, zur Seite gekehrt, weil einem solchen Anfall häufig ein Erbrechen folgte, an dem der Kranke ersticken konnte; so hatte er es bei dem Bruder Ansfried gelernt. Es war übrigens nicht die gewöhnliche Fallsucht, sondern die fortgeschrittene Form einer schweren Krankheit, die besonders unter den Armen und in Hungerjahren auftrat. Auch das hatte ihm der Arzt erklärt, aber er konnte nicht sagen, welche der vielen Bedrängnisse der Armen die Ursache dieser Krankheit war.

Elisabeth nickte ihm zu. Eine Dienerin stellte eine Schüssel mit heißem Kräuteraufguß und einen Salbentopf neben dem Lager eines anderen Kranken bereit, dessen verkrusteter Verband von einer halb abgefressenen, eiternden Hand gelöst wurde. Das konnte nur die Lepra sein, der Aussatz, den auch der Bruder Ansfried außerhalb des Klosterhospizes halten mußte; Philipp hatte das Krankheitsbild noch nie von nahem gesehen. Es kostete ihn Überwindung, nicht unter den Augen des Kranken vor ihm zurückzuscheuen. Was konnte hier Schuld oder Strafe heißen?

»Ludwig hat mir erzählt, daß Ihr in Schmalkalden wart«, sagte Elisabeth, »und er hat sich über das Gespräch mit Euch gefreut. Warum wart Ihr so selten bei uns? Ich hätte Euch gern noch mehr gefragt.«

Sie wies auf die kundigen Handgriffe, mit denen er das Kind besänftigte, bis es in einen unruhigen Schlummer glitt. »Habt Ihr das bei dem Arzt gelernt, von dem Ihr erzählt habt?« fragte sie und machte sich daran, die Krusten von den Wunden des Aussätzigen zu waschen.

»Ja –«, sagte Philipp und sah ihrer Arbeit mit Entsetzen zu. Am liebsten wäre er ihr in den Arm gefallen. Wußte sie denn nicht, daß man Aussätzige nicht berühren durfte?

Sie begleitete ihn zur Pforte. »Ich bin dankbar, daß Ihr gekommen seid«, sagte sie. »Jetzt, da Ludwig mich nicht mehr vor dem Unwillen des Hofes schützt, wird es für mich nicht leicht werden. Aber wenigstens weiß ich meinen Weg!«

Danach hatte sie noch ein paar ärztliche Fragen an ihn, schwierige Fragen. Er erklärte, was er wußte, und versprach, bis zu seinem nächsten Besuch den Rest zu erkunden. Dann flüchtete er sich mit einem Gewaltritt zum Bruder Ansfried in die Abtei.

Der ließ den Aufgewühlten berichten, was er gesehen hatte.

»Natürlich weiß die Landgräfin, daß Aussätzige unberührbar sind«, erklärte er dann. »Aber das gilt ihr nichts. Nur eben – wenn sie die Kranken aus ihren Löchern in saubere und helle Räume holt, womöglich in die Gemächer des Hofs, wie sie es getan hat, dann verstößt sie gegen die geltende Ordnung. Die Mächtigen mögen das nicht und werden sich das nicht lange gefallen lassen.«

»Es gehört wirklich Mut zu dem, was sie tut!« sagte Philipp erschüttert. »Ich hätte ihn nicht. Mich hat es schon vor dem Aussätzigen gegraut.«

Der Arzt nickte. »Nicht nur Euch! Aber für den Aussätzigen hätte wohl auch der Mut eines Arztes gereicht. Doch die Landgräfin tut ja mehr: sie überschreitet nicht nur die Grenzen ihrer eigenen Angst, sondern sie sprengt sie auch für andere. Und dazu – nun, dazu gehört wohl der Mut von Heiligen.«

III. KÖNIG HEINRICH VII. VON HOHENSTAUFEN

Der seltsame Zacharias

Bruder Ansfried war sofort für eine Hospitalgründung zu haben und bot Rat und Hilfe bei der Ausstattung und vor allem bei der Ausbildung eines Pflegers an.

So konnte Philipp am Hang des Berges, leicht vom Tal und von der Burg aus zu erreichen, einen kleinen Saalbau hochziehen lassen; an der Burg selbst mußten ja nun alle Bauarbeiten ruhen. Die Kapelle ließ er Johannes dem Täufer weihen, und kaum, daß der Bau bezugsfertig war, baten schon die ersten Kranken um Aufnahme. Mit ihnen zusammen kam Zacharias, der Pfleger und Spitalmeister.

Der war ein seltsamer Mann. Er ging mit den Kranken so sanft und geschickt um, daß man ihn wohl einen Glücksfall von einem Pfleger nennen mußte; aber gegen die anderen Burgleute benahm er sich rauh und grob. Selbst dem Burgherrn begegnete er nur mit der eben gebotenen Höflichkeit, und bisweilen fand Philipp sich von dem seltsamen Mann mit einem Blick gemustert, der ihn regelrecht auszuforschen schien.

Dafür schob Zacharias ihm aber schon bei seinem ersten Besuch im Spital einen Schemel hin und sagte etwas, das Philipp seit vielen Jahren nicht mehr gehört hatte: »Setzt Euch, Ihr bekommt vom Stehen nur Rückenschmerzen!«

Wenn Zacharias mit etwas nicht weiterwußte, wandte er sich ganz einfach an Philipp.

»Das hat mir der Arzt im Kloster so geraten«, erklärte er. »Bruder Ansfried meint, daß so manch Nützliches in den Büchern in Herrn Bertrams Kammer geschrieben stünde und daß Ihr Euch auskennen würdet.«

So gewöhnte man sich auf der Burg an das seltsame Bild, den Burgherrn mit einem Manuskript auf den Knien etwas übersetzen und erläutern zu hören, während Zacharias, der nicht lesen und schreiben konnte, in seinem groben, braunen Wollkittel vor ihm stand und aufmerksam zuhörte. Er wiederholte, was ihm wissenswert schien, und fragte nach, wenn etwas unklar war.

Philipp merkte bald, daß sein Pfleger zu den Krankheiten des Volks einen eigenen Zugang hatte, der nicht in den Lehrbüchern stand. Er ließ ihm deshalb freie Hand, auch wenn er nach dem Grund einer Maßnahme erst fragen mußte.

»Ich hätte für einen Kranken gern weißes Brot«, sagte Zacharias einmal, »es sind Anzeichen vom Antoniusfeuer da.«

Das war jene Krankheit, die in Hungerjahren unter den Armen auftrat, und sie hieß nach der brandigen Entzündung der Gelenke und Gliedmaßen, um deren Heilung man für die Kranken zum heiligen Antonius betete.

»Warum weißes Brot?«

»Weil es sauberer ist als das dunkle. Habt Ihr niemals das Getreide gesehen, aus dem in Hungerjahren Mehl für die Armen gemahlen wird?«

»Ich fürchte, nein«, sagte Philipp, »aber du, vermute ich?«

»Oh ja! Es kommt verschimmelt vom Halm, und wenn nicht der Hunger wäre, würde man es nicht einmal dem Vieh geben. Ich würde gern herausbekommen, ob das etwas mit der Krankheit zu tun haben kann.«

»Entzündungen, die vom Brot kommen?« fragte Philipp interessiert. »Gut, gib dem Kranken weißes Brot und sag mir, ob es davon besser mit ihm wird.«

Es wurde wirklich besser, und diese Erkenntnis konnte einem schon den Mut nehmen, denn es war unmöglich, in Hungerjahren alles verdorbene Getreide durch gutes zu ersetzen. Dennoch wies Philipp die Verwalter an, in den Mühlen auf den Zustand des Korns zu achten. Von Fall zu Fall ließ sich doch etwas machen.

Bertram sah die neuen Verhältnisse nur halb gern. »Es schickt sich nicht, daß du so mit diesem Bauern umgehst!« sagte er mißbilligend.

»So?« fragte Philipp. »Dann kannst du es mir ja abnehmen! Außer uns beiden kann ja niemand auf der Burg die Handschriften lesen.«

»Das fehlte noch!« sagte Bertram erschrocken. »Es reicht, daß du mich unter der Hand zu deinem Kanzler gemacht hast. Zum Arzt habe ich kein Talent! Bei dir wäre das anders, aber für dich schickt es sich nicht.«

»Und für die Landgräfin Elisabeth schickt es sich?«

»Nein!« erwiderte Bertram mit Nachdruck, »und man wird sie das schon noch merken lassen. Außerdem kann man das eine nicht mit dem anderen vergleichen: sie will die Menschen trösten und fröhlich machen, aber du, du willst sie gesund machen, und das ist ganz etwas anderes!«

Philipp ließ seinen klugen Kanzler stehen und dachte zum wiederholten Mal über die Frage nach, worin denn nun die Teilhabe des Menschen an Gott bestehe – im Herzen, in der Vernunft oder doch im Gewissen? Und warum fielen diese drei Dinge bei der Landgräfin zusammen und bei ihm selbst so weit auseinander?

Im September erfuhr man im Lande, daß auf der Wartburg das dritte Kind geboren war, aber zu Weihnachten traf eine schlimme Nachricht ein: Landgraf Ludwig von Thüringen war bei der Einschiffung des Heeres in Otranto an der Malaria gestorben, fast am gleichen Tage, an dem sein Kind geboren wurde. Der Bote wußte weiter zu melden, daß auch der Kaiser erkrankt und deshalb umgekehrt sei und seine Bäder aufgesucht habe.

»Und der Papst«, so schloß der Mann seinen inhaltsreichen Bericht, »der ist nun voller Zorn über ein solches

Verhalten auf einem Kreuzzug und auch voller Sorge, weil dieser nun nochmals verschoben wird, und so hat er den Kaiser ganz einfach mit dem Bannfluch belegt. Eine unerhörte Maßnahme, das sagen alle, und sie bewegt nun alle Gemüter.«

Außerdem brachte der Bote Nachrichten und Grüße von Martin mit und die Namen der eigenen Leute, die am Fieber gestorben waren. Es waren nicht wenige.

Philipp war noch nicht ganz mit diesen Nachrichten fertig, als Bertram ihm eines Abends einen Gast meldete, der so gut wie eine weitere zweifelhafte Nachricht war.

»Herr Konrad von Marburg, der Beichtvater der Landgräfin, erbittet Gastrecht für die Nacht«, sagte er und warf Philipp einen besorgten Blick zu.

Man wußte in Thüringen mittlerweile, daß Herr Konrad von Marburg wirklich ein strenger, ja ein unerbittlicher Herr war. Kein unrechtes Gut dürfe nach dem Gebot der Bibel dem Wohlleben der Fürsten dienen, erklärte der asketisch lebende Mann, und so erzählte man sich von Fasten- und Bußübungen mitten im höfischen Leben von Eisenach. Man wußte auch von Ärger am Hof, von einer Entfremdung zwischen der Landgräfin und den Verwandten ihres Gemahls. Ja, es hieß sogar, Elisabeth wolle die Wartburg verlassen, um ihr Leben an einem anderen Ort, frei von allen weltlichen Rücksichten, nach den Forderungen ihres Beichtvaters und Seelenführers einzurichten. Mit sehr gemischten Gefühlen führte Philipp seinen Gast in das Wohngemach.

Doch Herr Konrad von Marburg wußte Strenge mit Höflichkeit zu vereinbaren, und er war gewiß kein ungebildeter Mann. Er ließ einen Blick über die Handschriften und Zeichnungen gleiten, an denen Philipp eben gesessen hatte.

»Euch geht der Ruf eines Liebhabers der Wissenschaften voran«, bemerkte er, »und ich finde ihn bestätigt. – Nein, laßt!« wehrte er ab, als Philipp die Pergamente zusammenrollen wollte. »Mich interessiert das sehr! Die Medizin laßt Ihr wohl auch praktizieren oder praktiziert sie selbst?«

Er wies auf einige Zeichnungen, an denen Philipp für Zacharias die Stellen zum Aderlaß markiert hatte, wie er es vom Klosterspital her kannte. Es waren auch hier die Abbildungen unbekleideter Menschen, und der Gast merkte das mit Stirnrunzeln an.

»Das gehört unter Verschluß!« bemerkte er.

»Es liegt auch bei mir unter Verschluß, wenn ich nicht gerade daran arbeite«, antwortete Philipp.

»Ich höre, Ihr habt ein Spital begründet und laßt dort pflegen«, fuhr Herr Konrad fort. »Das stimmt gewiß mit den edelsten Bestrebungen unserer Zeit überein und steht jemandem, der selbst nicht am Kreuzzug teilnimmt, wohl an. Aber seid Ihr bei so heiklen Künsten« – und er wies nochmals auf die Zeichnungen – »Eures Pflegers sicher?«

»Ja. Er ist bei den Zisterziensern unten in der Abtei ausgebildet worden«, erwiderte Philipp kurz. So genau gingen Herrn Konrad seine Angelegenheiten schließlich nicht an.

»Nun, dann wird in Glaubensdingen Verlaß auf ihn sein?«

»Das denke ich doch! Außerdem spreche ich mit ihm nicht über Glaubensdinge, sondern über seine Kranken«, erklärte Philipp. Dies war schon ein merkwürdiger Besuch!

»Wollt Ihr das etwa trennen? Wäre es Euch bei einem guten Pfleger gleichgültig, ob er ein rechtgläubiger Christ ist?«

Philipp überlegte. »Warum fragt Ihr?«

»Nun – es gibt unter dem Anschein der Barmherzigkeit auch Regungen, die sich der Kirche entziehen. Ketzereien.«

»Hier? In diesen abgelegenen Tälern?«

»Gerade in abgeschiedenen Landstrichen. Wenn die Kirche fern ist, suchen die Menschen nach allerlei Tröstungen, die sie sich gegenseitig reichen, bis hin zu laienhafter Auslegung der Heiligen Schrift übrigens; selbst eine Lockerung der Sitten wird von solchen Verblendeten nicht selten aus der Schrift hergeleitet, daher meine Besorgnis. Es werden verwerfliche Dinge als christliche Nächstenliebe gehandelt.«

»Die Leute in den Tälern sind arm, und es sind schlichte Menschen«, sagte Philipp abwehrend, »aber deshalb sind sie doch nicht gleich Ketzer! Wer helfen will, kann nicht immer lange fragen. Ihr seid übereifrig!«

»Kann man das in Glaubensdingen überhaupt sein?« fragte Herr Konrad mit leiser Schärfe. »Ich hoffe doch, daß Ihr Eure Hilfe niemandem angedeihen laßt, über dessen Glauben Ihr Euch nicht vorher vergewissert habt, und daß Ihr niemanden in Arbeit nehmt, für den nicht das gleiche gilt?«

Philipp dachte an seinen sonderbaren Zacharias und verschluckte seine Antwort. Er wollte zudem mit Herrn Konrad über anderes reden als über Ketzerei, und so sagte er kühl: »Ich sagte Euch ja, daß ich meinen Pfleger über die Abtei vermittelt bekommen habe, und Ihr geltet ja als Freund der Orden. Seid unbesorgt; an meiner Rechtgläubigkeit und der meiner Leute ist kein Zweifel.«

Herr Konrad nahm das mit unbewegter Miene auf. »Das hoffe ich!« erwiderte er und ließ seinen Blick über eine astronomische Zeichnung gleiten. »Ihr glaubt an Sternbilder? Oder wollt Ihr höher hinaus?«

Es war wohl Zeit, dem Gespräch eine andere Wendung zu geben. »Wenn ich es wollte«, sagte Philipp leichthin, »dann wäre ich in guter Gesellschaft. Der Kaiser selber will es.«

»Der Kaiser will manches. Aber auch an seiner Rechtgläubigkeit ist kein Zweifel.«

»Natürlich nicht!« sagte Philipp und freute sich über das »auch«. Ob Herr Konrad wohl wußte, daß der Kaiser die Himmelssphären ausmessen wollte?

»Ich meine«, erklärte dieser gleichmütig, »daß der Kaiser unbeschadet seiner persönlichen Interessen der oberste Richter über alle Art von Ketzerei im Reiche ist. Und daß er diese seine Aufgabe um so ernster nehmen wird, als es kaum noch andere Bereiche einer guten Zusammenarbeit mit dem Papst für ihn gibt. Er hat nun, nach dem Bannspruch, in der Ketzerfrage keinerlei Spielraum mehr.«

Ein unbehagliches Schweigen trat ein.

»Wenn Ihr erlaubt«, sagte Philipp schließlich, »dann würde ich Euch gern nach dem Ergehen der Landgräfin fragen. Denn nach dem Tode ihres Gemahls ...«

»Der Tod ihres Gemahls hat sie endlich freigemacht für ihre wahre Berufung«, erwiderte Herr Konrad abweisend.

»... nach dem Tode ihres Gemahls und nach der Geburt ihres Kindes, das wollte ich sagen, bedarf sie einer festen Stütze«, erwiderte Philipp in einer heftigen Regung von Zorn, »sie wird sich sonst verzehren. Hat Landgraf Ludwig das gewollt, als er sie in Euren Händen ließ?«

Nun wurde auch Herr Konrad von Marburg zornig.

»Überlaßt diese Frage und mein Beichtkind lieber mir!« sagte er. »Gewiß bedarf sie einer Stütze; selbst sie könnte sonst auf einen Irrweg des Glaubens geraten. Aber was könnte sie nach dem Kreuzfahrertod ihres Gemahls denn Gottgefälligeres tun, als sich im Glauben zu verzehren?« Und mit einer leisen Drohung im Ton setzte er hinzu: »Aber es ist mir lieb zu wissen, wie Ihr über ihre Berufung denkt!«

Es war ein Glück, daß sich in diesem Augenblick draußen Schritte näherten und Stimmen laut wurden. »Verzeiht«, sagte Philipp hastig, »ich bin derzeit mein eigener Burghauptmann und würde mich gern vergewissern, ob etwas vorgefallen ist.«

Und ohne die Zustimmung seines Gastes abzuwarten, wandte er sich zur Tür. Dort stieß er mit Meinhard zusammen.

Sie hatten sich nun sehr lange nicht mehr gesehen, und die Begrüßung war stürmisch. Dann gewahrte Meinhard den Gast, und ohne Philipp Zeit zur Vorstellung oder zur Warnung zu lassen, sagte er rasch und fröhlich: »Verzeiht, ich störe ein Gespräch; ich hätte mich anmelden müssen. Aber ich bin in eiligem Auftrag auf dem Rückweg zum Kaiser und wußte nicht, ob ich den Umweg hierher schaffen würde. Wenn ich nicht rasch genug bin, versäume ich nämlich die Einschiffung nach Jerusalem!«

Herr Konrad war um Höflichkeit bemüht. »Ihr seid so schnell geritten, daß die Nachricht, die Euch Zeit hätte geben können, Euch nicht eingeholt hat«, sagte er, »offenbar wißt Ihr nicht, daß der nächste Aufbruch des Kreuzheeres Zeit hat. Der Kaiser ist gebannt, da kann er nicht gut nach Jerusalem fahren.«

»Aber natürlich kann er!« erwiderte Meinhard vergnügt. »Was ist denn dieser Bann? Ein politisches Mittel des Papstes, nichts weiter! Sobald der Kaiser gesund ist, brechen wir auf.«

»Meinhard –!« Erschrocken nahm Philipp den Freund am Arm, »ich würde dich gern ...«

Doch Herr Konrad fragte schon nach: »Habe ich Euch recht verstanden, daß der Kaiser als Gebannter einen Kreuzzug antreten will?«

»Genau so. Der Bann ist ja nur die Antwort darauf, daß der Kaiser nicht eines vorzeitigen, Gott wohlgefälligen Todes gestorben ist, wie unser armer Landgraf, denn damit hätte er dem Papst viel Ärger erspart. Nein, mit dem Bann können wir leben!«

»Meinhard«, sagte Philipp nun rasch und drängend, »laß mich dir den Namen ...«

Doch Meinhard rannte blindlings ins Messer. Herr Konrad hatte nur ein einziges Wort gefragt: »Wir?!«

»Ja, wir! Denn wer mit dem Kaiser zusammen den Kreuzzug abgebrochen hat – und das Fieber hatten wir schließlich alle! – der ist mitgebannt, denn natürlich haben wir alle damit unser Kreuzzugsgelübde gebrochen – so meint wenigstens der Papst.«

Er wurde keiner Antwort gewürdigt, denn Herr Konrad hatte sich an Philipp gewandt: »Ihr wißt, Graf Philipp, was es heißt, einen Gebannten in sein Haus aufzunehmen? Ihr dürft keinen Gottesdienst abhalten, keine Glocke läuten und keine Kerze brennen lassen, solange Euer Freund hier ist, weder für Euch noch für Euer Gesinde. Daß der Gebannte selbst aus der Gemeinschaft des Gottesdienstes ausgeschlossen ist, versteht sich von selber. Ich warte gern darauf, daß Ihr Euren Kaplan rufen laßt und ihm entsprechende Weisung erteilt.«

»Ihr wißt so gut wie ich, Herr Konrad«, sagte Philipp, nun von seinem alten, lodernden Zorn erfaßt, »daß die Kirche auf meinem Grund und Boden meiner Weisung unterliegt. Ich werde meinen Kaplan jetzt nicht rufen lassen, sondern morgen mit ihm die Lage besprechen. Und ich denke, daß ich ihn anweise, die Messe zu lesen wie immer.«

»Und heute abend?«

»Heute abend bleibt alles, wie es ist.«

»Wie Ihr wollt, Graf Philipp«, sagte sein Gegenüber. »Aber vergeßt nicht, daß Ihr wohl Herr über Eure Kirchen, aber nicht Herr über das Gewissen Eurer Geistlichen seid. Und ich kann mir nicht vorstellen, daß Ihr heute abend – in meiner Anwesenheit! – eine der Kapellen der Burg offenhaltet.«

»Dann darf ich Euch gewiß Pferde und Geleit zu einem genehmeren Hause anbieten, Herr Konrad?« fragte Philipp in einem Ton, der die Antwort vorwegnahm.

»Ich bitte darum«, erwiderte dieser eisig.

»Du lieber Himmel«, sagte Meinhard beklommen, als sie alleine waren, »wer war denn das?«

»Das war Herr Konrad von Marburg, der Beichtvater der Landgräfin. Meinhard, es ist wunderbar, daß du da bist, aber ein Augenblick Zeit zur Vorstellung wäre nicht falsch gewesen. Na, wenigstens sind wir den Kerl los. Komm, du mußt essen und trinken, und du bist durchgeregnet! Hat Bertram schon . . .«

Doch Meinhard schnitt ihm das Wort ab. Er war blaß geworden. »Herr Konrad von Marburg?« fragte er. »Ist das wahr? Du lieber Himmel!«

»Warum?«

»Weil es heißt, der Papst werde ihn zum obersten Inquisitor, zum obersten Verfolger aller Glaubensirrtümer in Deutschland machen und ihn mit der dazu notwendigen Macht ausstatten. Oh Philipp, jetzt habe ich dich zum zweiten Mal hereingerissen! Dem Mann geht der Ruf eines unbarmherzigen Eiferers voraus.«

Auch Philipp erschrak. Doch dann schüttelte er den Kopf. »Unsinn! Wenn das stimmt, hatte ich mich schon vorher um Kopf und Kragen geredet. Macht nichts, Meinhard! Laß uns jetzt essen, und dann mußt du erzählen!«

Als Philipp am anderen Morgen mit seinem Kaplan die Lage besprach, war sein Zorn verraucht; er legte dar, was sich gestern abend zugetragen hatte, und erbat die Meinung des Geistlichen.

Der lächelte. »Euer Vater, Graf Philipp, hätte nicht gefragt, sondern befohlen, und ich hätte mein Gewissen durch seine Weisung gedeckt gefunden. Ihr aber fragt, und da muß ich Euch sagen, daß die Anwesenheit eines Gebannten nach Kirchenrecht wirklich jeden Gottesdienst im Gebiet des Burgfriedens ausschließt.«

»Wie kann ich denn befehlen, wenn ich weiß, daß die Kirche die Gewissen prüft?« fragte Philipp in seinem Zwiespalt.

Der Kaplan überlegte: »Ich kenne Herrn Meinhard von klein auf«, sagte er dann. »Wenn Ihr Euch jetzt noch entschließt zu befehlen, will ich gern vergessen, daß Ihr vorher gefragt habt. Mag sein, daß wir hier einfach zu wenig von den Bräuchen der Welt draußen verstehen.«

Sie einigten sich darauf, daß das Leben auf der Burg ungestört weiterlaufen sollte, während Philipp und Meinhard, wie sie es früher oft getan hatten, zu einem Jagdausflug aufbrachen, auf dem sie diesmal einen großen Bogen um alle Kirchen und Kapellen machten. Meinhard sorgte dafür, daß morgens jeder auf der Burg sah, wie er fortritt, und richtete es bei der Rückkehr so ein, daß niemand ihn bemerkte. »Das bißchen, was ich jetzt noch tun kann, will ich tun«, sagte er.

»Unsinn!« sagte Philipp wieder, doch es hörte sich nicht mehr ganz so überzeugt an wie gestern, denn schon der eine Tag der Aussperrung aus der Kirche hatte ihm zugesetzt. »Aber wie hältst du das nur aus?«

»Ich kann sonst meinen Mund besser halten als gerade

gestern abend«, erwiderte Meinhard, »und draußen in der Welt nimmt sich das auch anders aus. Man weiß in der deutschen Geistlichkeit natürlich, daß der Kaiser von seinem treuen Erzbischof Berard von Palermo die Sakramente gereicht bekommt, wann immer er will, und wir anderen ebenso. Aber du hast schon recht: es nimmt einen mit, wenn die Kirchen plötzlich tot und dunkel sind, weil man selber vor ihrer Tür steht. Deshalb ist der Bann, politisches Mittel oder nicht, eine schlimme Waffe und für Leute wie deinen Gast von gestern sehr brauchbar.«

»Es scheint so«, sagte Philipp. Er brauchte lange, bis ihm in seinem eigenen Hause wieder warm wurde.

Meinhard hatte wirklich nur diesen einen Tag Zeit, und der reichte kaum für alles, was zu erzählen war. Er berichtete von Sizilien, von dem Leben in der Umgebung des Kaisers am Hof, in den Städten und in den kaiserlichen Jagdschlössern; von der Arbeit des Kaisers an den Gesetzen des Landes, von Rom, von der Kaiserkrönung, von dem abgebrochenen Kreuzzug und zum Schluß von Ludwigs Tod.

»Es hat große Trauer und Bewegung im Heere gegeben«, sagte er. »Man wird ihn nach dem Kreuzzug hierher zurückbringen, damit er in Thüringen beigesetzt werden kann. Was weißt du von der Landgräfin?«

Nun erzählte auch Philipp, und er schloß mit dem, was er kurz vor Meinhards Ankunft von Herrn Konrad von Marburg gehört hatte. »Aber erzähl mir zum Schluß noch etwas über diese Ketzerei!« bat er, als er fertig war. »Da wird einem etwas um die Ohren geschlagen, und man weiß nicht einmal genau, worum es dabei geht!«

»Um etwas Wichtiges, leider«, erwiderte Meinhard. Er stand auf und versuchte, das heruntergebrannte Kaminfeuer noch einmal zum Aufflackern zu bringen. »Für die Ketzerfrage bräuchte man mehr als die letzten Augenblicke eines so langen Tages und diesen kümmerlichen Rest Wärme«, fuhr er fort, »aber stell sie dir einmal so vor: Viele Menschen haben die Armut satt und verlangen von den

Mächtigen Rechenschaft über die Mißstände. Und da sie die nicht bekommen, helfen sie sich halt selber. Wenn sich dieses Aufbegehren in Heiligkeit verwandeln läßt, wie bei jenem Franziskus aus Assisi, der sich selbst und seinen neuen Orden der Armut weihte, ist es in Ordnung. Sobald daraus aber politische Auflehnung gegen die Obrigkeit wird, ist es Ketzerei und Majestätsverbrechen.«

»Na –?!« Philipp lachte. »So einfach kann es nun doch nicht sein, nicht einmal spät am Abend, und so ahnungslos bin ich auch wieder nicht, daß ich das nicht merke!«

»Nein«, sagte Meinhard, »es ist nicht einfach. Es ist sogar so schwierig, daß sich selbst die Kirche mit der Unterscheidung zwischen Heiligen und Ketzern manchmal schwer tut. Die Risse gehen mitten durch Orden und Städte, Kirche und Reich, und du solltest einmal die unruhigen Menschen und die vielen Armen in den großen Städten in der Lombardei sehen! Dort gärt es. An der ganzen Sache ist nur das eine Gute: sie zwingt Kaiser und Papst zusammen. Denn dem Papst liegt an der Reinheit der Kirchenlehre und dem Kaiser an einer festen Hand auf den Städten; da treffen sie sich. Nur eben – der Papst kann zur Not auch einmal mit den Städten gegen den Kaiser gehen, aber der Kaiser niemals mit den Ketzern gegen den Papst. Deshalb wird der Kaiser wohl wirklich die Bekämpfung der Ketzer als Klammer zwischen sich und dem Papst brauchen – oder der Leute, die Herr Konrad von Marburg für Ketzer hält. Deshalb war ich gestern so erschrocken, als ich seinen Namen hörte. Sieh dich vor, Philipp!«

In der Zeit, die nun folgte, stellte sich, unmerklich zunächst, aber dann immer deutlicher eine Veränderung der Stimmung im Lande ringsum ein. Wohl hatte es auch bisher den einen oder anderen Unzufriedenen gegeben, und das konnte bei den vielen Neuerungen auch kaum anders sein, aber nun gab es immer häufiger schweigende, ablehnende Gesichter oder ein offensichtliches Ausweichen, wenn der Burgherr den Fortgang von Arbeiten besichtigte oder neue Arbeiten besprach. Die Kinder in den Dörfern, die sonst neugierig zusammengelaufen waren, wenn Philipp absaß, stoben jetzt auseinander, sobald er einritt, und sahen ihm nur noch aus der Ferne zu. Einmal ließ Philipp einen Jungen herbeirufen, der sich sonst immer gedrängt hatte, ihm das Pferd zu halten.

»He, was ist mit dir?« fragte er, als er sah, daß der vor Angst schlotterte. »Da, willst du nicht die Zügel nehmen?«

Doch der Junge drehte sich um und rannte davon.

Außerdem gab es neuerdings seltsame Gäste auf der Burg, wandernde Haufen von Männern, Frauen und Kindern, die meistens einem durchs Land ziehenden Prediger folgten und seinen Lehren lauschten. Meist blieben diese Leute in den Tälern, aber nun bat immer häufiger die eine oder andere Gruppe um Aufnahme auf der Burg, und zwar mit einer seltsamen Zutraulichkeit, als wisse sie sich willkommen.

Es waren freundliche Leute, und Philipp blieb hin und wieder stehen, wenn er sie untereinander reden hörte. Wie damals, als er zum ersten Mal ein Gedicht des Herrn Walther von der Vogelweide in deutscher Sprache las, brauchte er eine Weile, bis er begriff, was an ihren Reden so seltsam war: Es waren Bibelworte, die sie einander vorsagten, aber auf deutsch, und das war fremd.

»Woher habt ihr die?« fragte er einmal ganz direkt. »Wißt ihr nicht, daß die Kirche das nicht gerne sieht?«

»Doch, das wissen wir«, antwortete ein kleiner, pfiffiger Mann, der sich zum Sprecher der Gruppe gemacht hatte. »Aber die Kirche, die ist nur auf Macht und auf Reichtum aus, die achtet nicht auf die Nöte des einfachen Mannes. Unsereins muß sich an die Brocken halten, die bei den Bettelmönchen abfallen; von denen erbarmt sich schon manchmal einer und erklärt uns, was die lateinischen Sprüche in der Messe bedeuten. Das merken wir uns dann und ziehen unseren Trost daraus. Dafür habt Ihr doch sicher Verständnis?«

Sehr nachdenklich verließ Philipp die Gruppe.

Als er anderntags seine Runde über den Wirtschaftshof machte, wartete der pfiffige kleine Mann schon auf ihn.

»Ich muß Euch etwas erzählen«, sagte er leise, und als Philipp seinen Knappen beiseitegewinkt hatte, fuhr er zutraulich fort: »Heute morgen ist der Heilige Geist bei mir gewesen und hat mir selbst das Evangelium ausgelegt. Er hat gesagt, ich brauchte nun keine Priestermesse mehr, denn er wolle wiederkommen; ich soll's den anderen weitersagen.«

Kopfschüttelnd, aber doch mit Nachdruck verwies Philipp dem Mann solche Reden. Dieser schien ebenso erstaunt wie enttäuscht zu sein. Das also war das Gesicht der Ketzerei!

Am Abend dieses Tages kam Zacharias aus dem Spital mit einer medizinischen Frage zu Philipp, blieb aber stehen, als sie besprochen war, und fragte nach einem Augenblick des Zögerns: »Ich wüßte gern etwas. Nämlich, ob Ihr Euch in der letzten Zeit jemanden zum Feinde gemacht habt.«

Dies war offenbar ein Tag, an dem lauter seltsame und ungehörige Dinge passierten! Philipp überlegte eine Weile und sagte dann: »Nicht, daß ich wüßte. Warum fragst du?«

»Weil die Leute in den Dörfern seltsam über Euch reden.«

»So?!« fragte Philipp, dem seine Erlebnisse der letzten Zeit einfielen, »und was reden sie?«

»Was sie sagen, ist nur törichtes Zeug. Sie reden über Euren Reichtum und warum Ihr nicht wie andere würfelt und sauft, und warum die Bauern nicht ihre Töchter und Mägde verstecken müssen, wenn Ihr durchreitet.«

»Hätten sie's etwa lieber anders?« fragte Philipp entgeistert.

»Nein, das nicht. Aber sie wissen, daß Ihr oft über Büchern und Zeichnungen sitzt, und das tut halt sonst keiner.«

»Ach so. Und dabei fragt keiner, wie ich dazu gekommen bin? Ob ich das vielleicht tue, weil mich langes Laufen und Stehen anstrengt? Oder spricht das etwa auch gegen mich?«

»Man redet darüber«, gab Zacharias zu.

»Aber das ist doch Unfug«, fuhr Philipp auf, »jeder weiß doch, wie das damals kam; die Älteren haben es ja miterlebt.«

»Es weiß nicht jeder. Ich habe es nicht gewußt, ehe ich auf die Burg kam. Aber es ist nicht, was die Leute sagen; es ist, wie sie's sagen.«

»Und wie sagen sie es?«

»Sie meinen, es könnten Teufelspakte und Ketzerei dahinterstecken.«

»Ach so!« sagte Philipp, dem etwas zu dämmern begann, »und du meinst, das hat ihnen jemand eingeblasen? Denn ich habe trotz aller Neuerungen eine behutsame Hand mit ihnen gehabt und mich immer bemüht, gerecht zu sein.«

»Und Ihr habt das Spital eingerichtet! Bis vor kurzem haben Euch die Leute das auch alles gedankt; deshalb fragte ich, ob Ihr Euch einen mächtigen Feind gemacht habt.«

»Verdammt, ja«, sagte Philipp, »es sieht so aus. Ja, natürlich! Und eine solche Saat geht auf?«

Zacharias zuckte die Achseln. »In unruhigen Zeiten schon, und Ihr habt eben wirklich vieles verändert. Seht Euch einstweilen vor, wenn Ihr durch die Dörfer reitet, daß nicht einmal aus dem Hinterhalt ein Stein oder etwas Schlimmeres fliegt.«

»Dank für die Warnung«, sagte Philipp, stand auf und begann, gegen das Fenster zu trommeln. Erst als Zacharias noch einmal zu reden anfing, drehte er sich um.

»Ich wüßte noch gern«, fragte der seltsame Mann, »warum Ihr das alles tut: das Ändern und Erneuern und auch das mit dem Hospital. Ihr könntet es doch viel bequemer haben.«

Es kam nun auf eine weitere seltsame Frage auch nicht mehr an, und so antwortete Philipp: »Das ist eine Sache zwischen meinem Vater und mir. Ich habe ihm versprochen, sein Lebenswerk zu erhalten, und wenn ich es mir bequem mache, geht das nicht. Und ich habe ja keinen, der dabei hilft – ich meine, niemanden, den ich mir nicht erst suchen muß.«

»Es ist gut«, sagte Zacharias. »Das wollte ich wissen.«

Unordnung im Land

Noch an diesem Abend ging Philipp zu der Scheune hinüber, in der der wandernde Laientrupp untergebracht war, und ließ den pfiffigen kleinen Mann herausrufen, mit dem er gesprochen hatte.

»Ich verstehe, was dich umtreibt«, sagte er, »aber überleg dir selber, ob du es dir nicht zu einfach machst. So kommt man weder dem lieben Gott noch den Mächtigen der Welt bei. Morgen sehe ich dich in der Messe, und wehe, wenn dir der Heilige Geist erscheint! Nach dem Gottesdienst läßt du dir Wegzehrung geben und verschwindest dann, und zwar so, daß es jeder sieht. Und paß auf dich auf; mit manchen Leuten ist in solchen Dingen nicht gut Kirschen essen!«

Er hatte ein schlechtes Gewissen, und es tat ihm leid um den harmlosen Mann. Lieber hätte er länger mit ihm gesprochen und ihn dem Kaplan anvertraut; aber Zacharias' Warnung war ernst zu nehmen, und die Späne zum Scheiterhaufen wollte er Herrn Konrad nun doch nicht schichten helfen.

Mit den Leuten im Lande ließ sich nun, da er die Ursache ihrer stummen Feindseligkeit kannte, wieder leichter umgehen. Für ein paar Wochen ließ Philipp alle Manuskripte in der Truhe und sorgte dafür, daß man ihn sah und mit ihm sprach, und daß nicht zuletzt die Geschichte seines Unfalls ins Gedächtnis der Leute zurückgerufen wurde. Manchmal kam es ihm so vor, als wirke noch etwas anderes oder auch jemand anderes mit, und dann fiel ihm jedesmal Zacharias' seltsame Frage am Schluß ihres Gesprächs ein. Aber weshalb auch immer, es flog kein Stein, und bald ließ sich auch der verängstigte Junge wieder den Zügel in die Hand geben, als sei nichts gewesen. Herrn Konrads erster Stoß war jedenfalls nicht weit gegangen.

Doch Philipp blieb gewarnt. Denn bei einem Besuch in dem eben erst gegründeten Kloster der Minderen Brüder, der Franziskaner, in Eisenach wurde seine Bitte um vermehrte und achtsame Seelsorge in den Tälern mit dem bereitwilligen Hinweis beantwortet, alle Glaubensdinge in Thüringen seien bei Herrn Konrad in festen Händen.

Das waren sie wirklich, und Philipp bekam es zu spüren, als er der Landgräfin seinen nächsten Besuch abstatten wollte. Der erforderte jetzt einen Ritt von mehreren Tagen bis weit in den hessischen Teil der Landgrafenschaft hinein, nach Marburg. Denn Elisabeth war ihren Weg unbeirrt weitergegangen und damit endgültig in Konflikt mit dem Hof geraten. Schließlich wurde sie von Ludwigs empörter Familie von der Wartburg gewiesen. Sie lebte nun in Marburg ein Leben zwischen Kloster und Welt in ihrem neu gestifteten Spital, das im Geist des Franziskanerordens eingerichtet war. Ihre geistliche Führung war strenger denn je Herrn Konrad anvertraut, und es kam nur dann zu Unstimmigkeiten zwischen ihnen, wenn die Landgräfin das ihr verbliebene Geld allzu freigebig unter die Armen verteilte.

An der Pforte dieses Spitals wollte man Philipp abweisen. »Herr Konrad von Marburg hat der Landgräfin jeden Besuch untersagt, auch den von Freunden«, erklärte die Pförtnerin, »er befürchtet Schaden durch weltliche Ablenkung.«

Erst als Philipp auf die ärztlichen Auskünfte hinwies, die er der Landgräfin bringen wollte, erhielt er Einlaß. »Aber nur auf ein paar Augenblicke«, mahnte die Frau, »ich darf wirklich keinen längeren Besuch dulden.«

Doch Elisabeth selbst schickte ihn fort, sobald das Nötigste besprochen war. »Herr Konrad ist ein strenger Führer auf meinem Weg«, sagte sie, »und von diesem will ich doch keinen Fußbreit abweichen.«

Sie wirkte lichter denn je, aber er begriff mit Schrecken, daß sie in Wahrheit schon nahe am Ende dieses Weges war.

Draußen an der Pforte fragte er die Dienerin nach den Kindern.

»Sie sind in guten Händen«, versicherte die Frau, »aber auch die Kinder sollen nicht zwischen ihr und Gott stehen.«

Im Innersten aufgewühlt wandte Philipp sich fort. Er hatte nach Hause gewollt, aber jetzt überlegte er es sich anders. Er war hier näher an Frankfurt als am Schwarzenstein, und so wandte er sich dorthin, zum Hof. Er brauchte jemanden, mit dem er sprechen konnte; es war ungut mit Herrn Konrad von Marburg im Land.

Er wandte sich wegen der Abwesenheit des Kanzlers an den Marschall Anselm von Justingen, einen der engsten Vertrauten des Königs. Wieder war die Frage, die Philipp auf der Seele brannte, die nach der Rückkehr des Kaisers nach Deutschland. Er stellte sie gleich nach der höflichen Begrüßung, die ihm der Marschall bot.

»Es besteht keine Aussicht auf eine Rückkehr, leider. Warum ist Euch das gerade heute so wichtig?« fragte Herr Anselm von Justingen zurück.

»Weil es unordentlich geworden ist im Land ohne den Kaiser«, erwiderte Philipp und berichtete von seinen Erfahrungen mit Herrn Konrad von Marburg. Der Marschall horchte auf.

»Ihr seid mit diesen Nachrichten willkommener, als Ihr vielleicht wißt«, sagte er. »Ich erkläre Euch nachher, warum, und ich habe dann auch noch eine Frage an Euch. Aber dazu würde ich Euch gern die Lage im Reich ein wenig genauer umreißen. Habt Ihr Zeit?«

»Aber gewiß!« erwiderte Philipp und ließ sich in ein vertrauliches Gemach führen. Er war dankbar für die Gelegenheit, von den Eindrücken in Marburg loszukommen.

»Beginnen wir mit dem König«, sagte sein Gegenüber, als sie die Tür hinter sich geschlossen hatten, »mit König Heinrich. Der hat die Vormundschaft kürzlich abgeschüttelt, wie Ihr vielleicht erfahren habt, und sucht nun eigene Bahnen. Er will sich in seiner Politik an die Städte und den niederen Adel anlehnen und damit ein Gegengewicht gegen die Fürsten schaffen. So weit, so gut; das ist alte staufische Politik, auch wenn der Kaiser aus seiner Lage heraus manches anders sehen muß; die Kanzlei selbst hat sie in den vergangenen Jahren betrieben. Unsere Sorge ist nun aber, daß König Heinrich dabei über kurz oder lang mit der Ketzerfrage konfrontiert wird, und zwar in einer Verquikkung, die nicht unglücklicher sein könnte. Denn es gibt Fürsten, die mit Hilfe der Ketzergesetze ganz einfach das Streben des Volks nach größerer Mündigkeit zu unterdrükken versuchen. Oder einfacher: Der Erzbischof von Bremen zum Beispiel erwägt, seine Bauern im Stedinger Land zu Ketzern erklären zu lassen und zu einem Kreuzzug gegen sie aufzurufen, um mit ihren althergebrachten Rechten aufzuräumen.«

Er sah Philipps ungläubige Miene. »Das glaubt Ihr nicht? Nun – falls Ihr noch ein Kreuzzugsgelübde einzulösen habt: so bequem, im eigenen Land, werdet Ihr es nie wieder los! Und wer sich einem solchen Kreuzzug gegen christliche Bauern, die dem Ehrgeiz ihres Fürsten im Wege sind, anschließt, der hat dabei den Papst, den Kaiser, die Fürsten und natürlich die Inquisition, die mit der Ketzerverfolgung betrauten Geistlichen, auf seiner Seite. Die Inquisition aber, das ist in Deutschland Herr Konrad von Marburg. Begreift Ihr nun, in welche Lage der König kommt, wenn er sich die Nöte des Volkes, zum Beispiel die der Stedinger Bauern, zu eigen macht?«

»Das kommt davon, wenn der Kaiser nicht da ist!« sagte Philipp erbittert.

Doch der Marschall schüttelte den Kopf. »Ketzerei ist für den Kaiser ein Majestätsverbrechen; außerdem hat er in der Ketzerfrage keinerlei Spielraum.«

»Ich weiß«, sagte Philipp.

»Kommen wir also zum Kaiser!« fuhr Herr Anselm fort. »Der hat seine Gedanken nämlich anderswo. Habt Ihr gehört, daß er in Jerusalem eingezogen ist? Ohne einen Schwertstreich zu tun! Das ist allein seinem Verhandlungsgeschick mit dem Sultan der Sarazenen zu verdanken. Beim Festzeremoniell hat er sich dann in der Grabeskirche selbst die Krone aufs Haupt gesetzt, die Krone des Königreichs Jerusalem. Ihr wißt doch davon?« Der Marschall lehnte sich zurück. »Malt Euch einmal aus, was das heißt! Ein gebannter Kaiser setzt sich ganz einfach die Krone von Jerusalem auf und paktiert mit den Ungläubigen, statt Ströme von Sarazenenblut zu vergießen! Was meint Ihr, wie der christliche Patriarch von Jerusalem tobt!«

»Das gibt es doch gar nicht!« sagte Philipp hingerissen und vergaß für den Augenblick König, Ketzer, Landgräfin und Inquisition.

Herr Anselm lächelte. »Mich freut es auch, denn es sprengt den Alltag, mit dem wir uns hier plagen. Aber wißt Ihr, woran mich das alles erinnert? An einen Falken, der abhebt und aufsteigt und seine Kreise zieht, immer höher und höher. Wer will einem solchen Falken am Ende noch den Platz zumuten, für den er eigentlich gezähmt worden ist?«

Prompt fielen Philipp seine Sorgen wieder ein.

»Und für uns in Deutschland, meint Ihr...«

»Für uns hier in Deutschland heißt das, daß wir um Gottes willen stillhalten müssen, um nichts zu verderben, bis der Kaiser Zeit für uns hat. Und daß wir so lange niemanden ärgern dürfen – weder den Papst noch die Fürsten noch die Ketzerjäger. König Heinrich wird bald einer Mücke im Spinnennetz gleichen: Sobald er sich regt, zieht sich ein Faden fest. Und dabei sollen wir Politik machen!« Er seufzte, und eine Pause entstand.

»Ihr wolltet mich noch etwas fragen«, meldete sich Philipp schließlich zu Wort.

»Ja, richtig«, erwiderte der Marschall. »Freilich muß ich dabei fest auf Eure Verschwiegenheit zählen können. Es geht um folgendes: Wir brauchen bei aller Vorsicht gegenüber der Inquisition jemanden, der sich Herrn Konrad von Marburg einmal offen widersetzt, und zwar so, daß es weithin gesehen wird. Wir brauchen ein Zeichen gegen seine Willkür, auf das der König sich berufen kann. Nur – wir würden jede Absprache in einer solchen Sache abstreiten müssen und auch nicht helfen können, falls sich Herr Konrad als der Stärkere erweist. Das müßte derjenige wissen...«

»Nun – wenn das kein undankbarer Auftrag ist!« sagte Philipp langsam. »Ihr wißt, daß ich, wenn ich dieser Jemand sein soll, mein Leben, mindestens aber meine Freiheit und meinen gesamten Besitz aufs Spiel setze. Das weiß ich übrigens vom Kaiser selber.«

»Genau das. Überlegt es Euch.«

»Es trifft sich zufällig«, sagte Philipp nach einer Pause, »daß ich aus verschiedenen Gründen beim Gedanken an Herrn Konrad von Marburg rot sehe, auch wenn ich ihm damit vielleicht unrecht tue. Und daß ich außerdem früher einmal einem gewissen Kaiser-Vater versprochen habe, seinem König-Sohn beizustehen, wenn es not tun sollte. Es ist gut. Laßt mir Zeit, ich werde die Augen nach einer Gelegenheit offenhalten.«

Mit schweren Gedanken kehrte er auf den Schwarzenstein zurück.

Doch zunächst einmal kamen nun die Kreuzfahrer zurück, allen voran der Kaiser. Das hieß, er kam nach Italien, und dort wurde ein Friede mit dem Papst geschlossen, der ihn vom Bann löste. Große Verdienste um diese Aussöhnung erwarben sich außer Herrn Hermann von Salza die deutschen Fürsten: ihre Bedeutung als Säulen und Schirmer des Reichs, vom Kaiser dankbar hervorgehoben, wurde damit nachdrücklich in jedermanns Bewußtsein gerückt.

Philipp wartete nun auf Martin und seine Leute. Ein Voraustrupp der Thüringer brachte wirklich die Gebeine des toten Landgrafen zurück; aber Martin war nicht bei ihm. Statt dessen kam eine Nachricht aus Eisenach: Die Schwarzensteiner Leute waren vom Landgrafen Konrad, Ludwigs jüngstem Bruder, dem Anführer des Thüringer Aufgebots, noch mit Aufträgen zurückgelassen worden und sollten erst mit der Nachhut nach Hause kommen. Es gehe aber allen gut, wußte der Bote zu berichten, und Martin habe sich zu großer Zufriedenheit des jungen Landgrafen gehalten.

Es steckte gewiß kein Arg hinter dieser Maßnahme; aber

jetzt, da das Land sich wieder mit den Kreuzfahrern und ihren Waffen füllte, war sie doch nicht sehr angenehm.

Vielleicht eilte es Herrn Konrad von Marburg nur deswegen nicht mit seinem nächsten Vorstoß, weil er Martin und seine Leute fern vom Schwarzenstein wußte. Philipp hatte es inzwischen nämlich ein weiteres Mal an der Pforte des Spitals in Marburg versucht, aber diesmal war er auf Herrn Konrad selber gestoßen. Es hatte einen neuen, heftigen Wortwechsel gegeben, und als Philipp unverrichteter Dinge Marburg verließ, wußte er, daß es nur noch eine Frage der Zeit war, bis es mit dem Versprechen an Herrn Anselm und den König Ernst wurde.

Wenigstens hatte er in Marburg die Pförtnerin sprechen können und wußte nun, daß er keine Aussicht mehr hatte, die Landgräfin bei besserer Gelegenheit noch einmal zu sehen.

»Sie geht rasch ihrer Vollendung entgegen«, sagte die Frau, »aber was wird aus den Armen, wenn sie nicht mehr ist?«

Das Kreuz gegen Christenmenschen

Als Herr Konrad schließlich zu seinem Schlag gegen Philipp ausholte, geschah das mit einer Härte, die selbst dieser ihm nicht zugetraut hätte.

Aus heiterem Himmel erschien aus Erfurt ein Bote, der den Grafen dorthin vor das geistliche Gericht des Erzbischofs von Mainz lud; denn Erfurt gehörte zur Mainzer Kirchenprovinz. Auf vierzehn Tage nach Empfang der Ladung hatte er sich dort gegen die Anschuldigung der Ketzerei zu verantworten. Die Anklage wurde erhoben auf Grund des Geständnisses eines bereits dem Feuer übergebenen Ketzers, der unter peinlicher Befragung den Grafen als

Gleichgesinnten in allen Punkten des kanonischen Ketzerkatalogs genannt hatte. Ein Aufschub der Ladung durch Einspruch war nicht möglich.

Nun ja, ein paar Tage Beherbergung und Wegzehrung wogen für einen armen Schlucker natürlich nichts unter der Folter des Ketzerrichters, und dieser brauchte nur gezielt zu fragen, um von einem geängstigten armen Teufel alles zu hören, was er wollte. Und falls der kleine, pfiffige Mann, den diese Art Geständnis ja noch nicht einmal vor dem Scheiterhaufen gerettet hatte, zu Protokoll gegeben haben sollte, daß Philipp ihm seine Reden verwiesen und ihn in die Messe geschickt hatte, so hatte das vermutlich niemand zur Kenntnis genommen.

Hier gab es überhaupt keine Wahl. Philipp ließ den Ladungstermin verstreichen und nutzte die zwei Wochen, die ihm blieben, um die Burg für eine Belagerung zu rüsten. Die Hoffnung auf Martin konnte er jetzt aufgeben; denn es hatte zwar Nachrichten von einem raschen Anrücken der allerletzten Nachhut gegeben, aber falls sie stimmten, wußte Herr Konrad das genauer als andere und hatte seine Pläne danach eingerichtet.

Ein eigenes Problem bei den Rüstungen war das Spital. Zacharias weigerte sich, die Kranken in die Kemenate zu schaffen; dort sei keine Kapelle und zu wenig Platz. Erst als Philipp ihn vor die Wahl stellte, die Kranken entweder vor dem Schließen der letzten Mauerlücke in die Burg zu schaffen oder aber mit ihnen draußen zu bleiben, willigte er ein, bat aber um Aufschub bis zum letztmöglichen Augenblick.

»Da wirst du nicht lange zu warten brauchen«, sagte Philipp, und wirklich rückte unmittelbar nach dem Verstreichen der Ladungsfrist eine stattliche, mit aller Art von Belagerungsgerät ausgerüstete Kriegsmannschaft durch das Tal heran.

Ihr voran zogen zwei Geistliche, das Kreuz in den Händen, und ihr nach folgte ein Haufe Volks, wie er sich auf Seiten der Rechtgläubigkeit nicht weniger leicht zusammenbringen ließ als bei den echten oder vermeintlichen Ketzern. Manch einer, der hier mitlief, mochte damit sogar den Verdacht der Ketzerei von sich selbst abzuwenden suchen.

»Es wird Zeit, Zacharias«, mahnte Philipp, »wir müssen jetzt auch die Pforte vermauern und dann die Pechpfannen aufstellen.«

»Ihr werdet doch kein siedendes Pech auf die Leute schütten lassen!« sagte Zacharias entsetzt. »Wißt Ihr denn nicht, was das für Brandwunden gibt?«

Natürlich wußte es Philipp; mit Brandwunden hatte man bei den vielen offenen Feuerstellen genügend Erfahrung.

»So?« fragte er dennoch, »und wie stellst du dir die Verteidigung dann vor? Unsere Leute sind doch immer noch nicht vom Kreuzzug zurück!«

»Kein siedendes Pech!« wiederholte der Pfleger eindringlich. »Ich schaffe die Kranken sofort hinein, aber vorher brauche ich Geld.«

»Was brauchst du?« fragte Philipp verständnislos, »jetzt Geld?! Wozu? Und wieviel denn?«

»Drei Schilling Mainzer Silber.«

»Warum nicht gleich alles, was in der Truhe liegt? Bist du verrückt?«

»Es ist sehr dringend.«

Philipp sah seinen seltsamen Pfleger an. »Komm nachher und hol es dir«, entschied er dann, ohne daß er hätte sagen können, warum.

»Ich brauch es sofort.«

»Dann komm mit hinein.«

Als Philipp sich später nach den Kranken umsah, waren diese ordentlich gebettet und einer zuverlässigen Magd anvertraut; Zacharias war verschwunden.

Aber es blieb keine Zeit, nach ihm zu suchen, denn mit dem Morgengrauen rückten die Truppen an; der Volkshaufe lagerte sich im Tal.

Ein Hornsignal forderte den Burgherrn an die Zugbrücke, und der Anführer, durch ein begleitendes Fähnlein mit dem Rad im Wappen als Beauftragter des Mainzer Erzbischofs ausgewiesen, trug die Forderung der Belagerer vor:

»Wenn Ihr der Rechtsbrecher seid, der den angesagten Gerichtstermin ohne Antwort und ohne Erscheinen hat verstreichen lassen, so liefert Euch jetzt aus und stellt Euch dem Gericht in Erfurt. Eure Leute gehen dann straffrei aus; Eure Burg aber wird dem Gerichtsherrn geöffnet. Weigert Ihr Euch, so ist die ganze Burg mit allen Euren Leuten der Vollstreckung des Rechtes verfallen.«

»Ich werde meinen Fall vor das Gericht des Königs bringen, sobald ich Gelegenheit dazu habe«, erwiderte Philipp, »denn dort gehört er hin. Betrachtet dies als Weigerung, aber erlaubt mir dennoch ein Wort mit Euren geistlichen Begleitern.«

Und ohne eine Antwort abzuwarten, wandte er sich an den älteren der beiden. »Weil niemand von uns weiß, wie diese Sache ausgeht, gebe ich Euch ein Wort an Herrn Konrad von Marburg mit«, sagte er auf lateinisch.

Der Mann wollte abwehren, aber von der Sprache ging etwas aus, dem er sich nicht entziehen konnte.

Philipp fuhr fort: »Sagt dies Herrn Konrad: Das Geständnis jenes Unglücklichen, auf der Folter erpreßt, ist nichts wert. Außerdem ist sein Inhalt falsch. Weiter: Dieser Wanderprediger ist in meinem Fall kein rechtsfähiger Zeuge. Und all das weiß er so gut wie ich.«

»Herr Konrad«, erwiderte der Mann zögernd, »hat dem Gericht eine Unterredung mit Euch zu Protokoll gegeben.«

»Und was wirft er mir wirklich vor?«

»Ich habe keine Vollmacht, mit Euch darüber zu sprechen.«

»Wäre Herrn Konrads Protokoll denn vor Gericht verlesen worden?«

»Kaum«, sagte der Geistliche. »Das Geständnis jenes zum Feuer Verdammten war lückenlos.«

»Das glaube ich gern. Ich danke Euch.«

Er wandte sich zu dem Hauptmann zurück und sagte auf deutsch: »Meine Weigerung gilt.«

Während man draußen mit der Belagerung der Burg begann, wies Philipp die Leute drinnen zur Verteidigung ein. Dann ging er, Waffen und Rüstung anzulegen: das schwere Panzerhemd mit der erzenen Brustplatte; den Helm mit dem Gesichtsschutz, der nur die Augen freiließ; das Schwert mit dem kurzen Griff und der langen, breiten Klinge; den kleinen, dreieckigen Schild mit dem blauen Balken im silbernen Feld und die wuchtige Stoßlanze.

Sie war schwer, diese Rüstung, die für Turniertage sonst so fröhlich mit Zieraten aus Gold, Silber und Edelsteinen geschmückt wurde. Für ihn selbst war sie stets noch ein wenig schwerer gewesen als für die anderen, und es war das erste Mal in seinem Leben, daß er sie für den Ernstfall anlegte. Nun ja: »Du gespielter Ritter!«

Eine Burg wie die seine war nur schwer zu erobern; anders als durch Hunger oder Verrat ließ sie sich kaum zu Fall bringen, und während der ganzen Herrschaft des Vaters war sie keinmal in ernste Gefahr geraten. Aber mit dem Ausbau der Wirtschaftsanlagen hatte man die rückwärtige Mauer für ein neues Tor durchbrochen und den Burggraben an dieser Stelle für eine Zufahrt überwölbt. Von der Abkürzung aus, auf der Philipp einst gestürzt war, war ein Weg zum neuen Wirtschaftshof hinüber aufgeschüttet worden, der auch in der letzten, steilen Steigung noch für Gespanne gangbar war. Ein kleiner Wachtturm weiter unten deckte den Zugang; Philipp hatte ihn zu einer festen Vorburg ausbauen wollen, aber mit dem Eid gegen den Landgrafen war dieser Plan zunächst vereitelt.

Hannes hatte bis zuletzt darauf bestanden, daß jederzeit Material und Werkzeug bereitlagen, mit dem man diese Neuerungen im Notfall wieder rückgängig machen konnte, und so wurden nun die Brücke über den Graben wieder abgerissen, dieser neu ausgeschachtet und die große neue Toröffnung vermauert. Der Zufahrtsweg wurde, so gut es ging, aufgerissen und verbaut, so daß jemand, der zu diesem Teil der Mauer wollte, wieder wie früher den Berghang hinaufklettern mußte. Die neuen Wirtschaftsgebäude wurden geräumt und die Besatzung des Wachtturms in die Hauptburg zurückgenommen.

Als letztes wurde ein kleines Pförtchen neben der vermauerten Toröffnung geschlossen, das bis zuletzt für Spital- und Wirtschaftsbetrieb offengehalten worden war. Man mußte nun hoffen, daß der Mainzer Feldhauptmann nicht gerade diese Stelle für den ersten Sturm wählte; denn ganz bis zur alten Stärke hatte sich die Lücke im Mauerwerk nicht mehr auffüllen lassen, und bei der Vermauerung des Pförtchens war die Zeit zum Schluß knapp geworden.

Aber wo – wo war Zacharias?! Er hatte mit den drei Silberstücken genügend Geld in der Hand, um jeden Verräter zu entlohnen und um den ganzen Volkshaufen dort unten betrunken zu machen.

Als wisse der Feldhauptmann draußen die Antwort auf diese Frage, nahm er eine Aufteilung seiner Leute vor, die nichts Gutes verhieß. Nur ein kleiner Teil schwenkte auf den Hauptweg zum Burgtor ein und verschanzte sich gegenüber der Zugbrücke, um die Besatzung des Torhauses mit Geschossen und Brandpfeilen beschäftigt zu halten und einen Ausfall über die Zugbrücke zu verhindern.

Der weit größere Teil der Belagerer zog sich am halben Hang des Wirtschaftsteiles auseinander und begann, den Berg hinaufzusteigen. Schon am Nachmittag erfolgte der erste Sturm, genau auf die schwache Stelle; erst bei Einbruch der Dunkelheit brachen die Mainzer ihn ab.

Wieder dachte Philipp an Zacharias, aber er rief sich zur Vernunft. Es gab wohl hundert Leute im Land, die die Burg und die neuen Tore aus den letzten Jahren kannten, darunter auch solche aus Mainz. Der Feldhauptmann draußen verstand eben sein Handwerk, das war alles.

Der zweite Angriff erfolgte früh am nächsten Morgen. Über Nacht war eine mächtige Steinschleuder an den Abhang geschafft worden, und unter einem Hagel von Geschossen, der die Verteidiger zeitweise von den Mauern trieb, wurde sie gegenüber dem vermauerten Pförtchen in Stellung gebracht. Zur gleichen Zeit schafften andere Leute eine hölzerne Rampe heran.

Bald machte sich nun das ungleiche Zahlenverhältnis bemerkbar: draußen ließen sich die Getroffenen ersetzen, während jeder Verwundete drinnen fehlte. Nur für Augenblicke hörten die Einschläge auf; dann standen neue Leute an der Schleuder. Die Rampe schob sich unterdessen immer näher an den Burggraben heran, und nun begann das dünne Mauerwerk des Pförtchens unter den immer genaueren Einschlägen zu krachen. Außerdem wurden bei den Burgleuten die Geschosse allmählich knapp.

Es wurde sehr viel schneller ernst, als Philipp das für möglich gehalten hatte, und es wurde tödlicher Ernst. Er hatte am Abend doch die Pechpfannen aufstellen lassen, aber noch immer hatte er sich nicht zum Anzünden durchringen können. Jetzt hatte er keine Wahl mehr, doch als er eben den Befehl dazu geben wollte, durchbrach ein gewaltiger Steinbrocken das Mauerwerk des Pförtchens und riß ein Loch, in das unter einem nachfolgenden Steinhagel ein Teil der Füllung nachstürzte. Draußen erhob sich ein Jubelgeschrei.

Philipp zog seine Leute rechts und links von der Bresche zusammen, befahl einen letzten Geschoßhagel auf die Rampe und saß dann ab. Die Verteidigung der Bresche war seine Sache, gespielter Ritter oder nicht.

Doch in diesem Augenblick tauchte Zacharias auf. Als sei er niemals vermißt worden und als tobe nicht an der Mauer ein Kampf auf Leben und Tod, kam er vom Turm her über den Burghof, nicht einmal besonders eilig. Beim Kampfplatz angelangt, winkte er Philipp beiseite. »Laßt mich an die Bresche!« sagte er leise.

Dann trat er an das zerschossene Mauerwerk der Pforte, stieß noch einen Stein heraus und rief nach draußen: »Halt! Hört auf! Wir wollen verhandeln!«

Der Geschoßhagel ließ nach, und einer der Anführer trat

von der anderen Seite heran. Die Rampe war nun schon bis zum oberen Rand des Grabens vorgeschoben worden.

»Was willst du?« fragte der Mann; »und wer bist du? Wo ist der Burgherr? Verwundet?«

»Was schert mich der Burgherr?«, fragte Zacharias. »Wir wollen verhandeln. Aber dazu brauche ich jemand anderes.«

»Was soll das heißen?«

»Es ist vorhin lateinisch geredet worden, und das haben wir nicht verstanden. Wir wollen wissen, um welchen Preis wir hier herauskommen.«

»Das ist auf deutsch gesagt worden. Liefert den Burgherrn aus! Aber den haben wir gleich auch selber, wir brauchen dich nicht mehr.«

»Ich weiß nicht – das Pech siedet schon, und wenn wir nicht schnell machen, überlegen die von oben sich's anders; die waren nicht fürs Verhandeln. Ihr kommt billiger davon, wenn Ihr den Geistlichen herholt.«

»Warum den Geistlichen?«

»Weil wir's genau wissen wollen.«

Der Mann zögerte; dann wandte er sich um. »So ist das Volk heutzutage«, sagte er. »Holt den Hauptmann und den Geistlichen.«

Der Hauptmann war sehr bereit zum Verhandeln. »Wir haben schon viel zu viele Leute verloren«, sagte er, »so wütend, wie uns das befohlen worden ist, läßt kein verständiger Kriegsmann stürmen. Wir verlieren auch nichts mit einer Pause; die Bresche kriegen die nicht wieder zu. Ich wüßte bloß gern, wo der Burgherr steckt.«

Offenbar hatten auch andere nichts gegen eine Pause einzuwenden, denn es dauerte eine ganze Weile, bis der Geistliche herbeigeholt war. Er hatte zusammen mit seinem Begleiter außerhalb der Geschoßweite gestanden, das Kreuz hoch erhoben und von Zeit zu Zeit einen Psalm anstimmend.

»Wo ist der Burgherr?« fragte auch er. »Und wer bist du?«

»Ich soll verhandeln«, sagte Zacharias, die erste Frage übergehend, »wir wüßten gern, was vorhin auf Lateinisch gesprochen worden ist.«

Über den Kampfplatz hatte sich Stille gesenkt; Philipp, der innen mit gezogenem Schwert hart an der Mauer stand, suchte Bertrams Blick, und der schüttelte den Kopf.

»Es ist gesagt worden, daß Euer Herr ein arger Ketzer ist«, erklärte der Geistliche. »Einer, der vor das Gericht in Erfurt gehört.«

»Merkwürdig«, sagte Zacharias, »er sieht gar nicht so aus, und er war doch immer in der Messe! Was hätten sie in Erfurt mit ihm gemacht, wenn er gekommen wäre?«

»Sie hätten ihn verurteilt, denke ich.«

»Ach so. Und – verbrannt?«

»Vielleicht«, erwiderte der Geistliche vorsichtig. »Wie ist es, liefert ihr ihn aus? Ist er verwundet?«

»Ich muß mit den anderen beraten«, antwortete Zacharias. »Wenn er verbrannt wird ...«

»Das ist ja nicht sicher!« erklärte der Geistliche hastig.

»Ich muß dennoch die anderen fragen.«

Es ging eine Ruhe von Zacharias aus, als habe er Jahrhunderte Zeit, und sie war ansteckend. Draußen wurden Waffen aus der Hand gelegt, Sturmhauben abgenommen, Harnische gelockert. Man mußte Zacharias schon sehr genau kennen und jetzt so nahe bei ihm stehen wie Philipp, um zu sehen, wie angespannt er in Wirklichkeit die Minuten dehnte. Worauf wartete er?

Philipp wandte den Blick und sah zum Turm hinauf, von dem Zacharias hergekommen war. Dort oben lehnte der Türmer, von niemandem beachtet, aus dem Fenster seines Turmgemachs und starrte fieberhaft zum gegenüberliegenden Berghang hinüber, die Hand mit dem Horn halb erhoben. Und jetzt – jetzt setzte er das Horn an den Mund!

Alle, selbst Zacharias, fuhren zusammen, als plötzlich und triumphierend vom Turm das Signal erscholl, mit dem ein nahender Reitertrupp willkommen geheißen wurde, und als vom Waldrand her eine deutliche Antwort kam.

Der Geistliche hatte als erster begriffen. »Verräter!« schrie er, »Ketzer!«, und mit einem Sprung war er auf der Holzrampe und holte mit dem schweren Holzkreuz aus. Es traf Zacharias im Wegducken.

»Pfui über Euch!« schrie dieser zurück, »das Kreuz gegen Christenmenschen!«

Dann stürzte er, von Bertram aufgefangen und weggezogen, so daß Philipp in die Bresche treten konnte, gefolgt von seinem Knappen und einem dicht aufschließenden Haufen.

Ein Wutgeschrei und ein erneuter Hagel von Geschossen zeigten, daß man draußen den Burgherrn an seinem Schild erkannt hatte, und bei dem Handgemenge, das nun entbrannte, wußte jeder, daß diese Minuten über den Besitz der Burg entschieden. Es waren die einzigen Minuten, in denen Philipp jemals vergaß, daß er lahm war.

Doch dann lösten sich die Angreifer aus dem Kampf, von einem eigenen Signal zurückgerufen, und die Verteidiger konnten innehalten, um zuzusehen, wie sich draußen ein heranstürmender Haufe auseinanderzog: ein Teil folgte Meinhards silbernem Falken auf dem Weg hinauf zur Zugbrücke, während der andere unter dem blauen Balken, den Martin auf den Kreuzzug mitbekommen hatte, den Hang hinaufzuklettern begann.

Sie hatten alle drei bei Hannes geübt, diese Burg anzugreifen und zu verteidigen, Meinhard, Martin und er, und sie konnten sich aufeinander verlassen. Fast war es ein Spiel, den Augenblick einzuschätzen, in dem der Befehl zum doppelten Ausfall gegeben werden mußte: zum berittenen Angriff von oben über die rasselnd heruntergekommene Zugbrücke und zu einem zweiten, gleichzeitigen aus der Bresche heraus über die vom Gegner gelegte Rampe hinweg, den Berg hinunter.

»Laßt sie entkommen!« schärfte Philipp seinen Leuten ein, als er sie zu diesem Ausfall zu Fuß entließ, bei dem er sie nicht anführen konnte. »Für jeden weiteren Erschlagenen sind wir dem Erzbischof Rechenschaft schuldig.«

Sie trafen sich an der Bresche, Meinhard, Martin und er;

lachend und triumphierend die beiden Neuankömmlinge, Philipp grenzenlos erleichtert und erschöpft.

»Dein Bote hätte keinen Augenblick später kommen dürfen«, sagte Meinhard, nachdem sie sich umarmt hatten. Er begann zu lachen. »Ich dachte ja immer, ich würde diese Wälder kennen, aber der Bursche, den du geschickt hast, der hat uns wirklich über Stock und Stein gehetzt, wo ich noch nie gewesen bin. Es käme auf jeden Augenblick an, sagte er drängend, und für ihn selbst auf drei Silberstücke, die er erst erhalte, wenn wir rechtzeitig einträfen. Das habe ihm ein seltsamer Mann aus der Burg fest versprochen und zur Bekräftigung den Geldsack verlockend hin und her geschwenkt. Meinhard lachte wieder. »Das mit den Augenblicken stimmte wahrhaftig!«

»Das mit den drei Silberstücken auch«, sagte Philipp, »den Boten hatte freilich nicht ich geschickt, sondern jemand, der klüger war als ich. Aber ich weiß, wer es war, und ich muß jetzt als erstes nach ihm sehen. Verzeiht!«

Zacharias hatte den Schlag besser überstanden, als es zuerst ausgesehen hatte. Philipp fand ihn bei den Verwundeten, die er bereits versorgt hatte.

»Zacharias«, sagte er, »du sollst das Heimfluchtrecht auf dieser Burg haben, solange du lebst, wann und woher auch immer du kommst, flüchtig oder freiwillig, so als wärst du hier als freier Mann geboren. Was du heute getan hast, kann ich dir mit nichts vergelten, aber vielleicht hast du noch einen anderen Wunsch?«

»Danke«, erwiderte der seltsame Mann, und es war ihm anzusehen, daß er sich freute, »es ist gut, daß Ihr das gerade jetzt sagt, denn ich will nun fort. Und ich brauche nichts.«

»Fort? Jetzt?«

»Der Bruder Ansfried wird Euch einen anderen Pfleger schicken; ich gehe am Kloster vorbei.«

»Aber warum denn fort, Zacharias?«

»Ich wollte von Anfang an nicht lange bleiben.«

»Aber wohin willst du denn?«

»Ich weiß noch nicht. Vielleicht zu den Minderen Brüdern, denn dort gehöre ich wohl hin«, sagte Zacharias.

Er stand schon aufbruchsbereit an der Tür, als er sich noch einmal umwandte und zu Philipp zurückkam.

»Ich wollte Euch noch etwas sagen«, erklärte er zögernd. »Das Versprechen, das Ihr Eurem Vater gegeben habt – das seid Ihr nun los. Und das mit der Heimflucht – dafür danke ich Euch.«

Eine ganze Weile später trug sich eine merkwürdige Begebenheit zu. In einem entlegenen Winkel der Grafschaft unterwegs, wurde Bertram von einem schweren Gewitter überrascht und suchte in einem kleinen Weiler Zuflucht für die Nacht. Die beiden alten Bauersleute kannten ihn, und die Frau bereitete ihm respektvoll das Abendessen am Tisch in der Stube. Doch als Bertram mit dem geschmälzten Hirsebrei fertig war, rückten beide zu ihm an den Tisch, und auch der Knecht fand sich ein. Offensichtlich war die kleine Runde von Neugier geplagt.

»Wir würden gern etwas wissen«, hob der Bauer denn auch an, »und weil Ihr vom Schwarzenstein kommt, könnt Ihr es uns vielleicht sagen. Ist der seltsame Zacharias noch dort?«

Bertram schüttelte den Kopf. »Der ist schon lange auf Nimmerwiedersehen verschwunden. Er hat sich ja damals bei dem Sturm auf die Burg sehr verdient gemacht, und der Graf hat große Stücke auf ihn als Spitalmeister gehalten. Schade um ihn! Warum fragst du?«

»Weil wir gern wüßten, ob sein Geheimnis noch herausgekommen ist«, versetzte der Alte.

»Nicht daß ich wüßte. Was für ein Geheimnis denn?«

»Na – daß er doch ein Sohn vom alten Grafen war!« erklärte der Bauer und schlug sich in derbem Vergnügen auf die Schenkel. »Hat er das nicht erzählt? Das sieht ihm ähnlich! Freilich, so etwas behält unsereiner besser bei sich, sonst gibt's Ärger!«

»Woher wißt Ihr das?« fragte Bertram betroffen.

»Na, woher wohl? Weil es sich unter diesem Dach zugetragen hat! Der Graf kam ebenso wie Ihr heute bei Gewitter hier herein und – na, die Magd, die wir damals hatten, war jung und hübsch, und da hat er sie auf die Kammer verlangt. Der war nicht zimperlich, der vorige Herr, oh nein!«

Die ganze Runde lachte schallend.

»Hat denn der Zacharias das gewußt?« erkundigte sich Bertram.

»Aber ja! Deswegen wollte er doch fort von hier, der seltsame Bursch! Aber ehe er geht, hat er gesagt, sieht er sich oben auf der Burg den jungen Grafen an, weil der ja sein einziger Bruder ist. Und nun ist er also fort, so so!«

Bertram brauchte nach seiner Rückkehr auf den Schwarzenstein ein paar Tage, bis er Philipp diese Geschichte erzählen konnte.

»Mein Bruder?!« fragte der und vergrub das Gesicht in den Händen. »Und ich habe ihn gehen lassen!«

Viele Jahre, sein ganzes Leben lang, suchte er in allen Franziskanerklöstern Deutschlands und Italiens nach einem Mann namens Zacharias, der aus Thüringen kam, sich auf die Krankenpflege verstand und sich dabei vielleicht auf medizinische Lehrbücher berief. Aber er fand keine Spur. Zacharias war und blieb verschwunden.

Nach dem Sturm

Doch dies hatte sich viel später zugetragen. Zunächst einmal verging Meinhard und Martin das Lachen, als sie am nächsten Morgen den Kampfplatz an der Bresche besahen und von Philipp über die Ereignisse der letzten Zeit unterrichtet wurden. Martin war sofort mit Plänen für eine neue, gründliche Befestigung der Burg bei der Hand.

»Und mein Eid gegen Landgraf Ludwig?« fragte Philipp.

»Der ist mit dem Ende des Kreuzzugs erledigt«, erklärte Martin. »Jetzt gelten wieder die Spielregeln von früher. Wir müssen uns ja gegen jemanden wehren, der offenbar nicht gerade zimperlich ist.«

Meinhard gab ihm recht. »Der Kaiser bleibt vorerst in Italien«, sagte er, »und hier in Deutschland ist die Lage unübersichtlich. Sieh zu, daß du unangreifbar bist; im Zweifelsfall hilft dir keiner.«

Philipp nickte. Doch dann fragte er plötzlich, als komme er jetzt erst nach einem bösen Traum ganz zur Besinnung: »Wo kommst du überhaupt her, Meinhard?«

Die beiden anderen lachten. »Wach auf, Philipp!« rief Meinhard gutmütig, »ich bin schon seit gestern hier! Und vielleicht habe ich mit meiner Pünktlichkeit gestern eine alte Unpünktlichkeit gutgemacht.«

»Da war nichts gutzumachen«, sagte Philipp, »aber wieso bist du in Deutschland, wenn der Kaiser in Italien ist?«

»Ich bin halt mal wieder sein Bote«, erläuterte Meinhard. »Der Kaiser erledigt gegenwärtig alles von Norditalien aus, was während des Kreuzzugs in Deutschland aufgelaufen ist. Ich bin schon kurz hinter Ravenna zu Martin gestoßen; deshalb kamen wir gestern so passend zu zweit.«

»Ja, richtig – Ravenna!« In Philipps Gedächtnis riß etwas auf. »Warte! Ich muß erst wieder begreifen, daß es die Welt draußen tatsächlich noch gibt; ich hatte ja schon mit ihr abgeschlossen! Da kam doch eine Einladung zu einem Hoftag nach Ravenna, nicht wahr? Sie hat mich noch erreicht, kurz bevor die freundlichen Gesellen des Herrn Konrad vor meiner Burg vorstellig wurden. Dann aber habe ich sie gründlich vergessen. Sei so gut und bring mich aufs laufende! Werden viele von den Fürsten in Ravenna erwartet?«

»Oh ja, und sie kommen gern!« erwiderte Meinhard. »Ein starker Kaiser in Italien und ein schwacher König in Deutschland – das ist ihnen recht. Und wenn der König nicht schwach genug ist, dann helfen sie halt nach. Hast du vielleicht auch noch nichts von der Sache in Worms gehört?

Nein? Da haben sie König Heinrich ein Statut, ein königliches Gesetz, abgezwungen, wie es ein König eigentlich nicht unterschreiben dürfte: er verzichtet in ihm ausdrücklich auf Königsrechte, die es ihm erlauben würden, die Städte gegen die Fürsten zu stützen – und du weißt ja, wie sehr ihm gerade das am Herzen gelegen hat. Sie haben ihm den Verzicht auf seine ureigene Politik abgenötigt. Aber er hat auch keine glückliche Hand mit den Fürsten, der König!«

»Immerhin kommt es endlich in Ravenna zu einem Gespräch zwischen ihm und dem Kaiser«, sagte Philipp, nun ganz in die Gegenwart zurückgekehrt, »zum ersten Mal seit zwölf Jahren! Wie soll er denn eine glückliche Hand haben, wenn sein Vater sich nicht mit ihm abstimmt!«

»Woher willst du denn wissen, daß es zu einem Gespräch zwischen beiden kommt?« fragte Meinhard dagegen. »Der König ist zwar nach Ravenna befohlen worden – aber ob er kommt?«

»Befohlen?! Lädt man denn die Fürsten und befiehlt dem König?!«

»Ach, Philipp! Du weißt es doch! Der Kaiser sieht in dem König nur seinen Sohn. Und einem Sohn kann der Vater eben befehlen.« Meinhard schwieg einen Augenblick und fuhr dann fort: »Erinnerst du dich noch an das Bankett in Frankfurt vor dem Aufbruch des Kaisers nach Italien? An unser Gespräch danach? Damals hast du mich gefragt, ob man sich bei dem Kaiser ein ›wir‹ vorstellen könne. Ein ›wir‹, das seinen Sohn mit einschließen würde? Man kann es nicht! Wie oft habe ich an deine Frage denken müssen! Und auch an den Abend unseres kleinen Pfingstturniers, als du dich so über deinen Vater erregtest. Langsam verstehe ich, daß dich das Verhältnis des Kaisers zum König aufreibt.«

»Das des Vaters zu seinem Sohn«, ergänzte Philipp, »doch, das treibt mich wahrhaftig um!«

»Und dennoch«, sagte Meinhard mit einer fast trotzigen Entschlossenheit, »und dennoch wüßte ich auch jetzt noch nichts, was mich von der Seite des Kaisers wegbrächte. Ich bleibe bei ihm – solange meine Kräfte reichen!« Unvermittelt verließ er die Freunde, ohne ein weiteres Wort zu sagen.

Seltsam berührt von diesem Abgang und dem merkwürdigen Schlußsatz des Freundes, wandte sich Philipp dem anderen treuen Heimkehrer zu. »›Solange meine Kräfte reichen‹, was meint er damit?« fragte er Martin. »So etwas kennt man doch gar nicht bei Meinhard.«

»Ich bin ja eine ganze Weile mit ihm zusammen geritten«, erwiderte Martin, »in dieser Zeit hatte er einen schweren Fieberanfall. Vielleicht meint er das.«

»Fieber?« fragte Philipp erschrocken. »Aber doch nicht das Sumpffieber, die Malaria?«

»Ich weiß es nicht sicher«, antwortete Martin bedrückt, »aber es sah ganz danach aus. Meinhard tat das so nebenbei ab, aber er erzählte doch, daß er seit dem Kreuzzug schon manchmal Fieber bekommen habe.«

Auf dem Schwarzenstein wurde nun schnell, aber gründlich gebaut: ein zweiter Mauerring, der den neuen Wirtschaftshof und den Wachtturm in die Verteidigungsanlagen einbezog, stand bald in seinen Grundzügen und wurde, immer mit dem Blick auf einen möglichen neuen Angriff, zügig ausgebaut und befestigt.

Aber der neue Angriff kam nicht. Es war, als warte man bei einem Gewitter nach einem Blitz auf den Donner – aber nichts geschah. Wo blieben die Kriegstruppen des Mainzer Erzbischofs, wo die Erfurter Ketzerrichter, wo die Vorladung der Landgrafen, deren Landfrieden immerhin schwer gebrochen war, wo – und sei es nur der Form halber – das Hofgericht des Königs oder gleich des Kaisers zur Verantwortung des Majestätsverbrechens? Hatte Herr Konrad von Marburg die Hände in den Schoß gelegt?

Der einzige Besuch, der in dieser Zeit kam, war Herr Georg Kerlinger, und er ließ vorher durch einen Boten sagen, er werde erst bei Dunkelheit einreiten.

»Ich habe gute Gründe dazu«, sagte er, als er spät am

Abend seine nassen Kleider gewechselt und sich im Wohngemach zum Wein eingefunden hatte. »Denn wir Kerlingers sind in Erfurt nicht nur Kaufleute, sondern auch Geistliche, und es kann in diesen Zeiten nichts schaden, wenn in einer Familie die Rechte nicht immer weiß, was die Linke tut. Es muß niemand wissen, daß ich hier bin. Aber ich kann meine Handelsverbindungen nicht einfach den Händeln im Reich opfern. Und, unter uns gesagt, ich bin Euch dankbar für Euren Widerstand gegen den Ketzerjäger, Herrn Konrad. Wißt Ihr übrigens, daß nach dem Gerichtstag in Erfurt, zu dem Ihr geladen wart, vier Scheiterhaufen gebrannt haben? Der Eurige wäre der fünfte gewesen.«

»Und wer weiß«, erwiderte Philipp schaudernd, »wen diese vier Unglücklichen aus Angst unter der Folter beschuldigt haben? Aber ich fürchte, Herr Konrad wird auf meinen Scheiterhaufen nicht so leicht verzichten.«

Herr Kerlinger wiegte den Kopf. »Vom Mainzer Erzbischof bekommt er den weltlichen Arm nicht so schnell wieder gegen Euch geliehen. Es würde mich nicht wundern, wenn der Erzbischof trotz der hohen Verluste mit diesem Ausgang zufrieden ist, auch wenn er sich hüten wird, das zu sagen. Und auch sonst dürft Ihr sicher sein, daß Euch so manch einer insgeheim dankbar ist, allen voran der König; dem habt Ihr einen großen Gefallen getan!«

»Meint Ihr?« Philipp hütete sich, ein Wort von der Absprache mit dem Hof verlauten zu lassen.

»Das ist es ja«, fuhr Herr Kerlinger fort, »jeder wünscht Herrn Konrad zum Teufel, falls man einen solchen geistlichen Hitzkopf dorthin wünschen darf; aber niemand wagt es zu sagen. Jetzt, da die Landgräfin tot ist ...«

»Das weiß ich ja noch gar nicht!« Philipp fuhr auf. Er brauchte eine ganze Weile, bis er weitersprechen konnte. »Die Landgräfin ist tot?«

Eine rasche Folge von Bildern wollte ihn bestürmen, aber nur ein einziges blieb haften: Die Bank im Garten der Pfalz in Eisenach, die beiden Kinder darauf, Ludwig und Elisabeth. »Was wäre aus dir geworden, wenn du armer Leute

Kind gewesen wärst –?« hatte Elisabeth gefragt. Mechanisch wiederholte er die Frage. ›Was wäre aus mir geworden, wenn ich armer Leute Kind gewesen wäre?‹ Der letzte, heftige Wortwechsel vor der Pforte des Spitals in Marburg fiel ihm ein. »Was wäre aus mir geworden, wenn ich jetzt nicht eine Burg zwischen mir und Herrn Konrad von Marburg gehabt hätte?« fragte er laut. »Und was wird aus den Armen – jetzt, da die Landgräfin tot ist?«

»Das sind zwei verschiedene Fragen, und Herr Konrad scheidet sie säuberlich«, erwiderte sein Gast mit grimmiger Derbheit. »In Glaubenszweifeln haben die Armen ihr Maul zu halten, oder sie werden verbrannt. Wenn sie sich aber mit Trost begnügen, dann finden sie den am Grabe der Landgräfin, und Herr Konrad verwaltet ihn. Dort geschehen täglich Wunder, und die Menschen strömen deswegen nach Marburg.«

»Und finden dort Herrn Konrad?« fragte Philipp. »Was für ein düsterer Trost! Und wie hell war sie selbst!«

»Es ist ja auch noch anderes düster«, erwiderte Herr Kerlinger, den offensichtlich seine eigenen Sorgen plagten, »und es hängt alles untereinander zusammen. Zum Beispiel spielen der Kaiser, der König und die Fürsten eine Art Würfelpartie mit uns Städtern und Kaufleuten, daß wir nur so tanzen. Am einen Tag erläßt der König Freiheitsbriefe für die Bürger von Lüttich und Worms, am nächsten beschweren sich die Fürsten darüber beim Kaiser, am dritten befiehlt der Kaiser seinem Sohn, die Privilegien zu widerrufen, und am vierten erläßt der sie wieder neu. Und bei dem Hü und Hott sollen wir Handel treiben!«

Philipp schenkte nach und lehnte sich in seinen Sessel zurück. »Wenn Ihr wünschen könntet, was müßte dann geschehen?« fragte er gespannt. Von der politischen Seite kannte er Herrn Kerlinger noch nicht, obwohl der seit langem vom Gläubiger zum Partner geworden war.

»Dann müßte der Kaiser entweder selbst kommen und hier im Reich jedem das Seinige geben, statt immer nur von Italien aus den Fürsten das Ihre!« erwiderte Herr Kerlinger mit einer Hitze, die nicht vom Wein kam. »Oder aber er müßte dem König freie Hand geben, daß er uns Städter gegen die Fürsten stützt und diesen Ketzerjagden ein Ende macht. Aber das tut der Kaiser nicht, das kann er nicht, weil er die Fürsten braucht. Und wenn er's könnte, täte er's doch nicht, weil er die Städte überhaupt nicht mag. Die italienischen Städte mag er ohnehin nicht, weil die immer wider den Stachel löcken und weil aus denen die klugen Juristen kommen, die den Päpsten so scharfsinnig gegen ihn helfen. Aber auch hier in Deutschland läßt er es zu, daß die Fürsten uns Bürger in ihren Rechten beschneiden. Als ob man auf die Dauer aus den Bürgern das Geld herausholen könnte, ohne ihnen gleichzeitig Freiheit zur Entfaltung zu geben!«

Philipp lernte staunend dazu.

»Und der junge König?« fragte er. »Was haltet Ihr von dem?«

»Vom König? Nun, der weiß, was die Freiheiten der Städter für das Gemeinwohl wert sind, und er weiß das, weil er die neuen Bestrebungen und Entwicklungen hier in Deutschland miterlebt. Wenn ich könnte, würde ich ihn so hart schmieden, wie sein Vater es ist und wie sein Großvater und sein Urgroßvater es waren! Und dann würde ich ihm klarmachen, daß er König in diesem Land ist, und daß die Zeiten sich ändern. Aber er ist nicht so hart und wird es nie sein, und er wird sich selbst und uns nicht aus diesen Verstrickungen lösen, weil er weder gegen die Fürsten noch gegen seinen Vater einen Stand hat!«

König Heinrich von Hohenstaufen

Als Philipp endlich doch eine Ladung bekam, war der Mauerbau so weit fortgeschritten, daß er ihr ohne Sorge um die Burg folgen konnte. Martin bestand aber darauf, ihm eine Begleitung mitzugeben, die es mit jeder zufällig oder absichtlich des Weges kommenden Truppe aufnehmen konnte.

»Ich trau es dem Kerl zu«, sagte er, »daß er dich hier einfach herauslockt, um dich und die Burg getrennt voneinander in seine Hand zu bekommen. Und wenn ich nicht deshalb hierbleiben müßte, käme ich am liebsten selber mit.«

Es war aber richtig und ordentlich eine Ladung zum König, und zwar ganz in die Nähe, in die staufische Pfalz von Altenburg, und sie war so höflich abgefaßt, daß kein Zweifel möglich war: das war eine Einladung und keine Vorladung.

Es mochte nun ungefähr sieben Jahre her sein, daß Philipp den jungen König mit der Prinzessin Agnes von Böhmen unter dem wilden Holunder des Hochsommers und dann mit der Prinzessin Margarete von Österreich an der Hochzeitstafel in Nürnberg gesehen hatte. Seither hatte er ihn zwar regelmäßig, aber doch immer nur kurz getroffen.

In Altenburg angekommen, wurde er in ein Vorgemach geleitet, und man bat ihn, einen Augenblick zu warten; der König verabschiede noch einen Besuch. Und wirklich dauerte es nicht lange, bis sich die Tür öffnete und dieser selber erschien.

»Verzeiht!« sagte er mit großer Herzlichkeit, »ich habe mich auf Euer Kommen gefreut und bedaure, daß ich nicht sofort ... Aber kommt!«

König Heinrich von Hohenstaufen erinnerte Philipp jetzt, da er erwachsen war, noch weit mehr als der Kaiser an jenen ersten Staufer, den er nie ganz vergessen hatte, an König Philipp von Schwaben, den königlichen Ritter. Nur, daß König Heinrich viel jünger war als dieser damals, ungefähr einundzwanzig Jahre alt.

Er führte Philipp mit einer Höflichkeit, die weit entfernt von der kühlen Strenge seines Vaters war, in sein Gemach, und auch dieses wies ihn als einen Ritter von höfischer Sitte aus. Es war mit hellen Wandteppichen ausgekleidet, die in farbiger Stickerei und Webarbeit Jagd- und Kampfszenen zeigten; Tische und Truhen waren aus glänzendem Holz, die ledernen Sitze der Faltsessel fein gegerbt; Gerät mit schöner Goldschmiedearbeit stand bereit, und in den tiefen Nischen der Bogenfenster gaben fellbedeckte Bänke den Blick auf Burghof und Garten frei. Der Fußboden und der erhöhte Estrich an der gegenüberliegenden Wand, auf dem wohl später getafelt wurde, war mit frischem Laub bestreut. Bei ihrem Eintritt lief ihnen ein Jagdhund entgegen, unverkennbar aus der gleichen Zucht, aus der sich Philipp unlängst Baran den Dritten geholt hatte – ehrlich bezahlt diesmal, denn er konnte sich ja nicht alle seine Hunde von Meinhard stehlen lassen.

Diese Heiterkeit der Lebensart hatte Hannes an der ritterlichen Welt geliebt, und wenn Herr Georg Kerlinger die Zeiten düster nannte, so traf das nicht auf die Lebensformen der Reichen und Mächtigen zu, und schon gar nicht auf das Leben an den staufischen Höfen.

Ein Page stellte gerade neue Weingläser auf einem eilends freigeräumten Tisch bereit und hob nun eine Laute auf, die neben einem Sessel auf den Teppich geglitten war. Der König selbst bückte sich nach ein paar Rosenblättern, die auf dem Wege zu einer rückwärtigen Tür verstreut lagen, und auch ohne den leichten Ambrageruch im Zimmer war deutlich, daß sein vorheriger Gast eine Dame gewesen war.

Jedermann im Reiche wußte, daß diese Dame schon lange nicht mehr die Königin war, und daß nur die Vermittlung der Fürsten einen Skandal im Reiche verhindert hatte. Denn der König hatte sich von der Königin trennen und zu Agnes von Böhmen zurückkehren wollen, und bei dem Zorn des Kaisers wäre aus der Sache wohl dennoch ein Skandal geworden, wenn Agnes nicht dem König zuliebe diesen unentwirrbaren Knoten auf ihre Weise gelöst hätte und ins Kloster eingetreten wäre. Seitdem lebte König Heinrich, knapp dem politischen Selbstmord entgangen, ohne Bindung, und falls jemand wußte, wie ihm dabei zumute war, dann gewiß nicht sein Vater.

Der König war ans Fenster getreten und ließ die Rosenblätter aus seiner Hand fallen. Philipp mußte an die Verse denken, die Bertram inzwischen aus dem Werk des Herrn Wolfram von Eschenbach für ihn abgeschrieben hatte. »Kannst du Minne beschreiben?« fragte in ihnen neugierig das Mädchen und ließ sein Spielzeug aus der Hand gleiten. Wie mochten Heinrich und Agnes die Antwort auf diese Frage erfahren haben, ehe sie sich trennten?

Als habe der König die Gedanken seines Gastes erraten, kam er zum Tisch zurück, nahm die Laute auf und blieb vor Philipp stehen.

»Meine Räte haben mir eingeschärft«, sagte er, »daß ich Euch vor allem für das Zeichen zu danken habe, das Ihr gegen Herrn Konrad von Marburg gesetzt habt, und ich will das gewiß nicht gering achten. Doch zur Politik kommen wir ohnehin gleich; vorher noch möchte ich Euch sagen, daß Herr Walther von der Vogelweide gestorben ist. Er hat hin und wieder von Euch gesprochen.«

»Gestorben?« rief Philipp und brauchte wieder einen Augenblick, bis er Worte fand. »Wenn ich von einer Krankheit gewußt hätte, wäre das einen Ritt nach Franken wert gewesen!«

Der König nickte. Dann legte er die Laute aus der Hand, zog sich einen Sessel heran und sagte müde: »Es gäbe manches, das einen raschen Ritt wert wäre. Aber man wird nicht gefragt, wohin man reiten möchte. Wir werden zur Politik kommen müssen, wegen der mich Herr Walther übrigens einmal schwer gescholten hat. Aber nicht nur er: Ihr wißt, daß mein Vater mich im Frühjahr über die Alpen nach Aquileja befohlen hat? Nachdem ich im vergangenen Herbst keine Lust hatte, nach Ravenna zu reiten, wie er es wollte?«

Philipp nickte. Er wußte inzwischen von Meinhard, daß König Heinrich die Ladung seines Vaters nach Ravenna wirklich in den Wind geschlagen hatte. »Das sind keine guten Nachrichten!« fügte er hinzu.

»Nein. Aber nach Aquileja mußte ich nun reiten, ob ich

wollte oder nicht, und das hat mir immerhin das erste Wiedersehen mit dem Kaiser seit zwölf Jahren gebracht. Ich war ja ein Kind von neun Jahren, als er mich hier in Deutschland zurückgelassen hat.«

»Ich weiß, und ich erinnere mich genau an den Abschiedstag. Aber was ist nun im einzelnen in Aquileja geschehen?«

Der König machte eine resignierende Bewegung. »In Aquileja hat es das Zornesgericht des allmächtigen Cäsar über einen Unbotmäßigen gegeben, statt eines ersten ruhigen Gesprächs des Kaisers mit dem deutschen König. Ich hatte eben geglaubt, dieser brauche nicht, wie die Fürsten, herbeigeeilt zu kommen, wenn der Kaiser ruft. Aber ich habe erfahren, daß der deutsche König noch viel schneller als die Fürsten kommen muß, weil er ja nur der Sohn und das Werkzeug des Kaisers ist.«

»Nur der Sohn – und nur das Werkzeug –«. Das rührte bei Philipp an eine alte Narbe.

»Und warum wart Ihr dem Ruf nach Ravenna vom Herbst nicht gefolgt?« fragte er.

»Weil ich wußte, was der Kaiser einerseits und die Fürsten andererseits von mir wollten. Dem Kaiser sollte ich Rechenschaft über das Statut zugunsten der Fürsten und zuungunsten der Königsrechte ablegen. Es ist wahr, ich habe es mir abringen lassen, gegen meine eigene Städtepolitik; aber er hat gut reden mit seinem Sizilien im Rücken! Ja, und die Fürsten? Die wollten das Statut natürlich von ihm bestätigt haben, und sie wollten mich dazu vorführen lassen.«

»Und?!« fragte Philipp, die Etikette vergessend. Man konnte sich ja ungefähr vorstellen, wie ein Kaiser reagiert, wenn sein Sohn ihn dazu zwingt, den Fürsten Rechte einzuräumen, die er selbst ihnen bisher bei aller Beteuerung seiner Gnade eben nicht eingeräumt hat.

»Und? Der zweite Teil kam nach Aquileja, in Cividale. Dort hat er das Statut bestätigt – so klug abgeschwächt, wie ich es eben nicht fertigbekommen habe, aber doch bestätigt.

Und dann hat er mich vorgeführt. Unter die Gnade der Fürsten hat er den deutschen König geduckt, weil der ja nur sein Sohn ist, den er nicht braucht. Die Fürsten dagegen braucht er verzweifelt, und weil er außerdem den Papst braucht, hat er ein politisches Bündel geknotet: Ich darf in Zukunft nur noch Politik nach den Wünschen der Fürsten machen, und wenn ich mich nicht an diese halte, darf und muß der Papst mich in den Bann tun. Die Fürsten brauchen ihm nur zu sagen, wann es nach ihrer Meinung so weit ist.«

»Aber das ist doch ein Bündel, in das der Kaiser sich selbst mit eingeknotet hat«, erwiderte Philipp erschrocken, »denn was kann er für ein Interesse daran haben, den deutschen König den Fürsten und dem Papst zu opfern?«

»Er hat nur ein einziges Interesse: daß der deutsche König stillhält und um Himmels willen keine Königspolitik macht. Aber wißt Ihr...«

Der König sprang auf und begann, im Zimmer auf und ab zu stürmen. »Wißt Ihr, was fürchterlich ist? Wenn man weiß, daß man die Politik machen will, die der Kaiser eigentlich machen müßte – denn natürlich weiß er, daß man hier in Deutschland die Städte gegen die Fürsten stützen muß; warum hätte er sonst jahrelang dem Kanzler freie Hand dabei gelassen? Und wenn man sie nicht machen darf, weil der Kaiser sie sich nicht leisten kann! Aber was kann er sich denn leisten? Das will ich wenigstens fragen dürfen!« Er hielt inne und wanderte dann weiter, auf und ab. »Natürlich, er hofft, seine Herrschaft so fest zu gründen, daß er später einmal auch hier in Deutschland die Dinge in ein anderes Fahrwasser steuern kann. Deshalb mußte ich ja diese unselige Ehe eingehen: um einer staufischen Hausmacht von Wien bis ins Elsaß willen, die nach sizilischem Vorbild verwaltet werden soll. Von der aus hätte er es mit den Fürsten aufnehmen können, und deshalb habe ich ihm mit diesem verdammten Statut natürlich etwas verdorben, ich weiß es ja selber!«

Der König blieb einen Augenblick stehen; dann nahm er seine Wanderung durch das Zimmer wieder auf. »Das ist sein Plan – oder vielmehr, das könnte sein Plan sein, denn natürlich hat er seinen Sohn keines Gespräches über seine Pläne gewürdigt! Aber, glaubt mir, er täuscht sich! Ihr habt recht, er hat sich in das Bündel selbst mit eingeknotet, und er wird es niemals lösen können. Er wird sie alle gegen sich haben – den Papst, die Fürsten, die Städte. Er kennt in seinem kaiserlichen Hochmut ja nicht einmal seine Gegner, aber er wird an ihnen scheitern! An den Städten wird er scheitern, weil er nur ihr Geld will und ihnen dafür keine Freiheiten gewährt. Weiß er denn nicht, wie die lombardischen Städte uns Staufer hassen, noch von seinem Großvater Barbarossa her? Und diesen Haß sollte der Papst nicht schüren und ihn nutzen, um sich diesen Kaiser vom Halse zu schaffen, der ihm die Luft abschnürt? Vielleicht nicht heute und nicht morgen, aber übermorgen!«

Der König hielt inne, griff nach der Lehne seines Sessels und ließ sich hineinfallen. Dann sagte er mit einem Versuch, sein Gegenüber anzulächeln: »Verzeiht! Aber hätte mein Vater mich doch nur nicht die ganzen Jahre von einem Fehler zum nächsten stolpern lassen, ohne ein einziges Mal mit mir zu sprechen! Wenn ich nicht so unsicher gewesen wäre, dann hätte ich mich auch nicht so ducken lassen.«

Philipp fand sich plötzlich neben dem Sessel des Königs kniend. So ruhig er konnte, sagte er: »König Heinrich, ich habe auch einen übermächtigen Vater gehabt. Darf ich Euch etwas sagen?«

Der König sah ihn fragend an.

»Ihr habt etwas gesagt, das nicht zutrifft«, fuhr Philipp fort, »und Ihr müßt das wissen. Ihr habt gesagt, der Kaiser brauche Euch nicht. Aber er braucht Euch dringend! Er wird eines Tages erkennen, daß nur Ihr sein Werk fortsetzen könnt, wenn auch auf Eure Weise. Auch der Kaiser kann nur mit den Menschen arbeiten, die er hat.«

»Ihr wart der einzige Sohn, nicht wahr?« fragte der König dagegen. »Natürlich, sonst hätte man Euch nach Eurem Unfall der Kirche übergeben. Es war für Euch gewiß nicht ganz einfach!«

»Nein. Aber ich war eben der einzige Sohn, und mein Vater brauchte mich, als er alt wurde.«

»Leider«, sagte der König ruhig, »leider habt Ihr eben etwas Unrichtiges gesagt, nicht ich. Mein Vater braucht mich nicht, denn er hat einen anderen Sohn.«

»Aber seine italienischen Söhne sind hier doch nicht erbberechtigt!«

»Er hat inzwischen auch einen legitimen Sohn. Von seiner zweiten Gemahlin. Konrad ist jetzt vier Jahre alt und bringt über seine Mutter, die freilich kurz nach seiner Geburt gestorben ist, die Königskrone von Jerusalem ein. Ich habe ihn in Cividale gesehen, er ist ein hübscher Junge, und der Kaiser läßt ihn nicht von seiner Seite.«

»Aber der Kaiser kann doch nicht – er wird doch nicht ein zweites Mal ein Kind nach Deutschland schicken!« sagte Philipp entsetzt.

»Er kann und er wird alles tun, um die Hände für Italien freizubekommen.« Und fast träumend fuhr König Heinrich fort: »Ich war einmal sizilischer König, und als ich hierher kam, konnte ich kein Wort deutsch. Ich kann es mir kaum noch vorstellen, sie haben's mir erzählen müssen! Und heute möchte ich nichts anderes mehr sein als deutscher König – wie seltsam das ist. Freiwillig setze ich jetzt keinen Fuß mehr nach Italien! Aber ich bin deutscher König nur von des Kaisers Gnaden, das weiß ich nun.«

»Und durch Eure eigene Einsicht«, sagte Philipp drängend. »König Heinrich, laßt Euch um Mäßigung bitten! Geduldet Euch jetzt, Eure Zeit kommt ja noch; es kommt alles darauf an, daß jetzt nicht etwas im Zorn geschieht, was nicht wieder gutzumachen ist.«

»Geduld? Mein Vater ist ja nur sechzehn Jahre älter als ich, da bräuchte ich viel Geduld«, erwiderte der König, »und die Luft hier in Deutschland wird jetzt schon knapp. Soll ich ein Leben lang zusehen, wie vermeintliche Ketzer verbrannt werden, und auch noch meinen Namen dafür hergeben? Soll ich alle Gelegenheiten verstreichen lassen, dieses unglückselige Statut wieder abzubauen? Und darauf warten, daß irgendwann einmal der Kaiser kommt und mich beiseite schiebt und alles heil macht? Und womit? Mit einem Zauberstab vielleicht?«

Er hielt inne, so daß Philipp fragen konnte: »Aber was wollt Ihr statt dessen tun?«

Der König zupfte ein letztes Rosenblatt unter dem Tisch hervor und zerrieb es zwischen den Fingern. »Weitermachen wie bisher, denke ich«, sagte er abwesend.

Dann zog er sich mit einem Ruck in seinem Sessel hoch. »Wir müssen endlich zu den Geschäften kommen, derentwegen ich Euch hergebeten habe!« sagte er hastig. »Ich bin mit den Räten einer Meinung: Mit Eurem Widerstand gegen Herrn Konrad habt Ihr mich zu großem Dank verpflichtet. Aber seit dem Tode der Landgräfin, seit er auch der Form nach oberster Ketzerrichter im Lande ist, wütet der Mann erst richtig, und weder Papst noch Kaiser gebieten ihm Einhalt. So kann es nicht weitergehen . . . !« Er hielt inne.

»Wem sagt Ihr das?« fragte Philipp seufzend, »aber wie wollt Ihr das verhindern?«

»Darf ich Euch nach Tisch zu einem Gespräch mit meinen Räten bitten?« erwiderte der König. »Ich möchte ihnen nicht vorgreifen . . . «

Es dauerte diesmal lange, bis wieder ein Lebenszeichen von Meinhard kam, aber als schließlich ein Bote von ihm eintritt, kam dieser nicht aus Italien, sondern fast aus der Nähe, nämlich aus Marburg. Er sprach kurz mit Philipp und dann lange mit Martin, und als er wieder fort war, kam Martin zu Philipp und sagte: »Ich hätte demnächst gern ein paar Tage Urlaub. Noch nicht sofort; ich werde abgeholt, wenn es soweit ist.«

»Gern«, erwiderte Philipp, »ich bin dann ja hier. Ich vermute, es geht mich nichts an, was du vorhast?«

»Noch nicht«, erwiderte Martin, »hinterher schon. Und du kannst sicher sein, daß in der Zeit hier nichts passiert.«

Bald darauf kam der Bote wieder, und Martin war sofort aufbruchsbereit.

»Alles Gute«, sagte Philipp beim Abschied, »falls man das in einem solchen Fall wünschen darf. Und du kannst hinterher mitbringen, wen du willst.«

Martin machte große Augen. »Was weißt du?« fragte er.

»Ich weiß gar nichts«, erwiderte Philipp, »ich denke mir nur etwas.«

»Dann halt den Mund. Es soll dich nichts angehen. Wir haben uns mit anderen zusammengetan, bei denen es ähnlich steht.«

Nach fünf Tagen kamen sie zurück: Meinhard, Martin und drei von Meinhards Leuten, wortkarg und mit finsteren Mienen, aber doch wie Leute, die froh sind, etwas hinter sich gebracht zu haben.

»Es ist ausgestanden«, sagte Meinhard, »Herr Konrad von Marburg ist tot. Wir haben ihn auf offener Straße erschlagen; er war kein Feigling, er hat sich gewehrt. Schande über ein Land, in dem man zum Mörder wird, weil der König zu schwach ist, um das Recht zu wahren, und der Kaiser sich darum drückt! – Martin sagt, du hättest etwas gewußt?«

»Der König hat eine Andeutung gemacht«, erwiderte Philipp, »aber er sagte, er wolle mich heraushalten, weil es nicht möglich sei, mich ein zweites Mal zu decken.«

Meinhard nickte. »So war es ausgemacht, und die Absprache geht dahin, daß Martin und ich uns dem Gericht stellen werden, falls eine Vorladung erfolgt. Ein zweites Mal könntest du auch die Burg nicht halten, und dem Hof liegt daran, keine königstreue Position zu opfern.«

»Müssen wir denn schon zwischen königstreu und kaisertreu unterscheiden?« fragte Philipp dagegen. »Dann hättest du ja meinetwegen etwas aufs Spiel gesetzt, Meinhard! Der Kaiser kann ja nicht anders, als Eure Tat verurteilen, das weißt du.«

»Darauf lasse ich es ankommen. Das, was ich vorgestern

getan habe, hängt mit einem alten Versprechen zusammen, dir zu helfen, wenn du allein bist. Hannes hat es mir damals nach deinem Unfall abgenommen.«

Aber es regte sich im ganzen Reich kaum eine Hand, um den Mord an Herrn Konrad von Marburg zu rächen.

Verwandler der Welt

Der Knoten, in den der Kaiser seinen Sohn, die Fürsten, den Papst und sich selber eingebunden hatte, zog sich beängstigend schnell zusammen. Im Mai des Jahres 1234 wurde das Bauernheer des Stedinger Landes bei Oldenburg von einem Kreuzheer unter dem Erzbischof von Bremen, dem Herzog von Brabant und den Grafen von Oldenburg, Holland und Kleve in einer blutigen Schlacht vernichtet.

Es hatte den Bauern nichts mehr geholfen, daß König Heinrich im Februar auf einem Hoftag in Frankfurt die wilden Ketzerverfolgungen durch Gesetze einzudämmen versuchte. Der König zog sich damit außer dem Zorn der Fürsten auch noch den des Papstes zu; der Kaiser aber hatte nun einen Anlaß, den päpstlichen Bannspruch gegen seinen Sohn zu erbitten.

Am 5. Juli verhängte Papst Gregor IX. den Kirchenbann über König Heinrich von Hohenstaufen und erklärte alle dem König geleisteten Eide für ungültig. Vielleicht tat er das nicht einmal gerne; aber er war in der Ketzerfrage auf ein Zusammengehen mit dem Kaiser festgelegt.

Anfang September bekam Philipp eine Ladung des Königs an den Rhein, nach Boppard, und fast gleichzeitig einen unangemeldeten Besuch von Herrn Hermann von Salza.

Das war der richtige Gast im richtigen Augenblick!

Doch als Philipp den Hochmeister zum Bleiben einladen wollte, winkte der ab. »Ich habe nur gerade Zeit für ein dringendes Gespräch mit Euch«, sagte er und übergab sein Pferd einem jungen Ordensritter aus seiner Begleitung, »mein Aufenthalt hier lohnt nicht einmal das Absatteln.«

So schickte Philipp seinen Knappen nach einem Becher Wein und führte seinen Gast zu einer Bank im Bogengang.

»Habt Ihr des Königs Ladung nach Boppard erhalten?« fragte der Hochmeister, sobald sie außer Hörweite der anderen waren.

»Ja«, erwiderte Philipp, »und ich wüßte gern von Euch, worauf das Treffen dort hinauslaufen soll.«

»Das will ich Euch sagen: auf nicht mehr und nicht weniger als auf eine Empörung des Königs gegen den Kaiser, auf einen Aufstand mit Waffengewalt läuft es hinaus«, antwortete Herr Hermann, dem die Anspannung anzumerken war. »Ich bemühe mich um eine Schlichtung zwischen den beiden Staufern, denn ein bewaffneter Zusammenstoß zwischen ihnen auf deutschem Boden wäre eine Katastrophe mit unabsehbaren Folgen. Ihr habt das Vertrauen des Königs und noch immer die Sympathie des Kaisers. Wollt Ihr mit mir zusammenarbeiten? Der Frieden im Reich muß um jeden Preis erhalten werden.«

»Wirklich um jeden?« fragte Philipp, dem das Gespräch mit dem König noch lange nachgegangen war.

»Was meint Ihr damit?« wollte der Hochmeister wissen.

»Daß es Preise gibt, die mir unangemessen erscheinen. Zum Beispiel der, daß der König in allem nachgibt und der Kaiser in gar nichts.«

»Ich fürchte, gerade das wird der Preis sein«, erwiderte sein Gast; »seltsam, daß Ihr ihn so genau beschreibt. Der Kaiser sieht in dem König nun einmal nichts anderes als einen ungehorsamen Sohn und beruft sich auf seine väterliche Gewalt; er fühlt sich dabei völlig im Recht. Wenn deshalb der König bereit wäre, sich sofort zu unterwerfen, dann könnte noch alles gut werden. Wenn er jetzt einlenkte ...«

»Dazu habe ich den König schon gemahnt«, erwiderte

Philipp. »Ich habe ihn gebeten, sich jetzt zu mäßigen, um nicht alles zu zerstören.«

»Und was hat er geantwortet?«

»Wenn er sich mäßigte, würde noch mehr zerstört.«

»Er überschätzt sich und seine Kräfte!«

»Vielleicht«, sagte Philipp. »Aber er hat doch nicht ganz unrecht. Seht Euch die Lage in Deutschland an! Wo ist die Festigung, auf die Ihr noch bei Eurem letzten Besuch gehofft habt? Über dem Widerstreit aller Gewalten im Reich verfällt das Recht ja täglich mehr, und von Frieden kann schon jetzt kaum mehr die Rede sein. Wie denkt sich der Kaiser auf Dauer die Regierung dieses Landes?«

»Wollt Ihr denn etwa nach Boppard gehen?« fragte Herr Hermann entsetzt.

»Ich habe es eigentlich vor«, erwiderte Philipp.

»Aber wißt Ihr denn nicht, was das heißt?! Wartet wenigstens mit Eurer Zusage, bis ich genauer einschätzen kann, wie der Kaiser die Lage sieht. Ich werde Euch sofort unterrichten.«

»Gut!« sagte Philipp nach einem Augenblick des Überlegens. »Aber ich lasse den König inzwischen wissen, daß ich nur Euch zuliebe zuwarte; er soll nicht an mir unsicher werden.«

Philipp brauchte nicht lange zu warten. Der junge Ordensritter, der Herrn Hermann bei seinem Besuch begleitet hatte, kam kurz darauf mit einer Nachricht des Hochmeisters auf den Schwarzenstein.

»Herr Hermann läßt Euch folgendes ausrichten«, erklärte er, als er sich mit Philipp im Rittersaal niedergelassen hatte. »König Heinrich hat sich mit den lombardischen Städten gegen den Kaiser verbündet. Er wirbt außerdem um ein Bündnis mit dem König von Frankreich und kann dazu auf das Stillhalten seines Schwagers, des Herzogs von Österreich, zählen. Aber damit, so meint der Hochmeister, hat der König sich selbst preisgegeben.

Denn das Bündnis eines Staufers mit Mailand und Frankreich zugleich, ein Rückhalt von Österreich bis zu den staufischen Hausgütern im Elsaß auf beiden Seiten der Alpen – das ist eine Herausforderung, die sein Vater sich nicht bieten lassen kann. Ich soll Euch sagen, es gehe jetzt nur noch um ein Für oder ein Gegen den Kaiser.«

Philipp brauchte nun doch eine Weile, bis er sich zu seiner Antwort durchrang.

»Dann eben gegen den Kaiser!« sagte er. Er sah das Erstaunen des jungen Ordensritters und setzte hinzu: »Mißversteht mich nicht! Ich habe auf Kaiser Friedrich gewartet und gehofft, seit ich ein Kind war; fast so lange ich denken kann. Und vielleicht tue ich es insgeheim sogar jetzt noch. Dennoch kann ich heute nicht anders antworten.«

»Herr Hermann«, sagte sein junger Besucher sachlich, »Herr Hermann hat mir für den Fall einer solchen Antwort folgende Warnung aufgetragen: Bei dem Zorn des Kaisers setzt Ihr mit dieser Entscheidung Euer Leben aufs Spiel. Was wird dann aus Eurem Land und aus Euren Leuten? Ihr sollt auch bedenken, daß Eure Gerichtsverweigerung gegen Herrn Konrad von Marburg noch immer gegen Euch verwendbar ist.«

»Ich weiß«, erwiderte Philipp, »und ich habe das bedacht. Kommt!«

Er führte seinen Gast in das Wohngemach, öffnete die Truhe und nahm ein Pergament heraus. »Seht her!«

Er rollte das Pergament auf. »Dies ist eine Überschreibung meines Besitzes an den Deutschen Orden in rechtsgültiger Form. Sie wird wirksam im Fall meines kinderlosen Todes oder einer lebenslangen Haft. Für den Eigenbesitz gilt das ohne Einschränkung, für den Lehensbesitz ist der Orden mein Rechtsnachfolger. Meine Getreuen haben Weisung, dem Orden und niemandem anders meine Burgen zu öffnen. Alles Notwendige ist mit ihnen genau abgesprochen. Wenn ich Land und Leute in guten Händen weiß, gehe ich leichteren Herzens zum König. Richtet auch das Herrn Hermann aus und sagt ihm dazu, es sei mir nicht leicht geworden, ihm nun zum zweiten Mal eine Absage zu geben.«

Er begleitete seinen Gast in den Burghof, wo dessen Pferd schon wartete. »Wann werdet Ihr Herrn Hermann sehen?« erkundigte er sich.

»Bald«, erwiderte dieser, »ich bin zum nächsten Boten des Komturs, unseres Gebietsmeisters, an den Hochmeister bestimmt.«

Der junge Ritter wartete noch einen Augenblick, dann sagte er: »Darf ich Euch eine persönliche Frage stellen, Graf Philipp? Denn es werden sich nicht viele im Reich so entscheiden wir Ihr.«

»Gern«, erwiderte Philipp.

»Warum haltet Ihr denn zum König?«

»Weil ich vor vielen Jahren einmal dem Kaiser versprochen habe, zu seinem Sohn zu halten, wenn es not tue. Und wann soll es not tun, wenn nicht jetzt? Richtet bitte auch das Herrn Hermann aus.«

Damit war der Weg frei. Von nun an trat der Alltag zurück.

Auf der buntfleckigen Karte des deutschen Reiches gab es wirklich nicht viele, die sich König Heinrich ausdrücklich anschlossen: einige Grafen und Herren, einige Bischöfe und Äbte, einige Städte und als Kern der Königspartei die schwäbischen Reichsministerialen – zum ersten Mal im Widerstand gegen einen staufischen Kaiser begriffen. Es blieb abzuwarten, welche Streitmacht Kaiser Friedrich gegen die dennoch recht starke militärische Front am Rhein heranführen würde.

Aber der Kaiser kam ohne jede Streitmacht. Statt dessen führte er etwas mit sich, das den Leuten, die seinen Weg säumten, die Sprache verschlug: ein Gefolge von fremdländischen, dunkelhäutigen Menschen, die Wagenladungen voll kaiserlicher Schätze bewachten: Gold, Silber und Edelsteine, Purpur, Scharlach und Leinen. Und das nicht allein: auch einen ganzen Park wilder, fremder Tiere brachte der

Kaiser mit: Löwen, Maultiere, Affen, Dromedare und Leoparden. Er selbst ritt inmitten dieses morgenländischen Hofstaats auf einem edlen Hengst aus feinster arabischer Zucht, Gold und Silber am Zaumzeug. Ein Märchenkaiser!

Er hätte die Wünsche des Volkes nicht sicherer treffen können. Reißende Tiere, die zahm am Throne des Herrschers lagen und seinen Befehlen in fremder Sprache gehorchten; unterworfene Völker, unermeßliche Schätze – wer über all das gebot, der war der wahre Herrscher, mächtig, reich und friedfertig. Was galt dagegen ein König, der sich vergeblich im Alltag des Reiches um Recht und Frieden und um einen Weg in die Zukunft quälte? Der kein Glück hatte, keine Fortuna? Das Reich ging zum Kaiser über wie damals, als er zum ersten Mal kam. Es hatte auf ihn gewartet, jahrelang.

Als erste brach die Stadt Worms aus der Verteidigungslinie aus, des Königs am meisten geliebte und am reichsten bedachte Stadt; andere taten es ihr in rascher Folge nach. Eine Schlappe des Grafen von Zollern gegen den Marschall Anselm von Justingen, Widerstand aus den schwäbischen Burgen Achalm und Urach – dann übernahm der Kaiser die Herrschaft im Land, als habe es den König nie gegeben. Unter seinem Zauberstab ordnete sich alles, was eben noch unlösbar erschien. Wer fragte jetzt noch nach den Stedinger Bauern?

Für das Gefolge des Königs gab es nicht einen einzigen Schwertstreich. Denn Herr Hermann von Salza warf nun wirklich sein ganzes Gewicht in die Waagschale und rang dem jungen Staufer in einem Augenblick tiefer Verlassenheit die Forderung des Kaisers ab; König Heinrich gab auf. Für ein Treffen in seiner Pfalz zu Wimpfen bot er seinem Vater die Unterwerfung an.

Doch der maßlos erzürnte Kaiser setzte erbarmungslos nach: er forderte den Kniefall des Sohnes vor der größtmöglichen Öffentlichkeit im Reich, vor einer Versammlung aller Fürsten auf einem allgemeinen Hoftag in Worms. Heinrich fand sich auch dazu bereit.

Eine beklommene Stille lag über dem großen Saal in Worms, als der in herrscherlicher Gebärde erstarrte Kaiser den Sohn zum Bußfall empfing und vor sich knien ließ. So lange und so erbarmungslos ließ er ihn in der Haltung des Büßers verharren, daß sich schließlich unter den Fürsten Stimmen erhoben, vielleicht sogar ein leises Murren. Denn, Sohn hin oder her, hier kniete der gesalbte deutsche König. Erst auf diese Regungen hin winkte der Kaiser dem Gedemütigten, sich zu erheben, und gab ihm seinen Spruch mit auf den taumelnden Weg aus dem Saal: Die Krone war verwirkt, das Leben geschenkt – der König geopfert.

Und als König Heinrich, zur Einsicht in seine Lage gelangt, noch einmal aufbegehren und die Herausgabe der Festung Trifels mit den Reichskleinodien an Bedingungen knüpfen wollte, war es auch um seine Freiheit geschehen. Der Kaiser ließ ihn gefangensetzen.

Im Kerker brach er zusammen. Die ritterlichen Troubadoure, die er bis zuletzt um sich gehabt hatte, wußten in ihren Liedern zu sagen, wie der Tag für den Gestürzten zu Ende ging: Als man ihm die ritterliche Rüstung abnahm, da sang der König, aber als man ihm des Abends das Essen brachte, da weinte er.

Philipp war schon seit Wimpfen kein freier Mann mehr. Am Eingang des dortigen Rittersaales legte sich eine Hand auf seine Schulter. »Ihr seid in des Kaisers Gewahrsam«, hörte er die Stimme eines Ritters sagen, und so erlebte er den glänzenden Einzug des Kaisers in Worms unter strenger Bewachung.

Nur undeutlich gelangten nun die Nachrichten von außen in das Gemach, in dem er in ritterlicher Haft gehalten wurde: Während in Schwaben die Burgen der staufischen Ministerialen, die sich und die Sache des Königs auch jetzt noch nicht verloren gaben, mit Gewalt genommen wurden, hielt der Kaiser Hochzeit. Die Braut war dieselbe Prinzessin Isabella von England, die der Reichsverweser zehn Jahre zuvor für König Heinrich ausgesucht hatte. Die Vermählung wurde mit großer Pracht gefeiert und schien den staunenden Leuten in Worms wiederum wie ein Märchen. Der Kaiser, das wußte man, hatte ihren Zeitpunkt von seinem Hofastrologen festsetzen lassen, damit bald ein weiterer legitimer Sohn geboren werde. Philipp hatte den jetzigen Erben, den siebenjährigen Konrad, im Gefolge seines Vaters in Wimpfen und Worms gesehen. Ein hübscher Junge, das war richtig, und er sah seinem Bruder Heinrich ähnlich.

Aber es blieb nicht bei diesen undeutlichen Nachrichten, die Philipp von draußen erreichten. Eines Tages kam ein Bote des Kaisers mit einem persönlichen Auftrag. Er habe ein wertvolles Manuskript hier in Worms, ließ dieser sagen, ein Exemplar der Tierkunde des Averroes, für die Dominikaner in Köln bestimmt. Er werde es dem Gefangenen gern für ein paar Tage zu treuen Händen ausleihen, wenn dieser Interesse habe.

Wilde Tiere für das Volk, kostbare Handschriften für die Gebildeten ...? Philipp lehnte ab.

»Ich bin zwar interessiert«, sagte er dem Boten, »sehr sogar, aber mir ist nicht nach Lesen zumute. Meine Gedanken sind beim König, sagt das dem Kaiser ausdrücklich. Wo ist der jetzt?«

»Der König? Noch hier am Rhein. Aber bald auf dem Wege nach Süden, in einen Kerker in Kalabrien, so sagt man; es wäre ja gefährlich, ihn hier in Deutschland zu lassen, er hat immer noch Freunde. – Ihr seid übrigens unklug, des Kaisers Angebot abzulehnen; so etwas tut er nicht alle Tage.«

»Ich weiß«, sagte Philipp. »Richtet ihm genau aus, was ich gesagt und gefragt habe.«

Der Bote ging kopfschüttelnd.

Danach geschah eine Weile lang nichts mehr; aber es gab Nachrichten über einen baldigen Aufbruch des Kaisers zu einem Hoftag nach Mainz. Nun, vorher würde er wohl seine Wormser Angelegenheiten abschließen und auch über das Schicksal seines Gefangenen entscheiden. Es galt jetzt, dem Urteil gelassen zu begegnen.

Dennoch erschrak Philipp, als erneut ein Bote bei ihm eintrat. »Der Kaiser will Euch sprechen«, sagte dieser, »kommt mit mir!«

In der Pfalz hieß man ihn warten, und so hatte Philipp ein wenig Zeit, sich umzusehen. Die Gemächer von Vater und Sohn waren sich ähnlich; fast hätte man meinen können, wieder in Altenburg zu sein.

Auch zum Nachdenken blieb ein Augenblick Zeit. Wie seltsam doch alles gelaufen war, richtig und verkehrt zugleich! Da hatte er selbst dem Kaiser auf jenem halbvergessenen Hoftag in Frankfurt versprochen, zum König zu halten, wenn es not tue, und er hatte dieses Versprechen eingelöst – wohl wissend, daß es anders gemeint war. Der Kaiser dagegen hatte ihm damals zum Dank ein Wiedersehen verheißen, und wirklich war nun sein Ruf an Philipp ergangen – aber zur Rechtfertigung, nicht zum Gespräch.

Da, es war soweit! Philipp erhob sich und folgte dem Wink des Hofbeamten, der ihn in das Gemach des Kaisers wies.

Nicht nur die Gemächer waren sich ähnlich, und Philipp brauchte einen Augenblick, um seiner Bewegung Herr zu werden. Auch der Kaiser besaß ja die staufische Heiterkeit um Stirn und Brauen, die er so gut kannte! Nur war sie jetzt bei dem Vierzigjährigen mit einer Strenge und Hoheit gepaart, auf die Philipp nicht gefaßt war. Kaiser Friedrich II. stand auf der Höhe seiner Macht – der Verwandler der Welt, der nur zu kommen brauchte, um das Gewohnte ungewohnt zu machen, das Ungerade grade. Es war nicht leicht, dem standzuhalten.

Der Kaiser begann das Gespräch beinah scherzend. »Ihr habt den Averroes zurückgewiesen«, sagte er, »und das hat mich gekränkt. Seid Ihr in diesem Lande inzwischen von Euren Liebhabereien abgekommen?«

»Ich habe wenig Zeit für sie gehabt«, erwiderte Philipp ausweichend.

»Vielleicht habt Ihr sie auch nur schlecht genutzt! Warum?«

»Euer Bote hatte eine Antwort mitbekommen, die wohl auch für diese Frage gilt.«

»Er hat sie ausgerichtet«, sagte der Kaiser leichthin, »auch mir tut es leid um meinen Sohn. Es würde mich wirklich interessieren, was Euch an seine Seite getrieben hat.«

»Nun...«, erwiderte Philipp, »zum einen habe ich schon als Kind zusammen mit meinem Vater auf einen Staufer gehofft, einen Staufer, der hier in Deutschland bleiben würde. Zum anderen aber hatte ich Euch versprochen, zu König Heinrich zu halten, wenn es not tue.«

»Ein doppelter Irrtum«, sagte der Kaiser, »und eine Dreistigkeit dazu, denn ich bin es nicht gewöhnt, als Zerstörer von Hoffnungen angesprochen zu werden. Laßt Euch sagen: Der deutsche König ist entweder selbst Kaiser oder aber Weisungsempfänger des Kaisers; keiner meiner Söhne wird etwas anderes sein, so lange ich lebe. Und Ihr werdet nicht im Ernst glauben, Euer Versprechen von damals könne gegen mich gegolten haben.«

»Es galt für den Fall der Not«, erwiderte Philipp, »und es hat sich so ergeben, daß niemand anderer den König in Not gebracht hat als der Kaiser.«

»Und Ihr habt nicht begriffen, warum?«

»Es war nicht schwer zu begreifen«, erwiderte Philipp und dachte wieder an das Gespräch in Altenburg, »aber hätte das alles nicht ganz anders ablaufen können?«

»Wollt Ihr den Kaiser lehren?« fragte dieser in aufsteigendem Zorn. »Wer hat hier Rechenschaft zu fordern?«

Auch in Philipp wich die Trauer einer heftigen Regung des Widerspruchs. Was hatte er noch zu verlieren?

»Verzeiht!« sagte er, »aber erlaubt mir doch ein persönliches Wort: Ich bin aus eigenen Erfahrungen hellsichtig für die Art, wie ein Vater mit seinem Sohn umgeht.«

»Was untersteht Ihr Euch?« fragte der Kaiser aufgebracht. »Glaubt Ihr denn, auf solche Empfindlichkeiten ließe sich eine kaiserliche Herrschaft gründen? Konnte Heinrich nicht erkennen, wie meine Herrschaft in Wahrheit aufgebaut sein muß, wenn sie dieses Reich ganz umfassen soll. Mußte er sich den Thron des Nordens in dieser kindischen Weise anmaßen? Und habe ich nicht gerade Euch das damals erklärt? Daß die römischen Kaiser mein Vorbild und mein Maßstab sind, die Cäsaren?! Laßt mich lieber Euch lehren: Der Kaiser ist der Quell allen Rechts, das lebende Gesetz, und darauf allein gründet sich seine Macht; ich habe das in meinem großen Gesetzeswerk für Sizilien, das ich in Melfi erlassen habe, niedergelegt. Wer sich dem Kaiser widersetzt, widersetzt sich dem Recht und damit auch Gott, denn der Kaiser verantwortet seine Macht allein vor Gott.«

»Wenn ich dem Kaiser darauf antworten sollte«, erwiderte Philipp – aber er hätte sich dabei liebend gern irgendwo angelehnt –, »so würde ich sagen, daß wir hier in Deutschland ein anderes Recht kennen. Und daß wir es uns neuerdings mit den Schwertern auf der Straße holen müssen.«

»Wie seid Ihr kleinmütig! Und wie seid Ihr ungeduldig! Laßt Euch sagen, daß ich für den bevorstehenden Hoftag in Mainz auch für Deutschland ein Gesetzeswerk vorbereite, wenn auch ein anderes als für Sizilien: Einen großen, allgemeinen Landfrieden will ich erlassen, in dem das Recht formuliert sein soll, um das Ihr jetzt klagt. Und er soll in Eurer eigenen Sprache abgefaßt sein, nicht nur im Latein meiner sizilischen Gesetze. Aber ich habe jetzt nur wenig Zeit und kann deshalb nicht mehr tun, als gewissermaßen einen Schößling zu setzen. Wenn dieser im Schutz meiner Herrschaft Wurzeln schlagen soll, brauche ich hier in Deutschland einen geduldigen König – einen König, der mir bei den Fürsten den Rücken freihält, bis ich mit den italienischen Städten fertig bin.«

»Und meint Ihr nicht, König Heinrich hätte das verstanden, wenn man mit ihm darüber gesprochen, wenn man ihn zum Bundesgenossen gemacht hätte? Meint Ihr nicht, er hätte Euch bei diesem Gesetzeswerk mit Freuden geholfen? Wer soll das jetzt tun?«

»Wollt Ihr mich schon wieder lehren?« brauste der Kaiser auf. »Wißt Ihr nicht, daß Ihr Euer Leben verwirkt habt? Nicht mit Eurem jüngsten Verhalten, denn das will ich Euch auch jetzt noch nachsehen. Nein, mit Eurer Widersetzlichkeit gegen die Ketzergesetze! Meint Ihr, ich kenne das Protokoll des Herrn Konrad von Marburg nicht? Ich habe es eigens angefordert!«

»Mir hat es niemand gegeben«, sagte Philipp.

»Ihr kennt seinen Inhalt nicht? Es bezieht sich auf ein Gespräch zwischen Herrn Konrad und Euch.«

»Soviel weiß ich. Zu allem, was ich in diesem Gespräch gesagt habe, stehe ich – zu dem, was ich wirklich gesagt habe und was mir nicht unterstellt wurde.«

»Und auch dazu, daß Ihr von dem Anschlag auf Herrn Konrads Leben gewußt und hernach den Mördern Asyl gegeben habt?«

»Auch dazu, nur daß ich sie nicht Mörder nennen würde.«

»Sei's darum!« sagte der Kaiser ungeduldig. »Aber Ihr habt noch mehr behauptet. Ihr habt die Aufrührer verteidigt, die aus Armut zu Ketzern wurden, wie Ihr es ausdrückt.«

»Das ist zu einfach«, wehrte sich Philipp.

»So? Dann seht Euch doch die Aufstände in den italienischen Städten an! Die Leute dort meinen, weil sie arm sind, hätten sie das Recht, sich gegen geistliche und weltliche Obrigkeit aufzulehnen! Was meint Ihr, warum ich die Majestätsgesetze verschärft habe? Weiter: Ihr habt die Berufung der Landgräfin Elisabeth zur Heiligkeit in Zweifel gezogen?«

»Ich? Ich war vom ersten Augenblick an von ihrer Berufung zur Heiligkeit überzeugt!« sagte Philipp leidenschaftlich. »Aber brauchte sie dazu Herrn Konrad?«

»Wollt Ihr etwa die Mittlerrolle der Kirche in Frage stellen?« fragte der Kaiser drohend, »und letztens, Ihr habt Zweifel an meiner Rechtgläubigkeit geäußert?«

»Niemals! Ich habe Eure wissenschaftlichen Interessen erwähnt.«

»Muß man die ausgerechnet Herrn Konrad von Marburg an die Hand geben? Die Rechtgläubigkeit des Kaisers gehört in kein noch so läppisches Ketzerprotokoll. Ihr wißt, daß Euer Leben verwirkt ist?«

Vor Philipps innerem Auge wechselten blitzschnell die Bilder. Da war der heiße Augusttag wieder, an dem er als Kind vom Eisenacher Hof zurückgekehrt war. Eingeschlafen im Schatten des Holunders, hatte er vom Kaiser geträumt. Der stand im Purpurmantel vor ihm, und seine Schwertspitze senkte sich auf Philipps gebeugten Kopf, glitt in seinen Nacken. Gerade in diesem Augenblick hatte ihn Armgard geweckt.

Philipp nahm sich zusammen. »Ich bin davon ausgegangen, als ich aufbrach«, erwiderte er.

»Und deshalb habt Ihr über Euren Besitz so verfügt, daß er mir entgeht, wenn ich Euch hinrichten oder einkerkern lasse? Obwohl er dann rechtens an die Krone verwirkt wäre? Aber soll ich mich um ihn vor dem ganzen Reich mit dem Hochmeister des Deutschen Ordens streiten?«

Philipp antwortete nur mit einer Handbewegung.

Der Kaiser schwieg. Dann öffnete er beide Hände. »Geht!« sagte er. »Was liegt an Euch? Was liegt an einem thüringischen Grafen? Ohne den Kaiser seid Ihr nichts, Ihr und Euresgleichen im Reich. Zaunkönige! Ohne einen Kaiser seid Ihr für alle Zeiten zur Belanglosigkeit verdammt. Da seht Ihr selber zu!«

Das Mädchen aus Apulien

Es wurde später Sommer, bis Philipp schließlich wieder zurück in Thüringen war, und er richtete sich nur widerstrebend in seinem alten Leben ein. War das alles gewesen? Mußte er sich so von seiner lebenslangen Hoffnung auf den Kaiser trennen, nur knapp dessen Schwert entronnen? War er tatsächlich zur Belanglosigkeit eines engen Lebens am Rande der Ereignisse verdammt, von der kühlen Verachtung des Kaisers gestraft? Und wo mochte jetzt der König sein? Nirgends war ein Ansatz zu sehen, wie es weitergehen könnte.

Im frühen Herbst kam Meinhard, von dem Philipp nun seit Monaten nichts mehr gehört hatte. Wieder kam er ohne große Anmeldung, und wieder gab es eine stürmische Begrüßung. Meinhard schob den Freund ein wenig von sich fort und betrachtete ihn, als müsse er sich erst vergewissern, daß Philipp leibhaftig vor ihm stehe.

»Ich war in Italien«, sagte er, »und habe deshalb erst jetzt auf dem Hoftag in Mainz von deinem Anteil an dem Aufstand des Königs erfahren. Bei dir weiß man wirklich nie, wann du deinen Verstand benutzt und wann nicht. Ich habe erst gar nicht glauben wollen, daß ich dich tatsächlich hier zu Hause in Freiheit antreffen würde. Aber es ist mir mehr als recht so.«

Meinhard sah schlecht aus, mager und ein bißchen fiebrig, und er war mit seinen Gedanken schon nicht mehr bei der Sache.

»Ich habe eine Frage«, sagte er, als Philipp den Freund mit sich in das Wohngemach gezogen hatte, »oder, wenn du so willst, eine Bitte: Ich bin Italien ein wenig leid und würde gern nach Deutschland zurückkommen. Aber ich habe wiederum gute Gründe, nicht den Kaiser um eine Versorgung zu bitten. Kannst du mich irgendwo brauchen?«

»Natürlich!« erwiderte Philipp überrascht und sehr erfreut.

Meinhard war genau der Mensch, den er jetzt nötig hatte; mit ihm zusammen ließ sich alles verarbeiten, wovon er selbst innerlich nicht loskam; mit ihm konnte man alles besprechen und auch wieder nach vorne hin denken.

Er überlegte: »Die Burghut auf dem Hohenberg wird frei. Willst du sie übernehmen?«

»Gern!« sagte Meinhard ohne viel Acht, »reicht es, wenn ich kurz vor Weihnachten komme? Ich muß noch jemanden holen.«

»Es reicht gut. Jemanden? Oder etwas?«

»Jemanden.«

Die Antwort war so knapp, daß Philipp nicht nachfragte. »Laß dir Zeit«, sagte er statt dessen; »du siehst übrigens nicht besonders gesund aus.«

Meinhard wehrte ab. »Das Fieber«, erwiderte er, »es holt einen immer wieder einmal ein, noch vom Kreuzzug her. Aber das macht nichts!«

Das Mädchen, das Meinhard mitbrachte, als er kurz vor Weihnachten wiederkam, versetzte die ganze Burg in nicht gelinden Aufruhr. Alles drängte sich im Burghof, um zuzusehen, wie er ihr aus dem Sattel half, und alle Augen hingen an dem fremden Geschöpf, das seine Blicke aufmerksam über die mächtigen, zinnengekrönten Mauern, den hochragenden Bergfried, die Freitreppen und Bogengänge wandern ließ, ehe es den Leuten ringsum mit überraschender Freundlichkeit zulächelte und sich ins Haus führen ließ.

Betroffen sah Philipp die dunklen Augen unter dem hellen Haar. Der Gast war so fremd, wie er es nur sein konnte. Und doch –! Narrte ihn eine Erinnerung?

»Dies ist Beatrice«, sagte Meinhard. »Gut, daß wir endlich da sind!«

Beatrice sah auch den Burgherrn so forschend an, als müsse sie ihn erst prüfen, ehe sie sich auf ihn einließ. Dann glitten ihre Blicke durch das Gemach, an den Teppichen und Wandbespannungen empor, über die Möbel und das Gerät.

»Es ist schön hier«, sagte sie aufatmend, »und warm! Darf ich einen Platz am Feuer haben?«

Während des Abendessens sprach sie wenig; ihr Deutsch war stockend und hatte den italienischen Tonfall, den Philipp oft am Hofe und zuletzt beim Kaiser gehört hatte. Offenbar sprach sie mit Meinhard italienisch, wenn sie allein waren, und es tat Philipp leid, daß er selbst ihr diese Höflichkeit nicht erweisen konnte.

Nach Tisch nahm sie dankbar das Angebot an, sich in die Kemenate zurückzuziehen. »Ich bin müde«, sagte sie, »haben wir morgen noch einen weiten Ritt?«

»Bleibt doch noch einen Tag!« bat Philipp, zu Meinhard gewandt, »wir können dann in Ruhe miteinander sprechen. Es ist auch noch das eine oder andere zu der Burghut auf dem Hohenberg zu sagen.«

Doch sie schüttelten beide den Kopf.

»Laß uns erst einmal zu Hause sein«, sagte Meinhard, »ich komme lieber in den nächsten Tagen noch einmal her. Wir sind ein bißchen reisemüde.«

So ließ Philipp die Beschließerin rufen und sah mit Staunen, wie höflich die sonst so barsche Frau mit dem Gast umging.

»Ich habe Euer Gemach schon heizen lassen«, sagte sie bereitwillig. »Ihr werdet es auch dort warm haben, und das wird Euch nach der langen Reise gut tun. Und wenn Ihr etwas braucht, dann müßt Ihr es nur sagen.«

»Danke!« erwiderte Beatrice, »wie freundlich Ihr seid!«

Sie lächelte Meinhard zu und verabschiedete sich von dem Hausherrn mit einem ernsthaften Knicks.

»Meinhard, wer ist das?« fragte Philipp, als er mit dem Freund allein war.

»Beatrice«, erwiderte Meinhard.

»Das habe ich gehört. Und weiter?«

»Ich weiß nicht.«

»Wie meinst du das? Du mußt doch ihren Namen wissen!«

»Ich habe es doch gesagt: ich weiß ihn nicht.«

Ebensogut hätte Meinhard sagen können, er wisse seinen eigenen Namen nicht. Man ritt nicht in Begleitung einer Dame, deren Herkunft man nicht kannte.

Philipp schüttelte den Kopf. »Hast du nicht etwas von ›Verstand gebrauchen‹ gesagt? Was willst du denn deinen Brüdern sagen, wenn sie dich fragen?«

»Was würdest du mir raten?« fragte Meinhard dagegen. »Du kennst die Leute hier inzwischen besser als ich.«

»Meinhard«, sagte Philipp, »ich verstehe ja, daß man bei einem solchen Mädchen nicht viel fragt, woher es kommt, aber du kannst sie doch nicht gut gestohlen haben!«

»Warum nicht?« fragte Meinhard, »es ist nicht jeder so ein Erzengel wie du.« Dann fing er an zu lachen. »Du bist sonst schneller im Begreifen, Philipp. Erinnert sie dich denn wirklich an nichts und niemanden?«

»Doch!« sagte Philipp und ärgerte sich über sich selber. »Von Anfang an hat sie mich an jemanden erinnert. Warte!«

Er rief sich die Gestalt des Mädchens ins Gedächtnis zurück. Das war nicht schwer: ein lebendiges Geschöpf mit einer lieblichen Hoheit im Umgang mit anderen, dunkle Augen, helles Haar – und um Stirn und Brauen etwas, das er kannte. Es fiel ihm wie Schuppen von den Augen. Natürlich! Er kannte auch das Haar; es war nicht ganz hell, sondern es hatte einen rötlichen Einschlag.

»Ein Stauferkind!« sagte er staunend. »Und ihr Vater muß der Kaiser sein. Wer sonst?«

Meinhard nickte.

»Und ihre Mutter?«

Meinhard hob die Schultern: »Eine Sarazenin? Eine Griechin? Weiß ich's? Und kümmert's mich?«

»Deshalb also willst du nicht in des Kaisers Dienst bleiben!« sagte Philipp, noch immer überwältigt. »Woher kennst du sie?«

»Sie ist auf einem der Jagdschlösser des Kaisers bei Foggia in Apulien aufgewachsen«, erklärte Meinhard. »Ich bin ein paarmal in Kurierdiensten dort gewesen, und von daher kenne ich sie. Man wußte dort, wer sie war, und hat sie sorgfältig erzogen; auch der Kaiser wußte es übrigens. Aber sie mochte diesen Zustand nicht und wollte gerne fort. Sie hatte nichts dagegen, mit mir zu gehen. Nur eben – in Sizilien wäre es danach schwierig geworden.«

Am anderen Morgen ritten die beiden weiter, und Philipp sah ihnen nach. Der adlergleiche Falke, der über dem kleinen Trupp wehte, paßte merkwürdig gut in die ganze seltsame Geschichte.

Meinhard kam nicht so rasch zurück, wie er es versprochen hatte, er kam sogar bis Weihnachten nicht. Ein Bote brachte die Nachricht, er sei krank, aber sobald der Fieberanfall vorbei sei, werde er sich melden. So ließ Philipp die beiden für Weihnachten einladen und trug Sorge dafür, daß dieses Weihnachten als ein großes Fest begangen werden sollte. Es verstand sich schließlich in diesem Jahr ganz und gar nicht von selbst, daß er es zu Hause mit seinen Leuten feiern konnte.

So lebte auf der Burg und in den Dörfern eine fröhliche Geschäftigkeit auf, die am Heiligen Abend vor dem Weihnachtstag ihren Höhepunkt erreichte. Nur Philipp selbst war nicht nach Feiern zumute, und als dieser Nachmittag dunkelte, fand er sich müßig am Fenster des Rittersaales lehnen und ins Land hinunterschauen. Es war leichter Frost, und es hatte bis in die Täler hinunter geschneit.

Seine Gedanken wanderten zurück. Hier hatte er vor vielen Jahren gesessen und darauf gewartet, daß Meinhard zurückkam! Es war an dem Tag, an dem Hannes ihm von dem jungen Friedrich II. erzählt und ihm gleich darauf gesagt hatte, daß er selbst, Philipp, von dem Unfall lebenslang etwas zurückbehalten werde. Um diese Zeit war Meinhard damals gekommen.

Seine Gedanken wanderten weiter, nach Eisenach hinüber, zur Wartburg. Auch Landgraf Heinrich Raspe, ein kinderloser Mann, mochte heute seinen Gedanken nachgehen. Er führte die Regentschaft für den kleinen Sohn von Ludwig und Elisabeth, aber der war ein zartes Kind, und das war kein Wunder. Die Zukunft Thüringens war offen.

Da würde es in der Pfalz von Hagenau im Elsaß heute fröhlicher zugehen, denn dort feierte der Kaiser Weihnachten. Ob er zufrieden war mit diesem Jahr, das seine kaiserliche Stellung in Deutschland so glanzvoll bestätigt hatte? Mit dem Jahr des großen Landfriedens vom Mainzer Hoftag? Mit dem Jahr, das ihn einen Sohn und Deutschland ein Stück möglicher Zukunft gekostet hatte? Ob in der Pfalz zu Hagenau morgen die Schellen am herrscherlichen Ornat erklangen, die die Menschen wünschen ließen, auch sie wären da – an des Königs Hof, wie es im Liede hieß?

An des Königs Hof . . .! Wenn man Sizilien nicht kannte, konnte man sich das Weihnachten nicht vorstellen, das König Heinrich von Hohenstaufen dort in seinem Kerker haben mochte, der Gestürzte, der vierzehn Jahre lang in den staufischen Pfalzen das Weihnachtsfest königlich begangen hatte. Philipps Gedanken liefen im Kreise. Es war seltsam, keinen König mehr in Deutschland zu wissen.

In Hagenau war auch der junge Konrad zugegen, der bald als neuer König zurückbleiben würde, wenn der Kaiser zu dem Kampf mit den lombardischen Städten aufbrach. Ein König ohne Macht, zu noch rascherem Verschleiß bestimmt als sein Bruder.

Draußen war es dunkel geworden. Noch einen Augenblick blieb Philipp am Fenster stehen und horchte hinaus. Aber nichts war zu hören, das einen nahenden Reitertrupp ankündigte. Jetzt konnte Meinhard nicht mehr kommen; er würde Beatrice nicht der nächtlichen Kälte und dem erneuten Schneefall aussetzen. Philipp ließ den Teppich vor die Fensteröffnung gleiten und wollte sich eben ins Zimmer zurückwenden, als er draußen ein Geräusch wahrnahm, das ein Hufschlag auf Stein sein konnte. Aber als er sich nochmals hinausbeugte, war nichts mehr zu hören; er mußte sich getäuscht haben.

Wenn er Gesellschaft haben wollte, so brauchte er nur hinüberzugehen; Martin und Bertram und die anderen saßen beisammen und würden sich freuen, wenn er dazukam.

Gleich! Noch war er lieber alleine. Er setzte sich an den Tisch und zog eine Handschrift heran. Aber er mußte sich zwingen; es war ihm nicht nach Lesen zumute. Er zwang sich auch, das Signal des Türmers zu überhören, das einen nahenden Reiter ankündigte. Wer sollte das jetzt noch sein?

Er hob erst den Kopf, als sich draußen rasche Schritte näherten, Bertrams Schritte. Ohne Anmeldung wurde die Tür geöffnet und der Vorhang zurückgeschlagen. Im Türrahmen stand Beatrice, allein; Bertram schloß leise die Tür hinter ihr.

Philipp sah ihr Gesicht und fuhr auf.

»Verzeih!« sagte sie, »ich hatte vergessen, daß Weihnachten ist. Ich komme, weil ... Meinhard ist heute morgen gestorben, und er hatte mir kurz zuvor noch gesagt ...«

Rasch schob er ihr einen Sessel hin. »Sacht!« sagte er. Dann ließ er sie weinen, lange, betäubt von der Nachricht.

Schließlich hob sie den Kopf.

»Sie sind so fröhlich draußen«, sagte sie, »ich hätte noch einen Tag warten sollen. Aber Meinhard hatte seinem Knappen befohlen, mich hierherzubringen, sobald es zu Ende sei. Ich soll Vertrauen zu dir haben, hat er gesagt.«

»Hat er gewußt, daß es zu Ende ging?« fragte Philipp.

»Zuletzt ja. Vorher wollte er es nicht wahrhaben. Ich habe schon lange gewußt, daß er sterben muß. Ach, ihr Deutschen, ihr wißt nicht, was das Fieber ist! Da! Sie läuten zur Christmette. Du mußt hinüber, nicht wahr?«

»Ich fürchte, ja. Aber ich schicke dir jemanden, der sich um dich kümmert, und dann komme ich zu dir zurück. Es ist gut, daß du da bist.«

Er sah, daß ihr die Worte wohltaten. »Aber wenn du allein sein willst«, fügte er hinzu, »dann verstehe ich das auch. Laß mich einfach wissen, wann du mich sprechen möchtest.«

Beatrice nickte dankbar.

Sie bat schon am frühen Morgen um ein Gespräch, und es war nicht schwer zu sehen, daß sie nicht geschlafen hatte.

»Ich möchte dich um zwei Dinge bitten«, sagte sie. »Es wäre Meinhard nicht recht, wenn deine Leute um ihr Weihnachten gebracht würden, und mir tut es gut, wenn ich Fröhlichkeit spüre. Sorgst du dafür, daß alles so abläuft, wie es geplant war?«

»Gern, wenn du möchtest«, erwiderte er. »Und das zweite?«

»Ich möchte nicht dabei sein, wenn Meinhard hinausgetragen wird; ich habe gestern von ihm Abschied genommen. Und warum soll sich seine Familie ohne Not an mir ärgern?«

»Auch das soll so sein, wie du möchtest«, sagte er, »obwohl sich an dir niemand ärgern kann. Bist du hier gut aufgehoben?«

»Sehr gut, danke. Die Frauen sind freundlich zu mir, und es ist warm in der Kemenate.«

»Du hast Zeit«, sagte er, »es drängt dich niemand, und wenn du mich brauchst, laß es mich wissen.«

Philipp einigte sich mit Meinhards Familie auf eine Beisetzung auf dem Schwarzenstein. Der Freund hatte hierher nach Hause gewollt, und nun sollte er hier zu Hause sein. Aber es war eine kleine Beerdigung, denn wer hatte schon Zeit, jemandem nachzutrauern, den der Kaiser schon vor so langer Zeit nach Italien fortgeholt hatte? Meinhards Brüder waren bald wieder fort, und Philipp versuchte nun allein, die lebenslangen Wege mit dem Freunde nachzuwandern. Sie waren immer zwei Seiten derselben Sache gewesen, der Hoffnung auf den Kaiser, Meinhard und er, und deshalb hatten sie sich auch nach jeder Trennung sofort wieder verstanden. Es war gut, daß Beatrice sich hierher geflüchtet hatte. Er begann, sich auf die nächste Begegnung mit ihr zu freuen.

Doch es wurde Epiphanias, Dreikönigstag, bis er sie wiedersah. Als er an diesem Tag von seinem täglichen Rundgang über die Burg zurückkam, wartete Bertram auf ihn.

»Beatrice ist oben im Rittersaal«, sagte er, »schon eine ganze Weile, aber sie wollte nicht, daß ich dich abrufe.«

Sie stand am Fenster und wandte sich um, als er eintrat.

»Es tut mir leid, daß du gewartet hast«, sagte er und fügte zum ersten Male seit vielen Jahren wieder hinzu: »Es geht bei mir nicht so rasch wie bei den anderen. Aber warum hat Bertram dich nicht in das Wohngemach, ans Feuer, geführt? Frierst du nicht?«

»Nein«, sagte sie, »das war nur, als ich ankam und vor dem Neuen Angst hatte. Es ist schön hier in Thüringen.« Sie wies in das verschneite Tal und über die Höhen in der Wintersonne. Doch dann ließ sie sich gern ans Feuer führen.

»Verzeih, wenn ich dich erst heute um ein Gespräch bitte«, begann sie. »Aber ich mußte ja noch über mehr nachdenken als nur über Meinhard. Ich wußte, daß er sterben würde, das sagte ich dir ja schon, aber ich wußte nicht, daß es so schnell geht. Er wollte so gerne nach Hause, und ich hoffte, wir würden noch ein bißchen Zeit füreinander haben; dann wäre es für mich jetzt leichter. Aber nun?«

»Das Gute ist«, erwiderte Philipp, »daß wir Winter haben. Das heißt, daß der Rainsteig nach Franken verschneit ist, und die Alpenpässe werden es erst recht sein. Wir brauchen nichts zu überstürzen. So schlage ich dir vor, wenigstens bis zum Frühjahr mein Gast zu bleiben.«

»Sehr gern tue ich das«, erwiderte sie, sichtlich erleichtert. »Aber ist das denn möglich?«

»Das kann ich erst richtig beantworten, wenn du mir sagst, ob du wieder nach Italien zurück möchtest. Und wann? Davon hängt alles andere ab.«

Sie schüttelte den Kopf. »Wenn du mich ehrlich fragst:

Ich möchte nicht zurück. Ich wollte hierherkommen, und ich würde gerne hierbleiben.« Sie sah ihn an. »Warum lachst du?«

»Weil es bei einem Stauferkind meist umgekehrt ist. Sie kommen aus Deutschland und wollen in Italien bleiben. Nur bei König Heinrich war es so wie bei dir. Du siehst ihm übrigens ähnlich.«

»Du weißt, wer ich bin? Hat Meinhard es dir noch erzählt?«

»Er hat es mich raten lassen.«

»Und? Macht es dir nichts?«

»Doch. Sehr viel sogar. Ich habe König Heinrich sehr gern gehabt, und der Kaiser war bis vor kurzem die große Hoffnung meines Lebens.«

»War? Ist er es nicht mehr?«

»Er hat mich verworfen«, sagte Philipp, und in seinem Ton lag seine ganze heiße Enttäuschung, »mich und meinesgleichen. Ohne ihn, hat er gesagt, seien wir alle zur Belanglosigkeit verdammt.«

»Magst du mir erklären, was das heißt?«

»Das heißt, daß wir, wenn er Deutschland verläßt, mit einer kleinen Zukunft leben müssen. Daß unser Lebenskreis gerade so weit reichen wird, wie unser Schwert lang ist.«

»Meinhard hat gesagt, das deinige sei lang genug«, versicherte sie.

»Hat er? Na – ich hoffe es. Aber besser wäre es, der Kaiser bliebe hier oder käme doch wieder.«

»Er kommt nicht wieder«, erklärte Beatrice ohne zu zögern. »Weißt du denn nicht, daß er nicht hierher gehört? Ich habe ihn oft gesehen, und ich hatte ja Grund, ihn genau zu beobachten. Er gehört nach Apulien, denn nur dort ist er ganz er selbst. Das hat auch Meinhard gesagt. Er wird nicht wiederkommen, glaub mir. Ihr müßt ohne ihn leben!«

»Erzähl mir von ihm!« bat Philipp. »Jetzt kann ich ja Meinhard nicht mehr fragen.«

»Ich will dir gern von ihm erzählen. Aber du wolltest erst sagen, wie es weitergehen soll«, erinnerte sie ihn.

»Ich freue mich, wenn du hierbleibst, Beatrice«, sagte er, während eine rasche Erinnerung an die irrenden Ritter in Armgards Geschichten durch seinen Kopf schoß.

Er sah die Frage in ihren Augen und fügte hinzu: »Darf ich dir später erklären, was ich meine?«

Er ließ ihr Zeit bis weit ins Frühjahr hinein, aber er hütete sie von nun an wie seinen Augapfel. Sie sprachen über Meinhard; das tat ihnen beiden gut, und dann über alles, was Philipp umtrieb. Er fragte, und Beatrice erzählte von dem Leben in der Villa bei Foggia.

»Der Kaiser kam oft zum Jagen zu uns heraus, wenn er in Foggia war«, berichtete sie. »Manchmal allein, manchmal brachte er Gäste mit.«

»Was für Gäste?« fragte Philipp.

»Ach, viele! Seine Gelehrten, seine Räte, seine hohen Beamten, Ritter zumeist, die sein Hofleben teilten. Ich habe ihn mit dem berühmten Michael Scotus im Garten auf und ab wandern sehen; sie sprachen über Fragen der Naturkunde. Mit ihm kam Petrus von Vinea, sein Kanzler, von dem sie sagen, er schreibe das machtvollste Latein in Europa. Sein Großhofrichter jagte mit ihm, und natürlich waren seine Falkner da. – Weißt du, daß er ein großes Buch über die Falkenjagd plant?«

»Nein. Erzähle!«

»Jedesmal, wenn er bei uns war, beobachtete er die Vögel am Teich, stundenlang oft, und wieviele Male hat er sie selbst gezeichnet! – Du hast auch eine Falkenzucht, nicht wahr? Ich kann dir viel davon erzählen, denn ich habe oft den Gesprächen mit Scotus zugehört. Und manches werde ich auch noch nachzeichnen können. Was steht in den Büchern, die du dort liegen hast? Etwas über Tierkunde?«

»Mehr über Medizin.«

»Wozu brauchst du das? Und woher kannst du lesen?

Meinhard konnte es nicht; ich habe es ihm ein bißchen beigebracht.«

»Du kannst es also?« fragte Philipp erfreut und erklärte ihr dann, wie er zu seinen Künsten gekommen war. »Du siehst, ich bin eigentlich ein gespielter Ritter«, schloß er.

Wieder sah sie ihn fragend an. »Ich bin nicht ganz sicher, ob ich weiß, was das heißt!« sagte sie.

»Das macht nichts. Erzähl weiter! Was für Gäste kamen noch?«

»Seine Architekten zum Beispiel. Mit denen plante er seine Kastelle und Villen und das große Siegestor in Capua; er besprach mit ihnen die kleinste Einzelheit der Steinmetzarbeiten und erklärte die Bedeutung der Steinfiguren und Reliefs. Er baut, wie die Römer gebaut haben.«

»Ich weiß; er hat es mir selbst gesagt. Wen hast du noch gesehen?«

»Seine Söhne«, sagte sie. »Und ihre Mütter. Es ist seltsam: Hier in Deutschland muß er Könige einsetzen, die noch Kinder sind, weil sie nach dem Erbrecht legitim geboren sein müssen, und dort in Italien, wo dieses Gesetz nicht so streng gilt, wachsen so viele heran, daß die Kronen kaum reichen. Er glaubt ja auch fest daran, daß sein Haus blühen wird, als sei es in biblischer Verheißung gegründet, und daß es seine Kronen bis zum Ende der Zeiten tragen wird, als sei es das Haus Davids. Für die Kronen Italiens langt es, wenn die Söhne hochgeboren sind.«

Sie besann sich. »Die schöne Marchesa Bianca Lancia habe ich gesehen und Manfred, ihren Sohn, der dem Kaiser so ähnlich ist. Enzio kenne ich, den ältesten, mit dem der Kaiser italienische Politik machen will. Konrads Mutter, die Königin Jolanda von Jerusalem, war manchmal da. Sie starb nach der Geburt des Sohnes. Später sah ich auch Konrad öfters. Ja – und auch Friedrich von Antiochien, auch ein Sohn des Kaisers. An ihn dachte ich, als ich dich zum erstenmal sah. Er hinkt auch ein klein wenig, so wie du.«

»Und das macht dem Kaiser nichts aus?« fragte Philipp, aus den Zukunftsträumen des staufischen Hauses gerissen.

»Was soll es ihm ausmachen? Er hängt sehr an dem Kind. Macht es dir denn etwas aus?«

»Es hat mir zuerst fast mein ganzes Leben ausgemacht«, sagte Philipp langsam. »Aber dann doch nur fast.«

Sie sah ihn aufmerksam an. »Weißt du, daß Meinhard dich um dein Leben beneidet hat?« fragte sie dann.

»Mich?! Ich habe ihn um das seine beneidet!« sagte Philipp betroffen. »Ich wäre so gerne zum Kaiser gegangen, damals, und konnte nicht, und auch für den Kreuzzug war ich verdorben, wenn auch anders. Ich habe Meinhard darum beneidet, daß für ihn alles so einfach war.«

Sie schüttelte den Kopf. »Er hatte ein zerrissenes Leben; da war nichts zu beneiden. Er hing so an dem Kaiser und wollte doch so gern hierher zurück.«

Philipp stand auf und trat ans Fenster. »Genau das ist es ja, Beatrice«, sagte er. »Was läßt uns der Kaiser denn für eine Wahl? Wer ihm nach Italien folgt, der zerreißt sich zwischen dort und hier, und wer hierbleibt, den verwirft er. Es hat mich geschmerzt, was du eben erzählt hast: dort die Fülle – und hier?«

»Meinhard wußte, warum er aus Sizilien fort wollte. Es war nicht nur meinetwegen. Und ich weiß, warum ich nicht zurück will«, erwiderte sie.

»Und warum willst du nicht zurück?«

Sie zögerte. »Weil ... weil der Kaiser zuviele Feinde hat. Wer nicht für ihn ist, der ist gegen ihn. Da kommt Haß auf. Meinhard hat noch miterlebt, wie man in Italien hassen kann, und er machte sich Sorgen um die nächste Zukunft. ›Der Kampf mit Mailand kommt noch‹, sagte er oft, ›und erst recht der mit dem Papst!‹ Er hoffte, daß Deutschland dann im Windschatten liege.«

»Es sieht gegenwärtig nicht nach Haß aus«, wandte Philipp ein. »Der Kaiser steht auf dem Höhepunkt seiner Macht. Seinen Sohn hat er ja nicht zuletzt für den Frieden mit dem Papst geopfert. Und die lombardischen Städte ...«

»Wart es ab!« sagte Beatrice. »Er steht so hoch, der

Kaiser, so übermenschlich hoch. Und alles, was sich an ihn knüpft, Haß und Hoffnung, geht über das menschliche Maß hinaus.«

»Und deshalb möchtest du nicht zurück nach Apulien?«

Sie nickte. »Bis hierher wird der Haß nicht schlagen, das glaubte auch Meinhard, deshalb wollte er zurück nach Deutschland, deshalb möchte auch ich gerne bleiben. Das ist die Antwort, die ich dir an Weihnachten gegeben hätte.«

»Und jetzt?«

Sie schwieg.

Da legte Philipp ganz leise seine Fingerspitzen auf die ihrigen. »Beatrice«, sagte er, »ich habe damals gesagt, ich würde dir später etwas erklären. Laß mich wissen, wann du es hören möchtest!«

Aus der Zeit danach

Aus dem Reichslandfrieden Kaiser Friedrichs II. vom Mainzer Hoftag im Sommer 1235:

Der Sohn, der seinen Vater von seinem Eigen verstößt und sich gegen ihn verschwört, soll auf ewig sein Eigen und Lehen verlieren.

Wer seinen Vater freventlich angreift, sei ewig rechtlos.

Die Dienstmannen und Eigenleute des Vaters, die den Sohn wider den Vater unterstützen, seien ewig rechtlos.

Die Leute, die keine Dienstmannen oder Eigenleute des Vaters sind und den Sohn gegen den Vater unterstützen, sollen in die Acht getan werden.

König Heinrich (VII.) starb in Kalabrien am 10. Februar 1242 nach sechsjähriger Haft, vermutlich durch Selbstmord. Der Kaiser ließ ihn in Cosenza beisetzen, angetan mit einem gold- und silberdurchwirkten Gewand, in welches Adlerfittiche eingewebt waren. Die Leichenpredigt hielt der Minorit Lucas aus Apulien über den Vers: »Abraham ergriff das Schwert, um seinen Sohn zu opfern.«

Aus einem Trauerbrief Kaiser Friedrichs II. nach dem Tode seines Sohnes:

Mitleid des zärtlichen Vaters überwindet das Urteil des strengen Richters: Heinrichs, unseres Erstgeborenen Verhängnis müssen wir betrauern, und aus dem Innersten heraus führt die Natur der Tränen Flut, die drinnen verschlossen hielt der Schmerz der Beleidigung und der Gerechtigkeit Starre.

(Übersetzung von Ernst Kantorowicz)

ANHANG

Für die, die es genau wissen wollen . . .

Sacherklärungen und Literatur

Die Folge einer Unfallverletzung, wie sie in dieser Erzählung beschrieben wird, war in der Praxis des Mittelalters problematisch. Die Rechtsfähigkeit eines Mannes hing unter anderem daran, daß er zum gerichtlichen Zweikampf, einem verbreiteten Mittel der Urteilsfindung, antreten konnte. Andererseits aber mußte man auch im Mittelalter mit den Menschen auskommen, die man hatte. Man konnte es sich nicht immer leisten, diese ins Kloster zu geben. Wir haben beiläufige Nachrichten über eine leichte Lahmheit bei zwei Söhnen Friedrichs II. (Kantorowicz, ›Kaiser Friedrich II.‹, Bd. 2, S. 236); aber sie war den Chronisten nicht mehr als eine Erwähnung wert. Für einen von ihnen, Friedrich von Antiochien, ist die Schwertleite verbürgt. Der ›Sachsenspiegel‹, eine Rechtssammlung aus dem Anfang des 13. Jahrhunderts, sagt, daß ein Mann voll über seinen liegenden Besitz verfügen konnte, wenn er in der Lage war, mit Schwert und Schild gewaffnet von einem ellenhohen (d. h. 50 bis 80 cm hohen) Stein oder Holzklotz aus ein Streitroß zu besteigen, ohne daß ihm jemand Pferd oder Steigbügel hielt (I;LII,2).

Der junge König Heinrich wurde nach seinem Sturz aus der Liste der deutschen Könige gestrichen. Die Forschung setzt seine Ordnungszahl in Klammern: Heinrich (VII.), um Verwechslungen mit Kaiser Heinrich VII. (1308–1313) zu vermeiden. Aus demselben Grund wird er in dieser Erzählung zwar ohne Klammern, aber mit dem Namen seines Hauses genannt: König Heinrich VII. von Hohenstaufen. – Sein Aufenthalt in Altenburg in Thüringen im Sommer 1234 und sein dortiger Hoftag vom 4. Juli (hier etwas vordatiert) waren der letzte Besuch eines staufischen Herrschers in Nord- und Mitteldeutschland.

Die chirurgischen Zeichnungen, von denen auf S. 51 erzählt wird, sind abgebildet bei Karl Sudhoff, ›Beiträge zur Geschichte der Chirurgie im Mittelalter‹, Bd. I, Leipzig 1914. Dort auch (S. 131 f.) in einer Bamberger Handschrift mit chirurgischem Material aus Salerno die Behandlung von einfachen und komplizierten Knochenbrüchen.

Die auf S. 55 f. beschriebenen Bilder sind erläutert und in den mathematischen Kenntnisstand der Zeit eingeordnet bei A. Borst: ›Bild und Wort und Zahl bei Thomasin von Zirklaere‹, in: ›Barbaren, Ketzer und Artisten‹, München 1988.

Die Fragen auf S. 145, die Kaiser Friedrich II. später seinem Hofgelehrten Michael Scotus stellte, sind mit den Antworten in lateinischer Sprache abgedruckt bei Ch. H. Haskins, ›Studies in the History of Medieval Science‹, Cambridge (Mass.) 1924, S. 292 ff.

Eine Güter- und Rechtsaufstellung wie die auf S. 157 dargestellte nahm am Ende des zwölften Jahrhunderts Graf Siboto von Falkenstein vor. Im ersten Teil ließ er seinen Eigenbesitz aufzeichnen, im zweiten den Lehnsbesitz, sowohl den empfangenen wie den weiterverliehenen. Seine vier Burgen dienten als Verwaltungszentren; von ihnen aus wurde jedes Dorf und jeder Weiler erfaßt. Wir hören von Abgabepflichten in Geld und Naturalien, von Verpfändungen, Erbschaftsregelungen und Güterteilungen (bei denen auch die Kinder von Hörigen aufgeteilt wurden). Die Ausstattung der Kapellen wird ebenso bezeichnet wie der (nicht sehr große) Silberbesitz der Burg (Elisabeth Noichl, ›Codex Falkensteiniensis‹, München 1978).

Die vorliegende Erzählung bemüht sich um eine möglichst zeitgenaue Darstellung; wo von dieser der Handlung zuliebe abgewichen wird, gelten die Angaben der nachfolgenden Zeittabelle. Im Ganzen sind einzelne Züge, etwa der Ausbildung einer Landesherrschaft, zeitlich etwas vorgezogen und gerafft worden.

Eine eingehende Darstellung des hohen Mittelalters bietet der zweite Band der Propyläen-Geschichte Deutschlands: Hagen Keller, ›Zwischen regionaler Begrenzung und universalem Horizont,

1024–1250‹, Berlin 1986. Anschaulich informiert auch der Katalog der Staufer-Ausstellung von 1977 in Stuttgart: ›Die Zeit der Staufer. Geschichte, Kunst, Kultur‹, 5 Bände, Stuttgart 1977–1979. Für das Rittertum vgl. Arno Borst, ›Ritterliche Lebensformen im Hochmittelalter‹, in: ›Barbaren, Ketzer und Artisten‹, München 1988; sowie derselbe (allgemein), ›Lebensformen im Mittelalter‹, zuletzt Frankfurt 1986. Noch immer, wenn auch mit Vorsicht, lesenswert ist auch das berühmte Buch von Ernst Kantorowicz, ›Kaiser Friedrich II.‹, Berlin 1927–1931. Eine Darstellung aus neuerer Zeit gibt Georgina Masson, ›Das Staunen der Welt. Friedrich II. von Hohenstaufen‹, zuletzt Stuttgart 1985.

Zeittafel

1152–1190	Kaiser Friedrich I. Barbarossa.
1190	(10. Juni) der Kaiser ertrinkt auf dem 3. Kreuzzug.
1190–1197	Kaiser Heinrich VI., (vermählt mit Konstanze, der Erbin des sizilischen Königreichs).
1194	(26. Dez.) Friedrich II. in Jesi geboren,
1196	zum deutschen König gewählt; gleichzeitig wird der Erbreichsplan Heinrichs VI. von den deutschen Fürsten abgelehnt.
1197	Heinrich VI. stirbt beim Aufbruch zum Kreuzzug in Messina an der Malaria.
1198	(Mai) Friedrich II. in Palermo zum sizilischen König gekrönt.
1198	Doppelwahl in Deutschland:
1198–1208	König Philipp von Schwaben (Staufer)
1198–1215	König (seit 1209 Kaiser) Otto IV. (Welfe)
1198–1216	Papst Innozenz III.
1198	(Nov.) Kaiserin Konstanze gestorben; der Papst wird Vormund Friedrichs II. und Verweser Siziliens.
1200	Landgraf Ludwig (der Heilige) von Thüringen geboren.
1204	Eroberung Konstantinopels durch das Kreuzheer.
1207	Elisabeth von Ungarn, die spätere Landgräfin und Heilige, geboren.
1208	(Juni) König Philipp von Schwaben in einer Privatrache von Otto von Wittelsbach in Bamberg ermordet.
1208	(Dez.) Friedrich II. wird vierzehnjährig für mündig erklärt, regiert Sizilien selbständig, wird
1209	mit Konstanze von Aragon vermählt.
1209	Kaiserkrönung Ottos IV.
1210/11	Heinrich (VII.) geboren.
1211	Die künftige Landgräfin Elisabeth kommt vierjährig an den Hof von Eisenach.
1211	Friedrich II. wird von der staufischen Partei zum König gewählt und kommt

1212 nach Deutschland, wird in Mainz provisorisch gekrönt.

1212–1250 Kaiser Friedrich II. (König 1212/15, Kaiser 1220).

1212–1220 Friedrich II. in Deutschland.

1214 (27. Juli) Schlacht bei Bouvines; König Johann ohne Land von England und mit ihm der deutsche Kaiser Otto IV. durch König Philipp II. Augustus von Frankreich, Verbündeten des Staufers, besiegt.

1215 Friedrich II. in Aachen rechtmäßig gekrönt; Kreuzzugsgelübde.

Viertes ökumenisches Laterankonzil; Kaiserkrönung Friedrichs II. beschlossen; dieser verspricht dem Papst, Sizilien und Deutschland nicht in einer Hand zu vereinigen.

1216–1227 Papst Honorius II.

1216 Heinrich (VII.) nach Deutschland geholt.

1217 Landgraf Hermann von Thüringen gestorben.

1220 (April) Hoftag in Frankfurt, Heinrich (VII.) zum König gewählt; Friedrich II. räumt den geistlichen Fürsten in der »Confoederatio cum principibus ecclesiasticis« weitgehende Hoheitsrechte ein.

(Nov.) Kaiserkrönung.

(Dez.) Hoftag in Capua.

1221 Ludwig und Elisabeth von Thüringen vermählt.

1224 Gründung der Universität Neapel.

1225 Friedrich II. mit Jolande (Isabella) von Brienne, Erbtochter des Königs von Jerusalem, vermählt.

(Nov.) Heinrich (VII.) mit Margarethe von Österreich vermählt.

Elisabeth von Thüringen weist Franziskanermönchen (seit 1221 in Deutschland) eine Kapelle in Eisenach zu.

1226 Friedrich II. garantiert dem Deutschen Orden Besitz und Hoheit in dem von Herzog Konrad von Masowien zu Eroberung und Mission angebotenen Kulmer Land.

Die kaiserfeindlichen Städte Norditaliens erneuern den Lombardenbund und verhindern zwei kaiserliche Reichstage.

Gehorsamsgelübde Elisabeths gegen Konrad von

Marburg; Hungersnot in Deutschland; Spital unter der Wartburg eingerichtet.
Franziskus von Assisi gestorben.
Kreuzzugswerbung in Deutschland.

1227–1241 Papst Gregor IX.

1227 Kreuzzug wegen Erkrankung des Kaisers erneut verschoben; dieser wird deswegen vom Papst mit dem Kirchenbann belegt.
(11. Sept.) Landgraf Ludwig von Thüringen an der Malaria gestorben.

1227/8 Elisabeth von Thüringen verläßt die Wartburg.

1228 Franziskus von Assisi heiliggesprochen.
(April) Konrad IV. geboren.
Elisabeth von Thüringen zieht sich in ihr neugegründetes Spital nach Marburg zurück.

1228/9 Kreuzzug des gebannten Kaisers, Vertrag mit dem ägyptischen Sultan Al-Kamil, Selbstkrönung zum König von Jerusalem. Inzwischen besetzen päpstliche Truppen Apulien.

1230 Frieden von San Germano und Ceprano zwischen Kaiser und Papst unter Vermittlung Hermanns von Salza und der deutschen Fürsten; der Kaiser vom Bann gelöst.

1231 Konstitutionen von Melfi, Gesetzeswerk für Sizilien nach spätrömischem Vorbild.
Konrad von Marburg Ketzerrichter in Deutschland.
(Frühjahr) Die Fürsten setzen gegen König Heinrich (VII.) das »Statutum in favorem principum« durch, das weitgehende Hoheitsrechte auch an die weltlichen Fürsten gibt.
(Herbst) Hoftag in Ravenna; der König verweigert die Teilnahme.
(17. Nov.) Elisabeth von Thüringen gestorben.

1232 Hoftag in Cividale; der Kaiser bestätigt das Statut, untersagt dem König weitere selbständige Politik.

1233 Armuts- und Bußbewegung in den lombardischen Städten.
Konrad von Marburg ermordet.

1234 (Mai) Vernichtung der Stedinger Bauern.

1235 Aufstand Heinrichs (VII). gegen den Kaiser; Friedrich II. kommt nach Deutschland.
(4. Juli) Gericht in Worms; der König abgesetzt.
(15. Juli) Friedrich II. mit Isabella von England vermählt.
(August) Hoftag in Mainz, Erlaß des Mainzer Landfriedens (Gesetzeswerk für Deutschland) in lateinischer und deutscher Sprache.
Elisabeth von Thüringen heiliggesprochen.

1236 Erhebung ihrer Gebeine im Beisein Friedrichs II.

1237 Konrad IV. in Wien zum deutschen König gewählt (nicht gekrönt).
Sieg Friedrichs II. über Mailand bei Cortenuova; Triumph in Cremona und Rom.

1239 (20. März) Friedrich II. zum zweiten Mal (und auf Lebenszeit) von Gregor IX. gebannt.
Hermann von Salza gestorben.
Ein erbitterter Machtkampf in Politik und Polemik entbrennt zwischen Kaiser und Papst. Wechselnde Kämpfe und Verhandlungen in Italien.

1241 Herzog Heinrich von Schlesien unterliegt in der Mongolenschlacht bei Liegnitz. Keine Hilfe vom Kaiser; die Mongolen ziehen aus eigenen Gründen ab.

1243–1254 Papst Innozenz IV.

1245 Konzil von Lyon: der Papst setzt den Kaiser ab.

1246/7 Landgraf Heinrich Raspe Gegenkönig.

1247–1256 Wilhelm von Holland Gegenkönig.

1248 Niederlage Friedrichs II. gegen die Lombarden bei Parma.

1249 Des Kaisers Sohn Enzio von den Bolognesen gefangen und lebenslänglich (bis 1272) in Haft gehalten.

1250 (13. Dez.) Friedrich II. in Fiorentino bei Lucera gestorben.

1250–1254 König Konrad IV. in Deutschland.

1266 König Manfred, Erbe der sizilischen Krone, fällt bei Benevent gegen Karl von Anjou; seine Kinder lebenslänglich eingekerkert.

1268 Konradin, Erbe der deutschen (römischen) Krone, in Neapel enthauptet.

Personenverzeichnis

Abaelard, Petrus Abaelardus, 1079–1142, Sohn eines bretonischen Ritters, schlug den Wissenschaften zuliebe sein Erbe aus. Er begründete eine berühmte Schule in Paris, war einer der wichtigsten Wegbereiter der scholastischen Philosophie in Logik, Dialektik und Erkenntnistheorie, erkannte zwar die Autorität der Offenbarung an, gab aber im Zweifelsfalle dem begründeten Urteil der Vernunft Vorrang. Berühmt ist seine Liebesbeziehung zu Heloise. Das auf S. 83 zitierte Wort steht im Prolog seines methodisch grundlegenden Werkes ›Sic et Non‹.

Adelard von Bath, engl. scholastischer Philosoph des 12. Jahrhunderts, trug als einer der ersten zur Verbreitung griechischer und arabischer Naturerkenntnisse bei.

Agnes von Böhmen, wohl 1211–1282, jüngstes (neuntes) Kind des Przemysl Ottokar I. und der Konstanze von Ungarn. Sie war Gegenstand mehrerer diplomatischer Heiratspläne, vor allem um Heinrich (VII.). Im Zusammenhang mit diesen und offenbar aus persönlichen Gründen trat sie (wohl 1234) in das von ihr gegründete Klarissinnenstift in Prag ein. Sie nahm von dort aus regen Anteil an geistlichen und weltlichen Fragen und führte eine umfangreiche Korrespondenz.

Aristoteles, 384–322 v. Chr., neben Plato der bedeutendste Philosoph der griechischen Antike, bis in die Neuzeit grundlegend. Für das Mittelalter war bedeutsam, daß seine Werke den gesamten Umfang des antiken Wissens in Einzelwissenschaften entfalteten (Logik, Physik einschließlich anderer Naturwissenschaften, Metaphysik, Ethik, Politik, Rhetorik, Poetik). Durch arabische und jüdische Gelehrte wurden die Schriften des Aristoteles vor allem nach Spanien vermittelt und dort im 13. Jhd. ins Lateinische übersetzt. Er war für das Mittelalter »der Philosoph« schlechthin; seine Rezeption (Albertus Magnus, Thomas von Aquino) prägte die Philosophie (Scholastik) und die wissenschaftliche Methode dieses Zeitalters.

Averroes, Ibn Ruschd, Philosoph und Arzt, 1126–1198, aus dem damals arabischen Cordoba in Spanien stammend, war im Mittelalter »der Kommentator«, nämlich des Aristoteles, dessen Schriften er interpretierte. Seine eigene philosophische Lehre von der Ewigkeit der Welt und einer allen Menschen gemeinsamen Vernunft fand als »Averroismus« vor allem an der Pariser Universität Eingang, ehe sie von der Rezeption des Aristoteles selbst überwunden wurde.

Bianca Lancia, aus der Familie der Markgrafen von Lancia stammend, war Mätresse oder morganatische (rechtlich nicht vollgültige) Gemahlin Friedrichs II. und Mutter seines Nachfolgers auf dem sizilischen Thron, des Königs Manfred. Ihre Familie besaß großen Einfluß am sizilischen Hofe des Kaisers.

Elisabeth von Thüringen, 1207–17. 11. 1231, Tochter des Königs Andreas von Ungarn und der Gertrud von Andechs-Meranien. Sie kam 1211 an den thüringischen Hof, heiratete 1221 den Landgrafen Ludwig (den Heiligen). 1225 wies sie dem jungen Franziskanerorden (seit 1221 in Deutschland) eine Kapelle in Eisenach zu; 1226 legte sie in der Art der Zeit ein Gehorsamsgelübde gegen ihren Beichtvater Konrad von Marburg ab. Sie stellte ihr Leben in den Dienst des pflegerischen Einsatzes für Arme und Kranke und strebte auch für sich selbst nach Armut und Selbstverzehrung. Damit entfremdete sie sich dem Hof; nach dem Kreuzfahrertod ihres Gemahls 1227 von der Wartburg verdrängt, widmete sie sich in dem von ihr begründeten Spital in Marburg ausschließlich dem Pflegedienst. Die Konsequenz ihres Lebensweges sprengte ähnlich wie bei Franz von Assisi den zeitgenössischen Rahmen von Armen- und Krankendienst vollkommen. Sie starb 1231 vierundzwanzigjährig und wurde 1235 (im Beisein Kaiser Friedrichs II.) heiliggesprochen.

Enzio, vor 1220–1272, außerehelicher Sohn Friedrichs II., war seit 1238 König von Sardinien, 1239 Generalvikar der Romagna und Generallegat für ganz Italien, gewann gegen päpstliche Ansprüche Ancona und Spoleto für den Kaiser (zurück), wurde 1249 von den Bolognesen gefangen und bis zu seinem Tode (1272) in Haft gehalten.

Franz(iskus) von Assisi, eigentlich Giovanni Bernardone, 1181/82–3. 10. 1226. Er stellte sein Leben vollständig in den Dienst der Nachfolge Christi, predigte seit 1209 im Umherziehen, gewann zahlreiche Anhänger, die er zu zweit zur Predigt und Krankenpflege ausschickte. Er verfaßte eine auf das Evangelium zurückgreifende (Ordens)Regel, die von Papst Innozenz III. (mündlich) gutgeheißen wurde. Seit 1219 gab es Franziskaner in fast allen Ländern Europas; 1227 wurde Franz von Assisi heiliggesprochen. Er gehört, wie Elisabeth von Thüringen, zu den stärksten und schon früh mit Legenden umwobenen Heiligen des Mittelalters.

Friedrich I. Barbarossa, 1152–1190, geb. 1122, römischer König 1152, Kaiser 1155, gestorben (ertrunken) 10. 6. 1190 auf einem Kreuzzug. Neben Karl d. Großen volkstümlichster deutscher Kaiser des Mittelalters; er galt schon zu Lebzeiten als Verkörperung des ritterlichen Ideals und als Erneuerer des Reiches. Innenpolitisch bedeutsam ist sein Konflikt mit dem Welfen Heinrich dem Löwen, den er 1180 in einem land- und lehnsrechtlichen Verfahren stürzte, sowie die Vergabe weitgehender landesherrlicher Rechte an die Babenberger für das neugeschaffene Herzogtum Österreich. Außenpolitisch strebte er nach der Wiederherstellung kaiserlicher Rechte in Italien; 1158 Reichstag auf den Ronkalischen Feldern, Inanspruchnahme des römischen Rechts für die kaiserlichen Forderungen. Auf seinen fünf Italienzügen suchte er diese gegen die norditalienischen Städte (seit 1157 im Lombardenbund zusammengeschlossen) durchzusetzen. 1167 kam es zum ersten Konflikt mit dem Papst, gegen den er eine imperiale Reichsvorstellung behauptete. 1177 Frieden mit dem Papst, 1183 mit den Städten; nur mehr eine formale Oberhoheit des Kaisers in Italien anerkannt. 1178 in Arles Krönung zum König von Burgund. In Deutschland baute Friedrich Barbarossa die staufische Hausmacht aus (Städtegründungen), doch setzte eine Verselbständigung der Fürsten bereits unter ihm ein. 1519 wurde erstmals die Kyffhäusersage von seinem Enkel Friedrich II. auf ihn übertragen.

Friedrich II., 1212/15–1250, geb. Jesi 26. 12. 1194. Sohn Heinrichs VI. und der Konstanze von Sizilien. 1196 bzw. 1212 bzw. 1215 römischer (deutscher) König, 1198 König von Sizilien, 1220 Kaiser; gestorben Fiorentino bei Lucera 13. 12. 1250. Nach dem

Tode seines Vaters Verzicht seiner Mutter auf das deutsche Königtum, nach ihrem Tode 1198 Vormundschaft des Papstes, des Lehnsherrn von Sizilien, der ihn seit 1212 gegen den Welfen Otto IV. stützte. Nach dessen Niederlage bei Bouvines wurde Friedrich II. 1215 in Aachen gekrönt und als deutscher König anerkannt; Kreuzzugsgelübde. Er trieb nach staufischer Tradition Hausmachtspolitik (Städtegründungen u. a.), mußte aber 1220 den geistlichen Fürsten in der »Confoederatio cum principibus ecclesiasticis« (Bündnis mit den geistlichen Fürsten) weitgehende Souveränitätsrechte einräumen. Trotz anderslautenden Versprechens tauschte er die Königreiche Deutschland und Sizilien mit seinem Sohn Heinrich (VII.), respektierte aber die staatsrechtliche Trennung beider voneinander. Von 1220 bis 1227 baute Friedrich Sizilien zu einem straff organisierten Beamtenstaat aus; Gesetzgebung, Bautätigkeit. 1227 wegen der abermaligen Verschiebung des Kreuzzugs gebannt, zog er als Gebannter 1229 nach einem Vertrag mit dem ägyptischen Sultan in Jerusalem ein. Im Frieden von San Germano und Ceprano wurde 1230 unter Mitwirkung Hermanns von Salza und der deutschen Fürsten der Friede mit dem Papst geschlossen; Lösung vom Bann. 1232 mußte der Kaiser das seinem Sohn von den Fürsten abgerungene »Statutum in favorem principum« (Statut zugunsten der Fürsten) bestätigen, 1235 einen Aufstand Heinrichs (VII.) niederwerfen. Im Mainzer Reichslandfrieden erließ er auch für Deutschland ein bedeutendes Gesetzeswerk. 1236 verließ Friedrich II. nach der Heiligsprechung der Landgräfin Elisabeth in Marburg Deutschland und hielt sich nur 1237 noch einmal kurz zur Königswahl seines Sohnes Konrads IV. in Wien auf. Nach 1235 folgten Kämpfe gegen den Lombardenbund und eine vom Haß bestimmte Politik vor allem gegen Mailand. Wegen konkurrierender Ansprüche in Italien in Konflikt mit dem Papst geraten, wurde er 1239 abermals gebannt und 1245 auf dem Konzil von Lyon für abgesetzt erklärt.

Die Auseinandersetzung zwischen Kaiser und Papst vollzog sich auf beiden Seiten mit äußerster Schärfe unter Rückgriff auf Bibel und römisches Recht. 1250 starb Friedrich II. (in der Kutte der Zisterzienser); er wurde in Palermo beigesetzt. Obwohl er politisch bei seinem Tode nicht bezwungen war, ließ die Überhöhung des Kaisertums dieses nach seinem Tode zusammenbrechen.

Seinen Zeitgenossen galt Friedrich II. wegen seiner staatsmännischen, wissenschaftlichen und künstlerischen Begabung und seiner außergewöhnlichen Persönlichkeit als »Stupor Mundi«, als »Staunen der Welt«. Sein – von orientalischen Zügen nicht freier – Großhof in Sizilien, später meist in Apulien, galt weithin als geistiges Zentrum; berühmt sind vor allem die Bauten des Kaisers (Brückentor in Capua mit symbolischem Figurenschmuck, Castel del Monte mit achteckigem Grundriß) sowie sein Buch ›Über die Kunst, mit Vögeln zu jagen‹), d. h. über die Falkenjagd. Der Ruf der sizilianischen Dichterschule war weit verbreitet.

Galenus, griechisch-römischer Arzt, ca. 129–199 n. Chr., neben Hippokrates der bedeutendste Arzt der Antike. Er faßte das ärztliche Wissen der Antike in einem System zusammen, welches durch das ganze Mittelalter hindurch bis zur Neuzeit Autorität besaß. Sein Lehrgebäude stützte sich auf genaue Beobachtungen am Krankenbett und bei Tierexperimenten ebenso wie auf philosophische Prinzipien. Nach seiner Lehre hing die Gesundheit des Menschen von dem richtigen Mischungsverhältnis der vier Säfte Blut, Schleim, gelbe Galle, schwarze Galle ab; es konnte durch besonnene Lebensführung weitgehend beeinflußt werden.

Gregor IX., Papst 1227–1241, Gegenspieler Kaiser Friedrichs II., den er zweimal (1227 und 1239) mit dem Kirchenbann belegte.

Heinrich VI., 1190–1197, Sohn Friedrich Barbarossas, geboren 1165, römischer König 1169, Kaiser 1191, König von Sizilien 1194, gestorben Messina 29. 9. 1197. Er war seit 1186 mit Konstanze, der Erbin des sizilischen Königreichs vermählt; sein Erbreichsplan, mit dem er die in Deutschland hergebrachte Wahlpraxis durch die erbliche Thronfolge ablösen wollte, scheiterte 1196. Unter Heinrich VI. stand die staufische Macht auf ihrem Höhepunkt. Sein früher Tod muß als einer der folgenreichsten Einschnitte der mittelalterlichen Kaisergeschichte gelten.

Heinrich (VII.), (1220–1235) Sohn Kaiser Friedrichs II. und der Konstanze von Aragon, geboren 1210/11, König von Sizilien 1212, Herzog von Schwaben, römischer König 1220, entthront 1235, gestorben nach sechsjähriger Kerkerhaft »in Überdruß und Schwermut« in Martirano 10. 2. 1242, vermutlich durch Selbstmord. Er wurde 1220 unter Vormundschaft als deutscher (römischer) König in Deutschland zurückgelassen, 1225 mit Margarethe von Österreich vermählt, 1229 mündig. Er geriet durch seine städtefreundliche Politik in Gegensatz zu den Fürsten, die ihm 1231 das »Statutum in favorem principum« (Statut zugunsten der Fürsten) abnötigten, das die Position des Königs in der Machtverteilung zwischen König, Fürsten und Städten einengte (1232 von Friedrich II. bestätigt). 1234 empörte er sich gegen seinen Vater, mußte sich 1235 unterwerfen und wurde bis zu seinem Tode in Kalabrien in Kerkerhaft gehalten. Es scheint, als habe er auch bei seiner Unterwerfung noch Vorbehalte gemacht, denn die Verhaftung erfolgte erst nach der Begnadigung. Bei seinem Transport über die Alpen hat es möglicherweise einen Befreiungsversuch gegeben; die Empörung schwelte noch nach. Als der Franziskaner Lucas bei der Beerdigung spontan seine Leichenrede über Genesis 22,10 (vgl. S. 267) hielt, glaubten viele, er habe sich um Kopf und Kragen geredet, doch der – abwesende – Kaiser erbat die Predigt später ausdrücklich.

Heinrich Raspe, Landgraf von Thüringen seit 1227; zusammen mit König Wenzel von Böhmen 1242 Reichsprokurator für Konrad IV., 1246 Gegenkönig gegen Friedrich II., gestorben 1247.

Hermann von Salza, geboren um 1170, gestorben Salerno 20. 3. 1239, Hochmeister des Deutschen Ordens 1209, aus einer thüringischen Ministerialenfamilie stammend. Er war ein Freund und wichtiger Berater Friedrichs II. und sein Begleiter auf dem Kreuzzug von 1228/9, für den er im Reich geworben hatte; ein steter Vermittler zwischen dem Kaiser und der päpstlichen Kurie. Auf den Ruf Herzog Konrads von Masowien beteiligte er sich an der Missionierung der heidnischen Pruzzen; auf Grund der Goldenen Bulle von Rimini von 1226 Aufbau des Ordensstaates im Kulmer Land östlich der Weichsel. Er arbeitete von Italien aus am Aufbau des Deutschen Ordens; sein Todestag ist der Tag, an dem Papst Gregor IX. zum zweiten Mal den Bann über den Kaiser verhängte.

Hermann, seit 1190 Landgraf von Thüringen, geboren etwa 1155, gestorben 25. 4. 1217. Er wechselte im staufisch-welfischen Thronstreit öfter die Partei, um sein Territorium mit Reichsbesitz abzurunden. Sein Hof in Eisenach (noch vor dem Ausbau der Wartburg) war ein Mittelpunkt der höfischen Dichtkunst (Heinrich von Veldeke, Walther von der Vogelweide, Wolfram von Eschenbach).

Innozenz III., Papst 1198–1216, bedeutender Jurist und Diplomat, führte das mittelalterliche Papsttum auf den Höhepunkt seiner Macht. Er vertrat kirchliche Reformvorstellungen, stützte die jungen Bettelorden, führte die Inquisition ein. Er übte vielfachen Einfluß in der Politik der meisten europäischen Länder aus, stützte im staufisch-welfischen Thronstreit zunächst den Welfen Otto IV., setzte aber nach dessen Einlenken in imperiale Politik die Thronansprüche seines Mündels Friedrichs II. durch.

Johann ohne Land, König von England 1199–1216, nahm in seinen Auseinandersetzungen mit den Baronen sein Land vom Papst zu Lehen, mußte ihnen 1215 die »Magna Charta Libertatum« einräumen. Er verlor den Festlandsbesitz der englischen Plantagenets in Frankreich in der Schlacht bei Bouvines 1214 an König Philipp II. Augustus von Frankreich.

Jolanda (Isabella) von Jerusalem, Tochter des Johann von Brienne, Königs von Jerusalem, Geburtsjahr unbekannt, gestorben 8. 5. 1228, zweite Gemahlin Friedrichs II., Mutter des deutschen (römischen) Königs Konrads IV. (dessen Geburt sie nur um wenige Tage überlebte). Sie brachte ihrem Gemahl und ihrem Sohn den Anspruch auf die Krone von Jerusalem ein.

Konrad IV., 1250–1254 römischer (deutscher) König, König von Jerusalem, Herzog von Schwaben, Sohn Friedrichs II. und der Jolanda (Isabella) von Jerusalem, geboren April 1228, gestorben Mai 1254. Er wurde nach dem Sturz seines Halbbruders Heinrich (VII.) 1237 zum deutschen König gewählt (nicht gekrönt); vermählt mit Elisabeth von Bayern. Nach der Bannung seines Vaters 1245 konnte er sich nur mühsam gegen Gegenkönige (Heinrich Raspe von Thüringen und Wilhelm von Holland) behaupten.

Konradin, geboren 1252, gestorben (enthauptet) Neapel 29. 10. 1268, Sohn Konrads IV., der letzte deutsche Staufer. Nach Niederlage und Tod König Manfreds von Sizilien 1266 zog Konradin nach Italien, verlor 1268 gegen Karl von Anjou die Schlacht bei Tagliacozzo, wurde von diesem hingerichtet.

Konrad von Marburg, Geburtsdatum unbekannt, gestorben (ermordet) bei Marburg 30. 7. 1233. Er war vielleicht Prämonstratensermönch, seit 1226 Beichtvater und Seelenführer der Landgräfin Elisabeth von Thüringen, die er mit großer Härte leitete. Seit 1231 war er als oberster Inquisitor in Deutschland mit der Eindämmung der Ketzerbewegung beauftragt; auch diese Aufgabe nahm er mit äußerster Härte wahr. Als er sich dabei über das Gericht des Königs hinwegsetzte und Hand an einen Grafen Salm zu legen suchte, wurde er von Anhängern mehrerer Betroffener erschlagen. Es gab nur der Form halber eine Verfolgung der Tat vor Gericht. Der Fanatismus Konrads von Marburg hat dazu beigetragen, daß der Inquisition in Deutschland – bis zum Ausbruch der Hexenverfolgungen im späten Mittelalter – keine besondere Bedeutung zukam.

Konstanze von Sizilien, geboren 1154, gestorben 27. 11. 1198, Tochter König Rogers II. von Sizilien, 1186 vermählt mit Kaiser Heinrich VI., an den durch sie das Königreich Sizilien fiel. Sie war die Mutter Friedrichs II., zu dessen Vormund sie vor ihrem Tod unter Verzicht auf die deutsche Krone Papst Innozenz III., den Lehnsherrn Siziliens, bestellte.

Ludwig der Heilige, geboren 1200, Landgraf von Thüringen 1217, gestorben Otranto 11. 9. 1227 bei Antritt des Kreuzzugs. Er vermählte sich 1221 mit Elisabeth von Ungarn, der späteren Heiligen. Ludwig war ein Freund Friedrichs II.; seine landesherrlichen Rechte baute er mit der Zielstrebigkeit der damaligen Fürsten aus, doch erlosch das landgräfliche Haus der Ludowinger nach dem frühen Tod seines Sohnes Hermann mit seinem Bruder Heinrich Raspe.

Manfred, König von Sizilien 1258–1266, geboren 1232, gefallen 1266 in der Schlacht bei Benevent, natürlicher Sohn Friedrichs II. und der Bianca Lancia. Er war Reichsverweser für Italien, respektierte zunächst die Erbrechte Konrads IV. (gestorben 1254), setzte sich in Italien gegen Papst Innozenz IV. durch, ließ sich 1258 zum König von Sizilien krönen, unterlag aber gegen den vom Papst mit Sizilien belehnten Karl von Anjou. Er galt als der Sohn, der Friedrich II. am ähnlichsten war und ihm am nächsten stand (bei Dante als einziger Sohn mit ihm zusammen genannt); er teilte dessen Liebe zu den Künsten und Wissenschaften und vollendete das Buch über die Falkenjagd. Seine Söhne wurden in Castel del Monte lebenslänglich in Kerkerhaft gehalten.

Michael Scotus, irisch-schottischer Gelehrter, gestorben 1235, wirkte in Toledo als einer der ersten Vermittler griechisch-arabischer Naturwissenschaft, übersetzte vor allem tierkundliche Werke des Aristoteles und Averroes. Seit 1228 war er Hofgelehrter Friedrichs II. an dessen sizilischem Großhof. Ihm stellte der Kaiser unter anderem die auf S. 145 genannten Fragen.

Otto IV., Sohn Heinrichs des Löwen, geboren 1177, (Gegen) König 1198–1215, Kaiser 1209, (der einzige Welfe, der Kaiser wurde), gestorben 1218. Er setzte sich nach der Ermordung seines Gegenspielers Philipp von Schwaben zunächst durch, wurde beim Einlenken in die Bahnen der staufischen Kaiserpolitik (Anspruch auf Sizilien) jedoch von Papst Innozenz III. zugunsten Friedrichs II. fallengelassen.

Petrus de Vinea, Pier della Vigne, geboren um 1190, gestorben April 1249 durch Selbstmord. Erster Berater und Leiter der Kanzlei Friedrichs II. (Protonotar und Logothet). Er war maßgeblich beteiligt an der Formung des straff organisierten sizilischen Beamtenstaats; seine glänzende rhetorische Begabung prägte den berühmten lateinischen Stil der kaiserlichen Kanzlei. Er fiel 1249 in Ungnade und wurde geblendet.

Philipp von Schwaben, (Gegen)König 1198–1208, geboren 1176, ermordet Bamberg 21. 6. 1208, Sohn Friedrich Barbarossas, Bruder Heinrichs VI., seit 1196 Herzog von Schwaben. Er suchte zunächst für seinen Neffen Friedrich II. zu regieren, ließ sich dann im staufischen Interesse selbst zum König wählen. Zum Zeitpunkt seiner Ermordung (durch Otto von Wittelsbach in einer Privatrache) waren seine Anerkennung in Deutschland und der Frieden mit dem Papst so gut wie gesichert.

Philipp II. Augustus, 1180–1223 König von Frankreich, seit 1187 im Bündnis mit den Staufern. Er vergrößerte durch politisches Geschick die Krondomäne auf Kosten der großen Vasallen und dehnte die französische Herrschaft in Flandern und in den ehemals englischen (angevinischen) Festlandsbesitzungen aus. Seine straffe Verwaltung der Krondomäne im Gerichts- und Finanzwesen begründete die Machtstellung der französischen Könige und die Herausbildung eines modernen Nationalstaats in Frankreich.

Ptolemäus, Claudius, um 100 bis nach 160 n. Chr., griechischer Naturwissenschaftler, vor allem Astronom und Mathematiker, dessen Lehren bis über Kopernikus hinaus wirksam waren. Er lehrte, den gesamten Wissensstand der Antike umfassend, bei geozentrischem Weltbild die Kugelgestalt der Erde. Seine ›Syntaxis mathematike‹, von den Arabern um 800 in 13 Büchern unter dem Titel ›Almagest‹ übernommen, war jahrhundertelang das maßgebliche Handbuch der Astronomie und Trigonometrie.

Walther von der Vogelweide, geboren um 1170, gestorben um 1230. Er gilt als bedeutendster mittelhochdeutscher Lyriker. Seine Heimat und Herkunft sowie die Frage seiner Ritterbürtigkeit sind umstritten. Seine Bildung erhielt er wohl am babenbergischen Hof in Wien, danach führte er ein Wanderleben, nahm Partei für Philipp von Schwaben, vorübergehend auch für Otto IV. und wiederholt gegen die päpstliche Politik in Deutschland. Um 1220 erhielt er von Friedrich II., den er in seinen politischen Spruchgedichten unterstützt hatte, das ersehnte Lehen, vielleicht ein kleines Gut in Franken bei Würzburg. Neben dem von ihm geprägten politischen Ton (Reichssprüche, Kaisersprüche, Papstsprüche) pflegte er sowohl den hohen Minnesang wie auch die sog. Mädchenlieder.

Wolfram von Eschenbach, geboren um 1170, gestorben um 1220, behandelte in seinen Epen (vollendet: ›Parsifal‹, Fragmente: ›Willehalm‹, ›Titurel‹ und Gralsthemen) vor allem den Konflikt zwischen der Bewältigung der Welt und dem Heil der Seele. Die auf S. 174 und S. 233 erwähnten Verse sind aus seinem Alterswerk, dem ›Titurel‹ (Verse 46ff., bes. Vers 64), die Kinder sind Sigune und Schionatulander.

Worterklärungen

Abakus: Ein seit dem Altertum bis zum Aufkommen der indisch-arabischen Zahlen im späten Mittelalter für die vier Grundrechenarten benutztes Rechenbrett (-tisch, -tuch) mit frei beweglichen oder in Schlitzen geführten Rechensteinen.

Allod, Eigengut: Ein in vollem Eigenbesitz stehendes Gut im Gegensatz zum Lehensbesitz oder Gemeingut. In England und Frankreich gab es seit der Mitte des 11. Jahrhunderts kaum noch Eigenbesitz; er mußte gegen den König rechtlich nachgewiesen werden. In Deutschland dagegen war der König niemals von vornherein Herr über das Land; hier gab es reichen Eigenbesitz, zu dem im Zuge der Verstaatlichung der Territorien das umfangreiche Rodungsland geschlagen wurde. Ein Allod konnte auch als Lehen aufgegeben werden, umgekehrt Lehnsbesitz durch Verschweigen zum Eigenbesitz werden. Beide Begriffe – Lehen und Allod – spielen in der deutschen Verfassungsgeschichte eine große Rolle.

Almagest (griech: Mathematike Techne): Arabischer Titel des astronomischen Handbuchs des Claudius Ptolemäus, geschrieben um 140 n. Chr. Es enthält eine Darstellung der gesamten Himmelskunde, besonders eine Theorie der Bewegung der Sonne, des Mondes und der fünf Planeten sowie einen Katalog mit Koordinaten für 1025 Fixsterne. Bis zum Anbruch der modernen Astronomie (Kopernikus, Galilei, Kepler) war der ›Almagest‹ die höchste astronomische Autorität im Orient und in Europa, er wurde 1175 in Toledo durch Gerhard von Cremona aus dem Arabischen ins Lateinische übersetzt; erst im 15. Jhd. wurde wieder auf das griechische Original zurückgegriffen.

Antoniusfeuer: Ergotismus, Folge einer Vergiftung mit mutterkornpilzhaltigem Getreide, wie sie im Mittelalter besonders in Hungerjahren häufig auftrat. Die Symptome, Brandigwerden der Glieder, konnten mit denen anderer Krankheiten verwechselt werden, ebenso die krampfartigen Verrenkungen in der Endphase. Vom heiligen Antonius erhoffte man sich Heilung.

Apulien: Landschaft im Südosten Italiens, Hauptstadt Bari. Apulien gehörte seit 1130 zum Königreich Sizilien; es erlebte unter Friedrich II. eine reiche Blüte. Dieser hieß auch »das Kind aus Apulien«, nach dem italienischen Namen »Puglie«: »das Chind von Pulle«.

Askanier: siehe Fürsten

Assisen (französisch): Begriff aus dem Rechtswesen; er bezeichnet sowohl Gerichtssitzungen wie den Erlaß von Gesetzen. Berühmt sind die Assisen von Capua, die Friedrich II. 1220 für Sizilien erließ.

Aussatz, Lepra: Eine der ältesten Infektionskrankheiten der Menschheit, dabei weniger ansteckend als lange geglaubt. Im Mittelalter wurden die Aussätzigen schon zu Lebzeiten durch Sterbemessen ausgeschlossen; sie durften sich den Behausungen der übrigen nicht nähern. Die anfangs untypischen Krankheitsmerkmale (Hautflecken, Knotenbildungen in den Gelenken) führen bald zum Verfall vor allem der Gliedmaßen (Finger, Hände) und bieten mit den offenen, eiternden Wunden einen abstoßenden Anblick.

Babenberger: siehe Fürsten

Bettelorden: Ordensbildungen im hohen Mittelalter, die den Verfallserscheinungen der Kirche (Sektierertum einerseits, Verweltlichung andererseits) entgegenwirkten und namentlich die Forderungen nach Armut und bibelmäßigem Leben auffingen. Ihrer Natur nach hatten sie ihren Wirkungskreis vor allem in den von der Ketzerbewegung gefährdeten Gebieten, hauptsächlich in den Städten, in denen sie Seelsorge, Lehrtätigkeit und Krankenpflege übten. Sie waren auch die eigentlichen Träger der neuen, von der Aristotelesrezeption geprägten Wissenschaften. Franziskaner (Minderbrüder) seit 1209 bzw. 1221, Dominikaner (Predigerbrüder) seit 1215.

Burg: Ursprünglich die Bezeichnung für eine befestigte Anlage und insofern der Kern späterer Städte (Bürger). Im hohen Mittelalter waren Burgen zunehmend Herrschaftssitze des Adels, vom

12. Jahrhundert an aus den Dörfern auf Höhen verlegt und dort mit Befestigungsanlagen gesichert. Der Burgtypus reichte vom einfachen Wachtturm bis zur ausgebauten Wohn- und Repräsentativburg, wobei der Befestigungscharakter (Wehrturm, [Zinnen] Mauern, Wehrgänge, Wachhäuser, Tore, Graben, Zugbrücke) grundsätzlich gegeben war. Im Wohntrakt befand sich der Rittersaal (Palas). Die Burg war ein eigener Gerichtsbezirk (»Burgfrieden«) und hatte eigene Kapellen. Für die Burghut waren die Burgmannen zuständig, die in einer Art Besoldungsverhältnis zu ihr standen. Burggraf, Burghauptmann, Burgknappe sind je nach Größe und Funktion der Anlage weitere Ämter in der Vertretung des Burgherrn. Unabhängig davon standen die Burgen in dem persönlichen Lehnsgeflecht des jeweiligen Besitzers und in den wirtschaftlichen Bindungen der Umgebung.

Confoederatio cum principibus ecclesiasticis: Bündnis mit den geistlichen Fürsten, Vereinbarung Friedrichs II. mit den geistlichen Reichsfürsten von 1220. Er hatte diesen ganz wesentlich seinen Aufstieg in Deutschland zu verdanken und brauchte sie für die Wahl seines Sohnes Heinrichs (VII.) zum römischen König. Die Vereinbarung bestand im wesentlichen in einer Stärkung der Fürstenrechte in dem Dreieck König – Fürsten – Städte und bezog sich vor allem auf Burgenbau und Städtegründung mit den entsprechenden Rechten (Zoll, Münze, Geleit, Gericht).

Deutscher Orden, Deutschritterorden: Während des 3. Kreuzzuges (1189–1192) 1190 als Krankenpflegeorden gegründet, 1198 als geistlicher Orden in Akkon angesiedelt. Tracht: weißer Mantel mit schwarzem Kreuz. Der Aufgabenbereich des reich begüterten Ordens lag weniger im Heiligen Land als in Europa, seit seinem vierten Hochmeister, Hermann von Salza (1210–1239), zunächst in Ungarn und dann auf Grund eines Rufs des Herzogs Konrad von Masowien und einer Verleihung in der Goldenen Bulle von Rimini 1226 im Kulmer Land östlich der Weichsel, wo nach der Unterwerfung der heidnischen Pruzzen eine großangelegte Kolonisation in den Aufbau des Ordensstaats mündete.

Dominikaner: siehe Bettelorden

Eigenbesitz: siehe Allod

Foggia: Heute Hauptstadt der italienischen Provinz Foggia, Handelsplatz im Inneren Apuliens, eine der Residenzen Friedrichs II., von dessen Palast nur noch ein Torbogen erhalten ist. In der Umgebung Foggias mehrere Jagdvillen.

Franziskaner: siehe Bettelorden

Fürsten: Inhaber der Teilgewalten im Reich (Landesherrschaften), die aus einer Verschränkung von Stammesbindungen, königlichen Ämtern und Reichslehen u. a. hervorgegangen sind. Neben den geistlichen Fürsten (Erzbischöfen, Bischöfen und Äbten) gibt es wenige große (Herzöge von Bayern und Österreich, König von Böhmen) und viele mittlere und kleine weltliche (Pfalzgrafen, Markgrafen, Landgrafen und Grafen). Das hohe und späte Mittelalter ist bestimmt vom Ausbau der Landesherrschaft. Die bekanntesten Fürstenfamilien der Zeit sind die Wittelsbacher in Bayern, die Babenberger in Österreich, die Przemysliden in Böhmen, die Welfen in Braunschweig und Lüneburg, die Ludowinger in Thüringen und Hessen, die Askanier in Brandenburg, die Wettiner in Meißen und schließlich die Staufer in Schwaben.

Geld: Die Leitwährung im hohen Mittelalter war der Kölner Pfennig, »denarius«. 160 Pfennige gingen auf eine Kölner Mark. Deren Normgewicht (233,856 g) war das Standardgewicht für Wertangaben. Daneben gab es leichtere Münzen; so war der Baseler Pfennig nur ein Viertel des Kölner Pfennigs wert; es ist deshalb außerordentlich schwierig, Preisangaben für das Mittelalter zu machen. Die Thüringer Grafen besaßen eigene Münzstätten. – Die auf S. 149 ff. gegebene Darstellung zieht die wirtschaftlichen Verhältnisse des 13. Jahrhunderts zeitlich ein wenig nach vorne.

Graf: Im hohen Mittelalter aus dem anfänglichen Amtscharakter längst herausgewachsen. Grafen waren bei Wahrnehmung ihrer alten Rechte und Pflichten in Gericht, Verwaltung und Heeresfolge erbliche Herren in ihren Territorien; die Ausübung der Grafenrechte wirkte herrschaftsbildend. Einigen wie den Habsburgern, Zollern und auch den thüringischen Grafen von Schwarzburg und Henneberg gelang der Aufstieg in den Fürstenstand; die meisten wurden jedoch bei der Herrschaftsbildung aufgesogen. Der König stützte sich bei seinen Umritten auf ihre Gefolgschaftspflicht in Hof und Gericht.

Hagenau: Staufische Pfalz im Elsaß, Lieblingsaufenthaltsort Friedrichs II. bei seinen Deutschlandbesuchen.

Hof (curia regis)**:** Der Hof war in Deutschland ein wanderndes Herrschaftszentrum des Reiches, der Ort für Gericht und Verwaltung. In Sizilien gab es dagegen feste Residenzen und eine »magna curia«, einen Großhof. Das 13. Jahrhundert sah in Deutschland mit der Blütezeit des Rittertums zugleich eine Blüte der höfischen Kultur, die sich von der Literatur über die Baukunst, Malerei, Musik bis hin zur Mode erstreckte und eine Verfeinerung der Lebensformen, wenn auch zunächst nur bei den höheren Ständen, einleitete.

Inquisition: Kirchliches Gericht zum Aufspüren und Bestrafen religiöser Irrlehren (Ketzerei). Die Strafen konnten in Gütereinziehung, Gefängnis, aber auch in der Auslieferung an das weltliche Gericht zum Feuertod bestehen. Nach der Ermordung des Inquisitors Konrad von Marburg (1233) trat die Inquisition in Deutschland bis zur Zeit der Hexenverfolgungen zurück.

Kaiser, Kaisertum: Ursprünglich nur ein überhöhtes Königtum und auf enge Zusammenarbeit mit dem Papsttum angelegt, geriet das Kaisertum mit diesem seit der Kirchenreform des 11. Jahrhunderts auch grundsätzlich in Konflikt. Friedrich Barbarossa begründete das Kaisertum auch theoretisch als Universalmacht neben und gegenüber dem Papsttum (Anknüpfung an das römische Recht, das fortan zur Stärkung kaiserlicher Rechte herangezogen wurde; »honor imperii«, »Ehre und Ansehen des Reichs«). Unter Friedrich II. kam es nach anfänglicher Abstimmung von Zielen und Interessen zu einem erbitterten Machtkampf zwischen Kaiser und Papst, bei dem sich der Kaiser auf eine überhöhte kaiserliche Herrschaftsvorstellung nach antikem und biblischem Vorbild berief. Diese Kaiseridee brach mit seinem Tode zusammen; aber auch das Papsttum wurde von diesem Machtkampf ausgezehrt.

Ketzer, Häretiker: Ein von der Kirchenlehre Abweichender, seit dem 12. Jahrhundert auch Sammelname für dualistische und andere Irrlehren. Die Ketzerbewegung stand häufig im Zusammenhang mit Armuts- und Erneuerungsbewegungen; seit der zweiten Hälfte des 12. Jahrhunderts gingen mehrere schwere Wellen vor allem über Frankreich, aber auch über Italien und Deutschland hinweg. Die Kirche wurde ihrer vor allem mit Hilfe der Bettelorden Herr, die der Forderung nach Reinheit von Kirche und Lehre mit einem eigenen Leben in Armut antworteten. Insbesondere den Dominikanern wurde die aktive Bekämpfung der Ketzer übertragen, die zu einer Verödung ganzer Landstriche vor allem Südfrankreichs führte.

König, Königtum: Einen »deutschen« König hat es im Mittelalter nicht gegeben, sondern nur einen ostfränkischen und dann einen »König der Römer« (»rex Romanorum«); dagegen gab es ein »deutsches Königreich«. Ort der Königswahl war immer häufiger Frankfurt. Ort der Krönung blieb Aachen. Das siebenköpfige Kurfürstenkolleg entstand im Laufe des 13. Jahrhunderts, spielte aber in der Stauferzeit noch keine Rolle. Die Hauptaufgabe des Königs war die Sicherung von Recht und Frieden; die Machtgrundlage dazu mußte jeweils geschaffen werden. In staufischer Zeit zwang die Verselbständigung der alten Teilgewalten (Fürsten) den König zu eigener Hausmachtspolitik, doch kam es in Deutschland aus verschiedenen Gründen nicht wie in Frankreich zu einer Verfestigung der königlichen Stellung durch den Kronbesitz (Hausgut, Königsgut, zusammen Reichslandgut). – Eine frühe Wahl des Thronerben zum König unter einem kaiserlichen Vater war üblich und wurde beispielsweise unter Friedrich Barbarossa und Heinrich VI. über zwanzig Jahre hinweg praktiziert, freilich bei überwiegender Anwesenheit des Kaisers in Deutschland.

Konstitutionen von Melfi: Das 1231 von Friedrich II. nach dem Vorbild des griechischen Kaisers Justinian erlassene Gesetzeswerk für Sizilien.

Kreuzzug: Im weiteren Sinne ein von der Kirche gegen Ungläubige oder Ketzer geführter Krieg, im engeren Sinne die Kriegszüge der christlichen europäischen Staaten zwischen dem elften und dreizehnten Jahrhundert, die der Einrichtung christlicher Herrschaften zur Sicherung des Zugangs zu den heiligen Stätten in Jerusalem dienten. Die Kreuzzüge, unter schweren Blutopfern auch unter der mohammedanischen Bevölkerung geführt, haben erheblich zur Erschließung Europas in Wirtschaft und Zivilisation beigetragen; ihre Berechtigung wird aus heutiger Sicht kritisch gewertet.

Landfrieden: Gesetz, das den Frieden im Inneren des Landes durch Verbot oder Einschränkung ungeregelter Privatkämpfe aller Art (Fehde) zu schützen suchte. Er wurde meist von Fall zu Fall für einzelne Zeiten, Regionen oder Personengruppen erlassen und gründete sich auf die alte Pflicht des Königs oder Landesherrn, den Schutz der Wehr- und Waffenlosen zu gewährleisten. Der bekannteste ist der Mainzer Reichslandfrieden Friedrichs II. von 1235, der als erster auch in deutscher Sprache erlassen wurde und in der Gesetzgebung weiterwirkte.

Lehen: Ein auf Lebenszeit überlassenes Gut (Besitz), für das der Belehnte (Vasall) dem Lehnsherrn persönlichen, vor allem militärischen, Dienst schuldig war. Auf dem Lehens(Feudal)wesen war die Gesellschaft des Mittelalters aufgebaut; es band den Lehnsherrn und den Vasallen gleichermaßen. Im Laufe des Mittelalters setzte sich überall die Erblichkeit der Lehen durch; doch gab es vor allem in England und Frankreich eine vom König bis zum untersten Vasallen durchgehende Treueverpflichtung, während es in Deutschland den Herrschern nicht gelang, eine Bindung über mehr als eine Stufe nach oben und unten durchzusetzen. Das Lehnswesen wurde dadurch in Deutschland zu einem weiteren Faktor der Auflösung des Reichs in Einzelherrschaften.

Markt: Die Gründung von Niederlassungen zum Warenaustausch an geeigneten Plätzen (Kreuzungen von Handelswegen, Furten im Schutz von Burgen) erfolgte ursprünglich durch königliches Privileg; das Marktrecht gehörte ebenso wie das Zoll-, Münz-, Geleitrecht zu den Hoheitsrechten, die im späten Mittelalter an die Fürsten übergingen.

Ministeriale: Ursprünglich unfreie Dienstmannen, die im Königs- und Fürstendienst in die höfische und ritterliche Gesellschaft hineinwuchsen und ihre Unfreiheit zwar nicht formal, aber faktisch ablegten. Einzelne Ministerialenfamilien stiegen zu hohen Machtstellungen auf. Man unterscheidet die Reichsministerialität, die, von Barbarossa gefördert, die staufische Politik stützte, und die fürstliche Ministerialität, die den entstehenden Territorien zuarbeitete. Die Ministerialität, die den größten Teil des niederen Adels stellte, bildete sich dabei überall in Deutschland etwas unterschiedlich aus.

Naturwissenschaften: In das Mittelalter fast ausschließlich über griechische, arabische und jüdische Vermittlung eingeführt. Die ursprünglichen Wissenschaften des Quadriviums, des zweiten Teils der Sieben Freien Künste: Arithmetik, Geometrie, Musik und Astronomie weiteten sich unter diesem Einfluß vom 12. Jahrhundert an zu Einzelwissenschaften aus. Bereits im Vorfeld der Renaissance hatten Medizin, Physik, Astronomie, Mathematik und andere einen beachtlichen Stand erreicht, doch brachte erst diese den Durchbruch zu modernen Wissenschaftsvorstellungen.

Papsttum: Das Papsttum war erstarkt aus der Kirchenreformbewegung des 11. Jahrhunderts hervorgegangen und nahm zu Anfang des 13. Jahrhunderts eine beherrschende Stellung in Europa ein. Gestützt auf theologisch und juristisch begründete Ansprüche und auf eine ausgedehnte Machtstellung in Italien griff es wiederholt auch in weltliche Angelegenheiten der europäischen Staaten ein. Es zählte unter seinen Amtsinhabern eine Reihe eindrucksvoller Persönlichkeiten, die nun zumeist aus der gebildeten städtischen Oberschicht Italiens kamen. Das Papsttum trat deswegen den Anforderungen moderner Bewegungen besser gerüstet entgegen als das Kaisertum.

Rainstieg (heute Rennsteig): Der alte Grenzpfad zwischen Thüringen und Franken auf dem Kamm des Thüringer Waldes, heute Wanderweg.

Reich: Im weiteren Sinne das Imperium der drei Königreiche Deutschland, Italien, Burgund, im engeren Sinne das deutsche Reich. Bestimmend war im hohen Mittelalter die aus dem ottonischen Reichskirchensystem hervorgegangene starke Stellung der geistlichen Fürsten vor allem im Westen des Reiches (Erzbistümer Mainz, Köln und Trier) gegenüber den »Flächenstaaten« Bayern, Österreich, Böhmen und – eingeschränkt – Schwaben sowie der kleinräumigen Herrschaften in Thüringen, Hessen, Altsachsen (nach dem Sturz Heinrichs des Löwen), Brandenburg und Meißen (Obersachsen). Vor allem mit den Reichsgesetzen von 1220 und 1232 erreichten erst die geistlichen und dann die weltlichen Fürsten weitgehende Souveränität in ihren Territorien (Ländern); doch bestätigten diese Gesetze nur die bestehende Rechtspraxis. Dem Versuch Friedrichs II., mit dem Mainzer Reichslandfrieden von 1235 Reichsrecht auf der Grundlage kaiserlicher Autorität zu schaffen, fehlte es an Rückhalt an der Stellung des Königs. Die Herrschaftsausübung im Reich, das ursprünglich ein lockerer Verband einzelner Mächtiger (Personenverbandsstaat) gewesen war, vollzog sich in der Stauferzeit schon weitgehend in den inzwischen verfestigten fürstlichen Territorien, die sich einzeln auf den Typus des modernen Staats hin entwickelten. Der König/Kaiser betrieb selbst Territorial(Hausmachts)politik und nutzte darüber hinaus seine Schlichter- und Vermittlerrolle. Über die Politik gegenüber aufstrebenden, fürstenfeindlichen Kräften (Städte, niederer Adel) kam es zum Konflikt zwischen Friedrich II. und Heinrich (VII.).

Ritter (lateinisch eques, mittellateinisch miles): Ursprünglich nur der in voller militärischer Ausrüstung und zu Pferde in den Kampf ziehende Adlige; seit dem zwölften Jahrhundert auch die Ministerialen seiner Gefolgschaft in gleicher Ausrüstung, die mit dem Geburtsadel die Lebensformen der ritterlichen Welt teilten. Das ursprüngliche Ideal des christlichen Ritters (Kreuzzüge) wurde im 13. Jahrhundert unter französischem Einfluß durch ein hoch stilisiertes Ritterbild ergänzt: Wappen, Ausrüstungen, Kampf(turnier)regeln bildeten neben den eigentlichen Ritterpflichten und Verhaltensnormen im Kriegs-, Hof- und Minnedienst die klassischen Kennzeichen des Rittertums. Der eigentliche Ritterschlag (Akkolade) kam erst im 13. Jahrhundert auf; bis dahin galten die altertümlichen Formen der Schwertleite und Ritterweihe. Die Grundausrüstung des Ritters (Harnisch, Helm, Schild, Lanze und Schwert) hat sich zu immer kunstvolleren, aber auch immer schwerer zu handhabenden Formen entwickelt, die schließlich zum Zusammenbruch der Ritterheere beitrugen.

Rodung: Urbarmachung von Wald- und Sumpfland. Rodungsland wurde zum Allodialbesitz (Eigengut) des Herrn geschlagen und konnte wirtschaftlich und rechtlich modern gehandhabt werden. Rodungsbauern bildeten ihre eigene Rechtsgemeinschaft unter eigenen Gründungsleitern (Lokatoren). Sie waren auf eine bestimmte Zahl von Jahren abgabenfrei; das Risiko der Gründungsinvestitionen trug der Landesherr.

Scholastik: Die in den Schulen des Mittelalters, vor allem in Paris, herausgebildete Theologie und Philosophie, die auf einer Verbindung von christlicher Offenbarung und philosophischem Denken beruhte. Die scholastische Methode bestand in einer klaren Herausarbeitung der Frage, genauer Begrifflichkeit, logischer Beweisführung und Erörterung von Grund und Gegengrund in sorgfältig aufgebauter Disputation. Zu den Begründern der Frühscholastik gehörte vor allem der Bretone Peter Abaelard (1079–1142; vgl. dort); der bedeutendste Philosoph des Mittelalters, der Dominikaner Thomas von Aquino (etwa 1225–1274) war neben dem Kölner Dominikaner Albertus Magnus (um 1200–1280) einer der Hauptvertreter der Hochscholastik. Alle drei lehrten in Paris.

Sizilien: Seit 1061/91 normannischer Besitz, seit 1130 Königreich. Die Normannen, seit 1194 über die Kaiserin Konstanze, Gemahlin Heinrichs VI., von den Staufern gefolgt, legten die Grundlagen eines straff organisierten Verwaltungsstaates (zentrale Stellung des Königs in Finanzen, Recht und Wirtschaft). Die arabischen und byzantinischen Untertanen wurden schonend behandelt; schon früh gab es eine wirtschaftliche, künstlerische und wissenschaftliche Blüte, dabei aber wiederholt Aufstände der Barone. 1198, nach dem Tode der Kaiserin Konstanze, übernahm Papst Innozenz III. als Lehnsherr des Landes die Vormundschaft für den jungen Friedrich II. Während dessen wechselvoller Regierung lagen kaiserliche und päpstliche Interessen in zeitweilig kriegerischem Konflikt miteinander. 1268 fiel Sizilien nach der Niederlage des letzten Staufers Konradin an Karl von Anjou, den der Papst mit dem Königreich belehnt hatte. 1288 wurde dieser von Peter von Aragon, einem Enkel Friedrichs II. vertrieben; danach spanisches Königreich Neapel.

Stände: Das Mittelalter hielt die Ungleichheit der Menschen je nach ihren sozialen Bindungen für selbstverständlich; dabei wurde die aus der Völkerwanderungszeit stammende einfache

Unterscheidung von frei und unfrei seit der Karolingerzeit von einer ersten berufsständischen Dreigliederung überlagert: Dem Kriegerstand im weitesten Sinne (»bellatores«) gehörten alle Waffentragenden an, dem betenden Stand (»oratores«) alle Geistlichen und Mönche, und im Stand der Arbeitenden (»laboratores«) schließlich waren alle die zusammengefaßt, die sich mit ihrer Hände Arbeit ernährten, vom unfreien Bauern bis zum großen Kaufmann. Dabei ging nie ganz die Einsicht verloren, daß jeder Stand Pflichten gegen die beiden anderen hatte und daß namentlich die beiden oberen von der Arbeit des dritten lebten.

Statutum in favorem principum: Statut zugunsten der Fürsten, von König Heinrich (VII.) 1231 den Fürsten zugestanden und 1232 von Kaiser Friedrich II. bestätigt, räumte den weltlichen Fürsten im wesentlichen die gleichen Rechte ein wie den geistlichen die »Confoederatio cum principibus ecclesiasticis« (s. dort).

Staufer, Hohenstaufen: Herrschergeschlecht des Mittelalters, aus Schwaben stammend und nach seiner Stammburg Hohenstaufen benannt. Es gelangte mit Konrad III. 1138 zur deutschen Königswürde und mit Friedrich I. Barbarossa 1155 zur Kaiserwürde. 1268 erlosch es im Mannesstamm mit Konradin. Zu seinem reichen Hausbesitz im Elsaß, in Schwaben und Franken erwarb es 1194 die sizilische Königskrone, wodurch ein dauernder Konflikt mit dem Papsttum vorgezeichnet war. Vgl. im einzelnen die Zeittabelle und das Personenverzeichnis dieses Anhangs.

Thüringen: Seit 1130 Landgrafschaft unter dem Hause der Ludowinger, deren bekannteste Landgraf Hermann I., der Freund und Gönner der Minnesänger, und Landgraf Ludwig der Heilige, der Gemahl der heiligen Elisabeth, waren. Die Landgrafen hatten in Thüringen niemals eine so feste Stellung wie die älteren Fürstenhäuser des Reichs; namentlich gelang es ihnen nicht, gegenüber den thüringischen Grafenhäusern (Schwarzburg, Henneberg, Gleichen) eine wirklich landesherrliche Stellung auszubauen. Dennoch spielten sie in der Politik der Stauferzeit eine wichtige Rolle; der Hof in Eisenach (die Wartburg wurde erst nach 1224 ausgebaut) zeigte die allgemeinen Kennzeichen der fürstlichen Zentralgewalt (Kanzlei, Hofämter, landesherrliche Ministeriale).

Turnier (altfranzösisch »tournoi«): Ritterliches Kampfspiel, das in der Regel zu Pferd mit der Lanze oder (seltener) zu Fuß mit dem Schwert ausgetragen wurde. Im weiteren Sinne gehört zum Turnier auch der meist waffenlos gerittene ältere Buhurt, in dem der Reiterkampf in berittener Formation geübt wurde; das Pfingstturnier Friedrich Barbarossas 1184 in Mainz war wohl eigentlich ein Buhurt. Innerhalb des Turniers gab es eine Reihe sich ständig verfeinernder Varianten, die unter französischem Einfluß immer genaueren Regeln unterlagen. Eine von ihnen, die Tjost, war ein Zweikampf zu Pferde mit scharfen Waffen. Turniere wurden zumeist montags abgehalten; ihr Ort mußte auf vielen Wegen leicht zugänglich sein, lag deshalb später nicht selten vor einer Stadt, zumeist aber an einem Hof.

Vogt (lateinisch »advocatus«): Im Mittelalter konnte ein Vogt vor allem Gerichtsrechte im Auftrag des Gerichtsherrn wahrnehmen.

Waid, Färberwaid: Zweijährige, etwa 1 m hohe Staude, deren Saft an der Luft schnell einen bläulichen Farbton annimmt. Der Waid wurde vor allem im östlichen Mittelmeerraum seit dem Altertum zum Färben verwendet; heute ist er durch synthetischen Indigo verdrängt. Der Waidanbau gelangte durch die Zisterzienser wohl im 13. Jahrhundert aus Frankreich nach Thüringen und in die Toskana.

Welfen: Als Adelsfamilie in die fränkische Zeit zurückreichend, im Mittelalter Gegenspieler vor allem der Staufer. Bekannt ist der Konflikt Barbarossas mit Heinrich dem Löwen, seinem Vetter, der die Welfen um ihre königsgleiche Machtstellung vor allem in Norddeutschland brachte. Mit der Schaffung eines Herzogtums Braunschweig-Lüneburg vollzog Friedrich II. 1235 den Ausgleich mit den Welfen, nachdem ihm in seiner Jugend der einzige welfische Kaiser, Otto IV., gegenübergestanden hatte.

Wettiner: siehe Fürsten

Wittelsbacher: siehe Fürsten

Zisterzienser: Mönchsorden, nach der Benediktinerregel lebend, doch stärker zentralisiert. Er entstand Ende des 11. Jahrhunderts im Reformkloster Citeaux, erhielt entscheidende Anstöße von Bernhard von Clairvaux. Zu seiner Blütezeit (Ende 13./Anfang 14. Jahrhundert) umfaßte er über 700 Abteien in ganz Europa. Sein Hauptverdienst ist die landwirtschaftliche und kulturelle Erschließung vor allem Mittel- und Osteuropas um diese Zeit.

Stammtafel des staufischen Hauses (im Auszug)

Friedrich (II.)
† 1147
Herzog von Schwaben
⚭
Judith,
Tochter Heinrichs
des Schwarzen v. Bayern

Friedrich I. Barbarossa
1122 – 1190
König 1152, Kaiser 1155
⚭
2. Beatrix v. Burgund

Heinrich VI.
1165 – 1197
König 1169, Kaiser 1191
⚭
Konstanze v. Sizilien

Friedrich II.
1194 – 1250
König 1212/5, Kaiser 1220
⚭
1. Konstanze
v. Aragon
† 1222
⚭
2. Jolanda
v. Jerusalem
† 1228
⚭
3. Isabella
v. England
† 1241

Heinrich (VII.)
1211(?) – 1242
König 1220
⚭
Margarethe
v. Österreich

Heinrich
† 1243

Friedrich
† 1251/5

Margarethe
† 1270
⚭
Albrecht v. Meißen

Heinrich

Friedrich
»d. Freidige«
† 1323

Dietrich

Herzog Friedrich (I.)
v. Schwaben
† 1105

Konrad III.
1093 – 1152
König 1138
⚭
Gertrud
v. Sulzbach

Heinrich
† 1150
König 1147

Friedrich
Herzog v. Schwaben
† 1167

Philipp
Herzog v. Schwaben
1176(?) – 1208
König 1198
⚭
Irene v. Byzanz

Beatrix d. Ä.
† 1212
⚭
Otto IV
König 1198
Kaiser 1209

Beatrix d. J.
† 1235
⚭
Ferdinand
v. Kastilien

Alfons X.
v. Kastilien
dt. König 1157

Konrad IV.
1228 – 1254
König 1250
⚭
abeth v. Bayern

Konradin
1252 – 1268
hingerichtet)

Die Nachkommen Friedrichs II.
(im Auszug)

Heinrich (VII.)
1211(?) – 1242
König 1220
⚭
Margarethe
v. Österreich

- Heinrich
  † 1243
- Friedrich
  † 1251/5

(Bianca Lancia)

- Konstanze
- Manfred
  König v. Sizilien
  1232 – 1266
  - Konstanze
    ⚭
    Peter v. Aragon
    - Könige von
      Sizilien
  - 5 weitere
    Kinder
    (gefangen
    in Castel
    del Monte)

(Adelheid)

- Enzio
  1220 – 1272
  (in Gefangen-
  schaft in
  Bologna)
  - 6 Kinder

(Maria
v. Antiochien)

- Friedrich
  v. Antiochien
  1229 – 1258
  - 3 Kinder

Friedrich II.
1194 – 1250
König 1212/5, Kaiser 1220
⚭
1. Konstanze
v. Aragon
† 1222
⚭
2. Jolanda
v. Jerusalem
†1228
⚭
3. Isabella
v. England
†1241
4. Freie Verbindungen

Margarethe
† 1270
⚭
Albrecht
v. Meißen

Karl

Otto

Heinrich

Friedrich
»d. Freidige«
† 1323

Dietrich

Konrad IV.
1228 – 1254
König 1250
⚭
Elisabeth
v. Bayern

Konradin
1252 – 1268
(hingerichtet)

(unbekannt)

Richard
v. Theate

vier weitere
Kinder

24 nachweisbare Enkel